纵向股权视角下供应链价值共创研究

付　红　马永开　著

科学出版社
北　京

内容简介

股权战略联盟被现实中的很多供应链节点企业选择和采用。本书通过观察和分析供应链纵向企业间的股权投资现象，提炼现象的关键特征并建立相应的量化模型；在此基础上，对所构建模型进行求解与分析，得到一些有价值的管理结论和启示。

本书可作为管理科学与工程专业研究生的教学参考书，也可作为从事管理工作人员的参考读物。

图书在版编目(CIP)数据

纵向股权视角下供应链价值共创研究 / 付红，马永开著. — 北京：科学出版社，2020.6

ISBN 978-7-03-064069-7

Ⅰ. ①纵… Ⅱ. ①付… ②马… Ⅲ. ①股权管理-研究 Ⅳ. ①F271.2

中国版本图书馆 CIP 数据核字（2020）第 020523 号

责任编辑：莫永国 / 责任校对：彭 映

责任印制：罗 科 / 封面设计：墨创文化

科学出版社出版

北京东黄城根北街16号

邮政编码：100717

http://www.sciencep.com

四川煤田地质制图印刷厂印刷

科学出版社发行 各地新华书店经销

*

2020年6月第 一 版 开本：787×1092 1/16

2020年6月第一次印刷 印张：9

字数：260 000

定价：99.00 元

（如有印装质量问题，我社负责调换）

前　　言

在社会经济活动中，企业是国民经济的基本单位，也是最为重要的市场主体。生产产品为社会创造价值是很多企业的重要职责。然而，随着经济全球化的快速发展以及市场竞争的日趋激烈，企业经营活动的环境也更加复杂多变。为了更好地适应外部环境，基于专业化分工的供应链节点企业协同生产方式逐渐取代了传统的一体化生产方式。

企业在建立供应链协同生产产品时，既可以通过契约结成契约战略联盟，也可以通过相互间的股权投资结成股权战略联盟。与股权战略联盟相比，契约战略联盟虽然具有合作的灵活性，但不具有合作的稳定性和长久性。因此，股权战略联盟被现实中的很多供应链节点企业选择和采用。

本书通过观察和分析供应链纵向企业间的股权投资现象，提炼现象的关键特征并建立相应的量化模型；在此基础上，对所构建模型进行求解与分析，得到一些有价值的管理结论和启示。本书包括六章的主体内容，对应着不同结构供应链的价值共创问题，具体如下：第一章是绪论，第二章和第三章对应一对一结构供应链，第四章、第五章以及第六章对应多对一结构供应链，第七章对应一对多结构供应链。第二章和第三章考虑的是基础模型，第四章～第七章考虑的是拓展模型，感兴趣的读者可重点阅读第二章和第三章的内容。

本书可以作为管理科学与工程专业研究生的教学参考书，也可以作为从事管理工作人员的参考读物。由于作者水平有限，书中的错误在所难免，恳请读者批评指正。作者邮箱：fuhong@hfut.edu.cn 和 mayongkai@uestc.edu.cn。

本书的撰写工作受到了国家自然科学基金青年项目（项目批准号：71601031）与国家自然科学基金重点项目（项目批准号：71531003）的资助。

2020 年 1 月

目 录

第一章 绪论 …… 1
1.1 背景介绍 …… 1
1.2 相关研究介绍 …… 2
1.2.1 组装供应链研究 …… 2
1.2.2 存在持股关系的供应链研究 …… 7
1.2.3 相关研究的特点 …… 8
1.3 研究问题与研究思路 …… 9
1.3.1 研究问题 …… 9
1.3.2 研究思路 …… 10
1.4 结构安排与研究内容 …… 11
第二章 纵向股权视角下一对一推式供应链价值共创 …… 13
2.1 问题描述与集中化决策 …… 13
2.1.1 问题描述 …… 13
2.1.2 集中化决策 …… 15
2.2 推式供应链的批发价格决策和订货量决策 …… 16
2.2.1 下游企业的订货量决策 …… 16
2.2.2 上游企业的批发价格决策 …… 17
2.3 推式供应链协调 …… 22
2.3.1 协调机制的设计 …… 22
2.3.2 协调机制的可实施性 …… 25
2.4 讨论 …… 26
2.4.1 协调机制中的组合策略 …… 26
2.4.2 下游企业的持股决策 …… 27
2.4.3 上下游企业交叉持股的情形 …… 29
2.5 本章小结 …… 31
第三章 纵向股权视角下一对一拉式供应链价值共创 …… 32
3.1 问题描述与集中化决策 …… 32
3.1.1 问题描述 …… 32
3.1.2 集中化决策 …… 33
3.2 拉式供应链产量决策和采购价格决策 …… 34
3.2.1 上游企业的产量决策 …… 34
3.2.2 下游企业的采购价格决策 …… 35

3.3 拉式供应链协调 …… 38
3.3.1 协调机制的设计 …… 38
3.3.2 协调机制的可实施性 …… 40
3.4 讨论 …… 41
3.4.1 协调机制中的组合策略 …… 41
3.4.2 下游企业的持股决策 …… 41
3.4.3 上下游企业交叉持股的情形 …… 43
3.5 本章小结 …… 44
第四章 纵向股权视角下多对一推式供应链价值共创 …… 46
4.1 问题描述与集中化决策 …… 46
4.1.1 问题描述 …… 46
4.1.2 集中化决策 …… 48
4.2 推式组装供应链的订货量决策和批发价格决策 …… 49
4.2.1 下游企业的订货决策 …… 49
4.2.2 上游企业的批发价格决策 …… 51
4.3 推式组装供应链协调 …… 57
4.3.1 协调机制的设计 …… 57
4.3.2 协调机制的可实施性 …… 59
4.4 讨论 …… 61
4.4.1 下游企业的持股决策 …… 61
4.4.2 上游企业持股下游企业的情形 …… 62
4.5 本章小结 …… 63
第五章 纵向股权视角下多对一拉式供应链价值共创 …… 65
5.1 问题描述与集中化决策 …… 65
5.1.1 问题描述 …… 65
5.1.2 集中化决策 …… 67
5.2 拉式组装供应链的产量决策和采购价格决策 …… 68
5.2.1 上游企业的产量决策 …… 68
5.2.2 下游企业的采购价格决策 …… 70
5.3 拉式组装供应链的协调机制 …… 79
5.3.1 协调机制的设计 …… 79
5.3.2 协调机制的可实施性 …… 82
5.4 讨论 …… 83
5.4.1 下游企业的持股决策 …… 83
5.4.2 上游企业持股下游企业的情形 …… 84
5.5 本章小结 …… 86
第六章 纵向股权视角下多对一推拉混合式供应链价值共创 …… 87
6.1 问题描述与集中化决策 …… 87

6.1.1 问题描述 …………………………………………………………87
6.1.2 集中化决策 ………………………………………………………90
6.2 推拉混合式组装供应链的运作决策……………………………90
6.2.1 拉式上游企业的产量决策 ……………………………………90
6.2.2 下游企业的采购价格决策和订货量决策 ……………………93
6.2.3 推式上游企业的批发价格决策 ………………………………96
6.2.4 数值分析 ………………………………………………………105
6.3 推拉混合式组装供应链的协调机制研究 ………………………106
6.3.1 协调机制的设计 ………………………………………………106
6.3.2 协调机制的可实施性 …………………………………………112
6.4 讨论……………………………………………………………………114
6.4.1 有约束条件的价格补贴策略 …………………………………114
6.4.2 下游企业的持股决策 …………………………………………116
6.5 本章小结………………………………………………………………117
第七章 纵向股权视角下一对多供应链价值共创 ………………119
7.1 问题描述………………………………………………………………119
7.2 下游企业持股上游企业的情形………………………………………120
7.3 上游企业持股下游企业的情形………………………………………123
7.4 本章小结………………………………………………………………126
第八章 研究总结和研究展望 ……………………………………127
8.1 研究总结………………………………………………………………127
8.2 研究展望………………………………………………………………129
参考文献………………………………………………………………131

第一章 绪　论

针对现实中很多供应链上下游企业间都存在纵向股权关系的现象，本书以存在纵向股权关系的供应链为对象，重点分析供应链节点企业如何进行运作决策(如产量、价格等决策)共创价值的问题。本章首先介绍实际背景，然后分析现有相关研究，随后提出所要研究的问题并对研究思路进行说明，最后阐述本书的结构安排与内容。

1.1 背景介绍

供应链一般是指由原材料供应商、产品制造商、零售商以及消费者等众多参与者构成的网络(Lee and Billington，1995)。在供应链中，从原材料的采购阶段到最终产品的产出阶段，每个生产阶段往往都由专门的企业负责完成。这种基于生产流程的纵向专业分工可使供应链上下游企业更加关注自己的核心业务，确保各企业在复杂多变的市场环境中具有良好的竞争力。另外，产品内分工已经成为经济全球化的基本特征之一(唐海燕和张会清，2009)。在产品内分工背景下，一个供应商往往只生产某一种或几种零部件，然后再由组装商将这些零部件进行组装销售。例如，在国内，中国第一汽车集团有限公司、东风汽车集团有限公司和北汽福田汽车股份有限公司分别拥有 971 家、857 家和 486 家零部件供应商(王成等，2016)；华为手机的生产同样需要向芯片等供应商采购多种不同零部件(章静一，2015)。在国外，丰田汽车公司仅在七个东亚国家就拥有 256 种零部件供应商(Hill，1989)；波音 747 飞机制造需要 400 多万个零部件；克莱斯勒汽车制造所需的零部件，有 60000 多种零部件是通过向 1140 个不同供应商采购获得(陈国权，1999)。这种由多个生产互补性零部件的上游供应商和下游组装商构成的供应链在学术界中被称为组装供应链(Blocher and Chhajed，2008)。在组装供应链中，不仅存在上下游企业间基于生产流程的纵向专业化分工，而且存在多个上游企业间基于零部件协同生产的横向专业化分工。此外，最终产品生产完成以后，下游企业需要将产品出售给消费者才能创造价值。无论是大型的跨国企业，还是小微企业，在出售产品时同样都会面临激烈的市场竞争。

纵向企业间建立股权战略联盟是当前很多供应链的重要特征。例如，中国的很多汽车制造商都持有了上游零部件供应商的股份(邓乐天，2011)。大多数日本汽车制造商对重要零部件供应商的持股比例都超过了 20%(Dyer et al.，1998)。德国的保时捷、大众汽车制造商，美国的施乐打印机和波音飞机制造商都与各自的零部件供应商建立起了股权战略联盟(Aziz and Tolouei，2012)。建立纵向股权战略联盟已经成为企业提升自身竞争力的重要途径。建立纵向股权战略联盟的原因有很多，一些学者通过相关理论对其进行了分析，其中包括资源基础理论(Das and Teng，2000)、交易成本理论(Parkhe，1993)、社会网络理论(BarNir and Smith，2002)、组织学习理论(Inkpen，1998)以及商业生态系统理论(Zhang and Liang，2011）等。资源基础理论认为，一个企业拥有的资源是有限的，企业参与战略联盟的主要动机是为了获取伙伴企业在生产等方面的专用性资源（Aaker，2008）。然而，伙伴企业却未必会“免费”地为其提供资源，往往需要对方用股权进行交换（Heide and John，1990）。当企业以专用性资源入股伙伴企业时，一方面，持股企业可以根据持股比例参与被持股企业的利润分红；另一方面，被持股企业可以获得所需的资源改善自己的生产活动。

目前关于价值共创存在两种典型的观点：产品主导逻辑的价值共创、服务主导逻辑的价值共创。产品主导逻辑的价值共创认为价值共创是指企业间共同生产创造价值的过程，在该逻辑下，顾客仅仅是价值的消耗者；服务主导逻辑的价值共创认为顾客和企业都是价值的共同创造者（孔鹏举和周水银，2013；杨学成和涂科，2016）。本书将基于产品主导逻辑，从纵向股权视角对供应链的价值共创问题进行研究。首先，将基于生产流程的纵向专业分工纳入考虑，在由一个上游企业和一个下游企业构成的一对一供应链中，探讨上下游企业如何决策，共创价值的问题。在此基础上，一方面，将基于零部件协同生产的横向专业化分工纳入考虑，在由多个生产互补性零部件的上游企业和一个组装产品的下游企业构成的多对一供应链中，研究各节点企业的价值共创问题；另一方面，将下游企业间的竞争纳入考虑，在由一个上游企业和多个进行产量竞争的下游企业构成的一对多供应链中，分析各节点企业的价值共创问题。

1.2 相关研究介绍

供应链研究一直都是学术界普遍关注的热点问题，从结构上看，现有研究主要包括一对一供应链（Cachon and Lariviere，2005；Ho et al.，2014）、多对一供应链（Chen et al.，2014；Minner，2003）、一对多供应链（Chen et al.，2001；Choudhary and Shankar，2015）、多对多供应链（Xiao and Choi，2009；Adida and DeMiguel，2011）以及三级供应链（Guo et al.，2010；Sajadieh et al.，2013）。本书考虑的是存在纵向持股关系的供应链。本书首先基于一对一供应链开展相关价值共创分析，然后讨论多对一（组装）供应链中的价值共创问题，最后分析一对多供应链中的价值共创问题。由于目前关于存在持股关系的供应链研究没有考虑组装供应链，本部分主要对组装供应链以及存在持股关系供应链的相关研究进行介绍。

1.2.1 组装供应链研究

从结构上看，组装供应链属于多对一供应链，但与一般的多对一供应链中多个上游企业生产替代性产品不同，在组装供应链中，多个上游企业生产的产品（零部件）是互补的。①早期的组装供应链都是在集中化决策下开展研究的，这些研究假定供应链系统中只有一个决策主体，不曾考虑供应链系统中各决策者之间的策略性反应。相关研究包括订购（Gurnani et al.，1996）、库存（Kumar，1989）、提前期（Yano，1987）等决策的优化，更多关于集中化决策下的组装供应链研究可以参见 Ghosh 和 Gagnon（1989）。②在分散化决策下，供应链中的各参与者都是独立的决策主体，各决策者的决策目标都是最大化自己的利润（或效用）。现有关于分散化组装供应链的研究主要侧重于各参与者的运作决策分析和相应的协调机制设计，还有一些文献考虑了分散化组装供应链中企业的研发投资决策和相应的协调机制设计问题。

(1) 分散化组装供应链的运作决策研究

分散化组装供应链的运作决策研究主要包括采用非合作博弈理论分析供应链系统的产量（订货量）、价格、产能（库存）、提前期等问题，以及采用合作博弈理论分析上游供应商（上游企业）之间关于运作决策的结盟问题，具体如下所示。

1) 产量（订货量）和价格方面研究。罗定提等(2002)基于价格敏感型确定性市场需求，研究了组装供应链中各供应商（上游企业）的批发价格以及组装商（下游企业）的销售价格决策，研究结果表明，相较于各供应商独立定价，供应商通过联合定价虽然可以提高供应链系统的绩效，但不能达到集中化决策下的系统最优绩效。Guan 等(2015)基于价格不敏感型随机需求，研究了推拉混合式组装供应链的产量和零部件价格决策，研究结果表明，当零部件的生产总成本给定时，供应链系统的产量和期望利润随着推式供应商（在市场需求发生之前为组装商提供零部件的供应商）的生产成本比例增加而增加。Wang(2006)基于价格敏感型随机市场需求，研究了组装商主导情形下，各供应商的产量和价格决策，研究结果表明，在供应商同时决策情形下，各供应商获得的期望利润相等，但在供应商序贯决策情形下，各供应商获得的期望利润不相等且与产品的价格敏感性系数有关。Jiang(2008)基于价格敏感型随机市场需求，研究了供应商主导情形下，供应商的批发价格决策以及组装商的订货量和销售价格决策，研究结果表明，各供应商获得的期望利润相等；作为主导者供应商获得的期望利润却比作为跟随者组装商获得的期望利润要少；分散化决策下的供应链系统最优期望利润要低于集中化决策下的供应链系统最优期望利润。

罗定提等(2002)、Guan 等(2015)、Wang(2006)以及 Jiang(2008)的研究都是假定同一种零部件只有一个供应商垄断生产，各零部件的供应是确定的并且信息是对称的。Jiang 和 Wang(2010)、Jiang(2015)将供应商间的横向竞争（每一种零部件都是由多个不同的零部件供应商进行竞争性生产）纳入考虑，研究结果表明，当供应商同时决策时，任一种零部件的竞争越激烈（生产同一种零部件供应商的成本差异越小），其他零部件供应商以及组装商的期望利润都越高；当供应商序贯决策[①]时，后决策零部件供应商的竞争越激烈，组装商的期望利润越低。另外，供应商的零部件库存、交货数量与交货时间的不确定性都会给组装供应链系统的零部件供应带来不确定性（李果等，2011）。Pan 和 So(2010)基于价格敏感型需求，研究了零部件供应的不确定性对产品价格以及产量的影响，研究结果表明，无论产品的市场需求是否确定，产品的最优销售价格总是随着零部件供应的不确定性增加而增加；当产品的市场需求是确定型时，任一零部件的供应不确定性不会影响其他零部件的最优产量，但是当产品的市场需求是不确定型时，所有零部件的产量都与任一零部件的供应不确定性有关。此外，Fang 等(2008)研究了产品市场价格依赖时间情形下的组装商

① 序贯决策是指按时间顺序排列起来，以得到按顺序的各种决策(策略)，是用于随机性或不确定性动态系统最优化的决策方法。

采购决策。Fang 等(2014)研究了组装商的采购决策问题，研究结果表明，当供应商的成本信息不对称时，市场的平均需求或产品的边际收益越高，供应商的成本信息对组装商越有价值；供应商的成本分布的相关性越大，供应商获得的收益越低，组装商获得的收益越高。Kalkanci 和 Erhun(2012)研究了需求信息不对称情形下，组装供应链的价格决策，研究结果表明，先决策供应商可以从后决策供应商的需求信息中获利。

2)产能(库存)和提前期方面研究。Wang 和 Gerchak(2003)基于随机市场需求，研究了供应商和组装商的产能决策问题，研究结果表明，当供应商和组装商的产能总成本一定时，在组装商主导情形下，供应链系统的期望利润随着组装商的产能成本比例增加而增加，但与供应商的个数无关；在供应商主导情形下，供应链系统的期望利润与组装商的产能成本比例以及供应商的个数都负相关。Bernstein 等(2007)基于随机市场需求，在由三个零部件供应商和一个组装商参与的组装供应链中，假定另外两个供应商的零部件都可以和第三个供应商的零部件组装成不同的产品，研究了各供应商的产能决策问题，研究结果表明，在集中化决策下，供应链系统可以从第三个供应商的零部件的可塑性(flexibility，存在可塑性是指第三个供应商只生产一种零部件，该零部件可以和另外两种零部件分别组装成不同的产品；不存在可塑性是指三个供应商分别生产两种不同的零部件和另外两种零部件分别匹配)中获利；在分散化决策下，第三个供应商的零部件的可塑性将会损害组装商的利益。Bernstein 和 DeCroix(2004)在由多个二级供应商、多个一级供应商(每个一级供应商将向多个二级供应商采购多种零部件，并将它们组装成新的部件)以及一个组装商构成的三级组装供应链中，研究了各参与者的产能决策问题，研究结果表明，由于组装商只能通过一级供应商间接地引导二级供应商进行产能决策，导致的结果是三级组装供应链系统的绩效往往要比二级组装供应链低。Fu 等(2020)研究了组装商对供应商的产能投资决策问题，研究结果表明组装商的最优产能投资水平与零部件生产成本、产品组装成本以及产品销售价格都有关。Lv 等(2015)基于不对称需求信息研究了组装供应链的产能预留(capacity reservation)决策问题，并设计了三种契约使得需求信息能够得以分享。另外，DeCroix(2013)研究了供应商的生产存在中断风险时，组装供应链的库存管理问题。Zhang(2006)研究了库存信息不对称情形下，组装供应链的库存管理问题，研究结果表明，虽然组装商总是可以从零部件供应商的库存信息共享中获利，但零部件供应商没有动机进行信息共享；通过引入线性转移支付契约(linear transfer payment contract)可以使得各供应商进行信息共享。Bollapragada 等(2004)在零部件的产能和产品的市场需求都不确定的情形下，研究了各参与者的库存决策问题，研究结果表明，与降低价值低零部件的提前期相比较，降低低价值零部件的提前期对于整个供应链系统而言更有利。Feng 和 Zhang(2014)在 Bollapragada 等(2004)基础上考虑了供应商与组装商之间的提前期转移对供应链系统效率的影响，研究结果表明，组装商的提前期转移到供应商将会对供应链系统效率造成损失。另外，Guan 等(2016)研究了延迟支付契约(delay payment contract)和准时支付契约(on-time payment contract)下，供应商的提前期决策问题。Li 等(2017)研究了组装商和不同供应商采用不同契约交易时，供应商的提前期决策问题。其他关于组装供应链中提前期的研究可以参见关旭等(2011)和李果等(2011)。

3)合作博弈分析供应商之间的横向联盟方面研究。这些研究主要假定，供应商之间可以任意结盟，结盟后供应商以联盟为单位对联盟内的零部件进行协同定价或协同生产。例如，Granot 和 Yin(2008)基于随机市场需求，分别在推式组装供应链和拉式组装供应链中，研究了供应商间的联盟形式问题，结果表明：在推式组装供应链中，只有当各供应商都有远见时(供应商能够相互预测对方的策略行为)，供应商间的大联盟(所有供应商结成一个联盟)才会出现，而在拉式组装供应链中，即使各供应商没有远见，供应商间的大联盟也会出现。另外，在推式组装供应链中，即便各供应商的生产成本不同，各供应商都将获得相同的期望利润，而在拉式组装供应链中，各供应商可能获得不一样的期望利润。在此基础上，Yin(2010)基于价格敏感型市场需求，研究了市场需求函数的类型对供应商联盟形式的影响，研究结果表明，在指数需求函数和等弹性需求函数(isoelastic demand function)下，供应商更愿意结盟进行联合定价；在线性幂分布函数(linear-power demand function)下，供应商没有结盟的意愿，进行独立定价。Nagarajan 和 Sošić(2009)基于价格敏感型市场需求，研究了供应商主导、组装商主导、供应商和制造商市场力量相同三种决策模式下供应商可能结成的联盟形式。Nagarajan 和 Bassok(2008)将供应商的讨价还价能力纳入考虑，研究了供应商的联盟问题，研究结果表明，虽然供应商结盟对组装商不利，但是当组装商的讨价还价能力较弱时，供应商将会结盟，当组装商的讨价还价能力较强时，供应商才不会结盟。李昌文等(2016)假定不仅各供应商间可以任意结盟，而且各供应商与组装商间也可以任意结盟，研究了组装供应链的联盟问题。Sošić(2011)将市场需求的随机性纳入考虑，在价格敏感型随机市场需求中，研究了三种决策主导模式下，供应商的合作定价问题。

(2)分散化组装供应链的协调研究

供应链中的双重边际效应是指上下游企业在最大化各自收益的过程中，所确定的产品交易价格往往会高于产品生产成本的现象，这种现象会使分散化决策下的供应链系统利润往往达不到整体最优(Spengler，1950；Heese，2007)。基于 Perkis 和 Roels(2007)中的 price of anarchy 方法，Du 等(2014)通过分别研究集中式组装供应链的系统效率和分散化组装供应链的系统效率，识别了分散化决策下供应链系统的效率损失。研究供应链的协调主要是通过设计机制来克服这种效率损失。现有关于组装供应链的协调问题研究，根据零部件的产出(供应)类型和最终产品的市场需求类型可以划分为以下四类。

1)确定型产出-价格确定型随机需求情形下的组装供应链协调研究。Gerchak 和 Wang(2004)研究指出在批发价格契约或收益分享契约下，供应链系统的期望利润都不能实现整体最优；在批发价格契约基础上通过引入回购策略，在收益分享契约基础上引入价格补贴策略都可以实现供应链协调。Fu 等(2015)证明了 Gerchak 和 Wang(2004)所提出的回购契约在某些情况下不能实现供应商和组装商期望利润的帕累托改进，通过修改 Gerchak 和 Wang(2004)的回购契约中的回购策略和调节方程(回购价格和批发价格之间的关系)不仅能够实现供应链协调，而且能使得协调后的供应链系统利润在各参与者之间任意分配，从而实现各参与者期望利润的帕累托改进。Zou 等(2004)在 Gerchak 和 Wang(2004)的基础上，将各零部件的提前期纳入考虑，研究了组装供应链的协调问题，研究结果表明，通过引入风险分担策略和安全库存策略可以实现供应链协调。Zou 等

(2008)在 Gerchak 和 Wang(2004)的基础上，考虑了多周期情形下推式组装供应链的协调问题，研究结果表明，供应商在每一周期的批发价格基础上通过合理地引入不同的回购策略，可以实现供应链协调。翟佳等(2013)指出组装商通过合理使用惩罚策略可以实现供应链协调。另外，Tomlin(2003)研究了供应商和组装商的产能协调问题，研究结果表明，在批发价格契约基础上，通过引入数量溢价(quantity premium)契约(类似于传统的回购契约，不同的是数量溢价契约中的批发价格与努力水平有关)可以实现供应链协调。Bernstein 和 DeCroix(2006)研究了组装供应链的库存管理问题，研究结果表明分散化决策下的库存水平偏离了集中化决策下的库存水平，通过引入线性转移支付策略可以使得分散化决策下的库存水平与集中化决策下的库存水平一致，从而实现供应链协调。Zhang 等(2008)在由两个零部件供应商和一个组装商构成的组装供应链中，假定每个供应商提供的零部件都能和组装商自己生产的零部件组装成一种产品，组装商在两个相互独立的市场上将所组装的两种产品进行销售，研究了组装供应链的协调问题，研究结果表明，组装商只需向各供应商提供一个采购价格就能实现供应链协调。此外，付红等(2013，2016)将决策者的损失厌恶态度纳入考虑，研究了推式组装供应链以及拉式组装供应链的协调问题。

2)确定型产出-价格敏感型随机需求情形下的组装供应链协调研究。Leng 和 Parlar(2010)研究了组装供应链的协调问题，研究结果表明，无论供应商和组装商之间是同时决策还是序贯决策，供应链系统的最优产量和期望利润都将偏离集中化决策下的最优产量和利润，通过引入由回购策略和缺货信誉损失成本分担策略构成的组合策略可以实现供应链协调。

3)确定型需求-随机产出情形下的组装供应链协调研究。Gurnani 和 Gerchak(2007)研究了由多个对称的零部件供应商(各供应商的产出同分布)参与的组装供应链的协调问题，研究结果表明，通过在采购价格基础上引入惩罚策略可以设计出理想的协调机制。随后，Yan 等(2010)在 Gurnani 和 Gerchak(2007)的基础上，考虑了由多个不对称的零部件供应商(各供应商的产出分布不相同)参与的组装供应链的协调问题，研究结果表明，在采购价格基础上引入惩罚策略不能实现供应链协调；在采购价格基础上引入补贴策略可以实现供应链协调。

4)随机型产出-随机需求情形下的组装供应链协调研究。Güler 和 Bilgiç(2009)指出同时引入由回购策略、收益分享策略以及惩罚策略三种策略构成的组合策略可以实现供应链协调。Güler(2015)进一步设计了多个由多种策略构成的协调机制，并指出所设计的协调机制可以在各参与者之间任意分割供应链系统的期望利润，实现各参与者期望利润的帕累托改进。Fu 等(2017)研究了推拉混合式组装供应链的协调问题。

(3)分散化组装供应链的研发投资决策和协调研究

供应链中关于研发投资问题的研究很多，这些研究要么假定研发投资可以降低产品的生产成本，要么假定研发投资可以提高产品的质量。事实上，从相对收益和相对生产成本角度考虑，这两种研发投资在本质上是一致的(张化尧等，2004；Talluri et al.，2010)。现有关于组装供应链中研发投资问题的研究相对较少。Bernstein 和 Kök(2009)在组装供应链中假定供应商对自己的生产系统进行投资可以降低自己的生产成本(可以理解为研发投资)，研究了各供应商的投资决策问题，研究结果表明，在均衡的时候，各供应商的投资决策要么是都投资要么是都不投资。周宇等(2010)在由两个零部件供应商和一个组装商构成的组装供应链中，研究了供应商的研发投资决策问题，研究结果表明，在均衡的时候，一个供应商的研发投资活动能够提高另一个供应商的零部件价格；一个供应商的研发创新能力越强，另一个供应商的研发投入也越高；通过引入研发投资成本分担策略能够激励供应商进行研发投资活动。Bernstein 和 Kök(2009)、周宇等(2010)的研究没有考虑研发投资中的供应链协调问题。Iida(2012)在组装供应链中假定供应商和组装商对自己的生产系统进行投资可以降低各自的生产成本，研究了由运作决策和投资决策构成的联合决策，研究结果表明，分散化决策下供应链系统的运作决策和投资决策都将分别偏离集中化决策下供应链系统的运作决策和投资决策，通过引入由回购策略和投资成本分担策略构成的组合策略可以设计出理想的协调机制。Bernstein 等(2015)通过合作博弈对供应商的生产成本降低型投资进行了研究，并指出只有当投资效率最高时，供应商可以被配置更多的收益，供应链才能实现协调。

1.2.2　存在持股关系的供应链研究

虽然存在持股关系的供应链在现实生活中大量存在，但相关研究相对较少。现有关于存在持股关系的供应链研究主要包括存在纵向持股关系的供应链研究和存在横向持股关系的供应链研究。

(1) 存在纵向持股关系的供应链研究

存在纵向持股关系的供应链的研究在供应链结构上相对较为完善，包括一对一供应链、一对多供应链、多对多供应链以及三级供应链。这些研究都假定持股企业可以参与被持股企业的利润分红，但不影响被持股企业的运作环境(如生产环境等)，侧重于由持股导致的利润分红对各参与者最优决策以及利润的影响分析。张汉江等(2010)在一对一供应链中，研究了上下游企业间的交叉持股对供应链系统产量和利润的影响。其研究结果表明，分散化决策下，上下游企业间的交叉持股可以降低产品的市场销售价格，提高供应链系统产量和利润；但供应链系统的产量和利润仍达不到集中化决策下的最优产量和利润。钟葳等(2008)在一对二供应链中，研究了上游企业与下游中的一个企业间的单向持股对各参与者利润的影响，研究假定下游企业只参与订货量竞争(古诺竞争)。其研究结果表明，持股企业的利润随持股比例增大而增大，被持股企业的利润随着持股比例增大而减少；持股比例对另一个下游企业的利润影响依赖于上游企业持股下游企业还是下游企业持股上游企业。Greenlee 和 Raskovich(2006)在一对多供应链中，假定各下游企业不仅参与古诺竞争，而且参与伯特兰德竞争(价格竞争)，研究了下游企业对上游企业的单向持股对供应链产量和利润的影响。其研究结果表明，由于被持股上游企业较持股下游企业先决策，下游企业对上游企业的单向持股对供应链系统的产量和利润都没有影响。Höffler 和 Kranz(2011a, b)在一对多供应链中，研究了法人分离不完善(imperfect legal unbundling)情形下，下游企业对上游企业的单向持股对供应链系统产量的影响。Hunold 等(2014)在多对多供应链中，假定下游企业只参与伯特兰德竞争，研究了下游企业对上游企业的单向持股对供应链系统利润的影响。其研究结果表明，下游企业对上游企业的持股对供应链系统的利润的影响依赖于上游企业间的竞争激烈程度(由上游企业的单位生产成本的差异大小刻画)。Flath(1989)在多对多供应链中，假定下游企业只参与古诺竞争，研究了上下游企业间的交叉持股对供应链系统产量和利润的影响。其研究结果表明，上游企业对下游企业的持股比例越高，供应链系统的产量和利润都越高；供应链系统产量和利润不受下游企业对上游企业的持股比例影响。蔡昕皓和王金桃(2012)在由一个上游企业、两个中游企业以及两个下游企业构成的双渠道三级供应链中(其中每个中游企业和下游企业都只参与一个渠道)，研究了一个渠道的中游企业对上游企业的单向持股对另一个渠道产量的影响，研究结果表明，该单向持股将会降低另一个渠道的产量。

另外，Morita(2001)和 Lin 等(2015)分别在一对一供应链和多对一供应链中，研究了下游企业对上游企业的单向持股对上游企业的定制性投资动机的影响。Güth 等(2007)基于不完全信息，在一对一供应链中，研究了上下游企业间的持股问题。其研究结果表明：上下游企业间的交叉持股可以克服因不完全信息而导致的效率损失，进而使得上下游企业间的交易得以进行。

(2) 存在横向持股关系的供应链研究

存在横向持股关系的供应链主要研究同一个市场上多个生产同类产品企业间的交叉持股所带来的利润分红对企业利润和消费者剩余的影响。例如，Reitman(1994)在各企业的生产成本相等并且只参与产量竞争的假设下，研究了交叉持股对企业的利润影响。Gilo 等(2006)研究了各企业的生产成本相等并且只参与价格竞争时，交叉持股对企业的利润影响。随后，Shelegia 和 Spiegel(2012)、Gilo(2013)将 Gilo 等(2006)的模型拓展到企业具有不同生产成本的情形。另外，Dietzenbacher 等(2000)通过实证研究，考察了横向企业间的交叉持股对企业边际利润的影响，研究结果表明，无论企业进行的是产量竞争还是价格竞争，交叉持股都能增加企业的边际利润，其中在产量竞争模式下，交叉持股只能使企业的平均边际利润增加 1%～2%；而在价格竞争模式下，交叉持股能使得企业的平均边际利润增加 13%以上。此外，Brito 等(2014)研究了横向企业间的交叉持股对消费者剩余的影响。

1.2.3 相关研究的特点

现有相关文献分别从不同的角度对组装供应链以及存在持股关系的供应链进行了研究。这些文献假定供应链节点企业合作生产、销售产品，顾客消费产品，即供应链节点企业是价值的创造者，而顾客是价值的消耗者，因此，这些文献在本质上都属于产品主导逻辑下的价值共创问题研究。这些文献呈现以下特点。

1) 现有关于存在持股关系的供应链研究只考虑了持股所导致的“利润分红”因素对供应链运作的影响，不曾考虑伴随持股而投入的新资源(如资金入股的资金、技术入股的技术等)对被持股企业运作的影响。本书假定持股不仅能使持股企业参与被持股企业利润分红；而且能使被持股企业的生产效率得到提升，生产成本得到降低。

2)现有关于存在持股关系的供应链研究虽然考虑了很多种供应链结构(其中也包括由多个生产替代性产品上游企业和一个下游企业构成的供应链结构)，但没有考虑组装供应链结构。在组装供应链中，多个上游企业之间是互补的。纵向股权视角下的组装供应链价值共创问题研究是本书关注的重点问题之一。

3)现有关于存在持股关系的供应链研究都没有考虑供应链的协调机制问题。然而，协调机制一直都是供应链研究最为关注的问题之一。事实上，即便供应链企业间存在持股关系，各企业都有各自不同的决策目标，决策目标的差异性导致的结果往往是：各企业所做的决策只是局部最优的，供应链系统利润仍然有改进的空间。本书将会设计协调机制改进供应链系统利润。

1.3 研究问题与研究思路

供应链上下游企业间建立股权战略联盟时，首先需要进行持股决策(股权投资决策)，然后各节点企业再进行各自的运作决策。由于持股决策影响着随后的运作决策，这意味着，在分析供应链上下游企业间的股权战略联盟时，需要考虑由第一阶段的持股决策和第二阶段的运作决策构成的联合决策模型。该问题可以说是供应链管理面临的一个全新问题。要解决该问题首先需要解决上述联合决策中运作决策阶段(通过逆向归纳法分析)可能遇到的相关问题。本书将重点分析第二阶段的运作决策，同时兼顾第一阶段的持股决策探讨。

1.3.1 研究问题

首先，当供应链上下游企业间建立股权战略联盟共创价值时，如何构建相应的联合决策模型？尽管供应链上下游企业间的股权战略联盟在现实生活中普遍存在，但现有关于存在持股关系的供应链研究只考虑了持股所导致的“利润分红”因素对供应链运作的影响，没有考虑伴随持股而投入的新资源对被持股企业运作的影响。事实上，供应链上下游企业间建立股权战略联盟时的动机绝不仅仅是为了获取被持股企业的利润分红。这是因为，持股行为的发生往往伴随着一些资源的输入(如货币资金、生产技术等输入)，进而可以改善被持股企业的生产活动。联合决策模型的构建可为问题分析提供理论基础。

其次，供应链上下游企业间的持股对供应链运作以及价值共创的影响机理是什么？要回答该问题，首先需要在不同的供应链运作模式(如常见的推式运作模式、拉式运作模式等(Cachon，2004))以及不同的供应链结构(如一对一供应链结构、多对一供应链结构以及一对多供应链结构等)下，求解出各节点企业的最优运作决策(即联合决策模型中的第二阶段决策)。在此基础上，通过对比分析才能得出持股对供应链运作以及价值共创的影响机理。

最后，上下游企业建立股权战略联盟以后，如何协调供应链？事实上，当上下游企业间建立股权战略联盟以后，他们仍然是独立的决策主体(Child and Faulkner，1998)。他们在优化各自的决策目标时，所做的决策往往也只是局部最优。对于有这种纵向持股关系的供应链，该如何设计机制使得供应链系统绩效达到整体最优并保证供应链内的所有参与者都能从参与协调中获利？成为摆在相关企业面前的现实问题。

1.3.2　研究思路

针对 1.3.1 小节所提出的问题，本书以一对一供应链结构为基础，首先分析下游企业持股上游企业情形下推式供应链和拉式供应链的价值共创问题。在此基础上：一方面，将下游企业对上游企业的单向持股情形拓展到上下游企业的交叉持股情形进行讨论；另一方面，将一对一供应链结构拓展到多对一(组装)供应链结构以及一对多供应链结构进行分析。具体研究思路如下所示。

1)步骤 1：在一对一供应链中，假定下游企业通过货币资金、生产技术等对上游企业进行持股与上游企业结成股权战略联盟。实践中，投入的新资源对被投资企业生产活动的影响存在多种可能，如降低产品生产成本或提高产品质量等(张化尧等，2004；Talluri et al.，2010)。本书采用“成本降低”的刻画方法，即下游企业的持股一方面可使被持股上游企业的生产成本得到降低，另一方面可使下游企业根据持股比例参与上游企业的利润分红。另外，假定在推式供应链中，上游企业是主导者，下游企业承担产品库存风险；在拉式供应链中，下游企业是主导者，上游企业承担产品库存风险(Cachon，2004)。此外，假定上下游企业的决策目标都是最大化各自分红后的利润。基于以上假设，构建并求解出推式运作模式和拉式运作模式下，由下游企业的持股决策和上下游企业的运作决策(如产量、价格等决策)构成的联合决策模型。由于下游企业对上游企业的持股对供应链运作和价值共创的影响取决于持股所导致的“成本降低”和“利润分红”两个因素。本书将通过分别考虑“成本降低”和“利润分红”因素对供应链运作和价值共创的影响，来讨论持股对供应链运作和价值共创的综合影响。

2)步骤 2：在步骤 1 的基础上，一方面，将下游企业对上游企业的单向持股情形拓展到上下游企业的交叉持股情形，分析交叉持股所导致的“交叉利润分红”因素对供应链运作以及价值共创的影响。这里需要指出的是，在交叉持股情形中，为分析方面，本书将忽略持股导致的“成本降低”因素，只考察“交叉利润分红”因素的影响。另一方面，将一对一供应链结构拓展到多对一组装供应链以及一对多供应链结构中，开展相关价值共创研究。针对多对一组装供应链，本书将根据零部件库存风险的承担方不同，考察推式、拉式以及推拉混合式三类供应链。针对一对多供应链，本书假定多个下游企业进行产量竞争。

3)步骤 3：以集中化决策下的供应链系统最优利润为基准(即以整个供应链系统可以实现的最大利润为基准)，研究供应链的协调机制设计问题(Cachon，2003)。由于持股企业可以根据持股比例分享被持股企业的利润，直觉上，引入一种传统协调策略(如价格补贴策略、收益分享策略、回购策略等)设计出的协调机制，在企业间的利润分配能力方面可能有限，不足以让所有企业都能从参与协调中获利。为此，本书将引入由多种传统协调策略构成的组合策略方法设计协调机制。

1.4　结构安排与研究内容

本书的结构安排如图 1-1 所示。

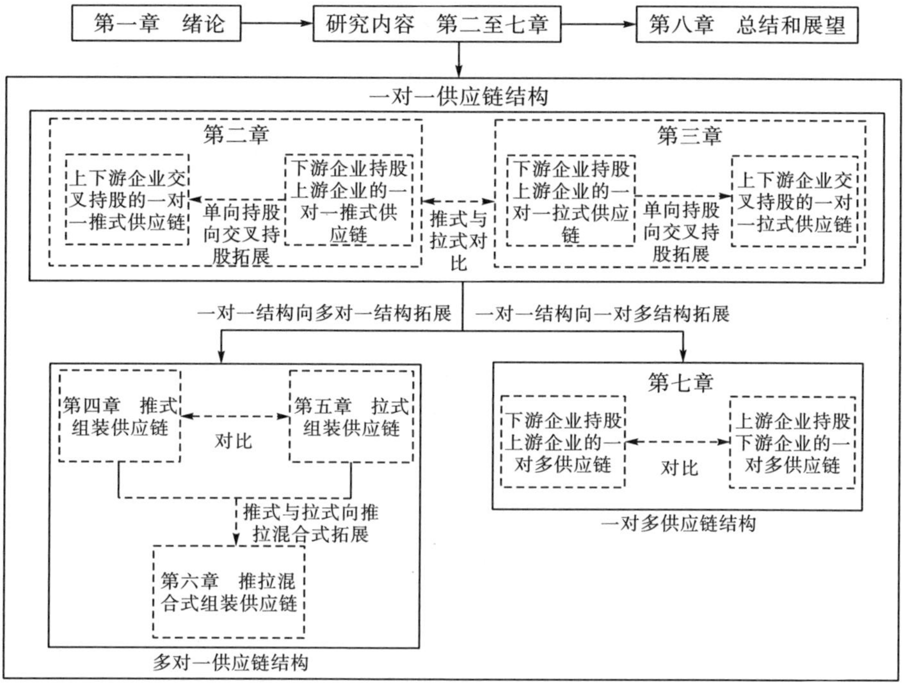

图 1-1　研究结构

第一章为本书的绪论部分，本书的剩余内容安排如下所示。

第二章考虑一对一推式供应链。在推式供应链中，上下游企业通过推式契约(push contract)进行产品交易：上游企业先确定产品的批发价格，下游企业再确定产品的订货量(Cachon，2004)。首先，分析下游企业持股上游企业情形下的供应链运作决策和协调问题。然后，将下游企业对上游企业的单向持股情形拓展到上下游企业的交叉持股情形。

第三章考虑一对一拉式供应链。在拉式供应链中，上下游企业通过拉式契约(pull contract)进行产品交易：下游企业先决策产品的采购价格，上游企业再决策产品的产量(Cachon，2004)。与第二章的研究内容类似，本章首先考虑下游企业持股上游企业情形下的供应链运作决策与协调问题，然后将下游企业对上游企业的单向持股情形拓展到上下游企业的交叉持股情形。

第四章和第五章分别考虑推式组装供应链和拉式组装供应链。与第二章和第三章的主要研究内容是类似的，不同的是：①第二章和第三章都将下游企业对上游企业的单向持股情形拓展到上下游企业的交叉持股情形，而第四章和第五章都只考虑下游企业持股上游企业以及上游企业持股下游企业两种单向持股情形；②由于在组装供应链中存在多个生产互补性零部件的上游企业，因此，相对于第二章和第三章的研究内容，第四章和第五章一方面增加了多个上游企业间的博弈分析，另一方面增加了下游企业与部分上游企业间的持股对另一部分上游企业的影响分析。

第六章在第四章和第五章的研究基础上考察推拉混合式组装供应链。考虑到推拉混合式组装供应链模型的复杂性和与推式组装供应链、拉式组装供应链的相似性，第六章只分析下游企业持股上游企业情形下的供应链价值共创问题。

第七章在第二章和第三章的基础上，将一对一供应链结构拓展到一对多供应链结构，并分别研究下游企业持股上游企业以及上游企业持股下游企业两种情形下的一对多供应链价值共创问题。

第八章一方面对研究结论进行总结，另一方面就未来的研究工作进行展望。

第二章　纵向股权视角下一对一推式供应链价值共创

在产品主导逻辑下，供应链企业首先对市场需求进行分析，然后生产产品来满足市场需求。这意味着，在产品主导逻辑下，供应链企业通常是先对顾客进行细分并确定目标市场，然后通过一些销售策略引导顾客进行购买和消费(郭朝阳等，2012)。因此，供应链企业通过生产和销售产品所创造的价值与消费者的购买行为紧密相关。

在推式供应链中，上游企业处于主导地位，下游企业处于跟随地位。下游企业在市场需求发生之前从上游企业那将产品采购好，当市场需求发生时，若产品的采购量低于产品的市场需求量，将出现供不应求的现象；若产品的采购量高于产品的市场需求量，多余的产品库存由下游企业承担。这意味着，在推式供应链中，产品的库存风险是由下游企业承担。推式采购模式起源于美国汽车行业，适用于大规模生产方式(Wang et al.，1996)。本章首先考虑下游企业持股上游企业情形下的一对一推式供应链价值共创问题，然后将下游企业对上游企业的单向持股情形拓展到上下游企业的交叉持股情形进行研究。

2.1　问题描述与集中化决策

2.1.1　问题描述

在由一个上游企业和一个下游企业构成的一对一推式供应链中，上下游企业通过推式契约进行交易：上游企业以批发价格 w 向下游企业出售产品，下游企业订购产品并以固定价格 p 出售给消费者(Cachon，2004)。不失一般性，本章将产品的销售价格 p 标准化为单位 1，即 p=1 (Zou and Huang，2015)。产品的市场需求是不确定的，用随机变量 X 表示，X 的概率密度函数与概率分布函数分别记为 $f(x)$ 与 $F(x)$，$x\in[0,+\infty)$②。在推式供应链中，下游企业对产品的采购发生在市场需求之前。因此，当市场实际需求发生时，若采购量 q 低于市场需求 x，将会出现供不应求的现象；反之，若采购量 q 高于市场需求 x，将会出现供过于求的现象。关于一对一供应链的结构说明可以参见图 2-1，关于一对一推式供应链中各事件发生的顺序可以参见图 2-2。

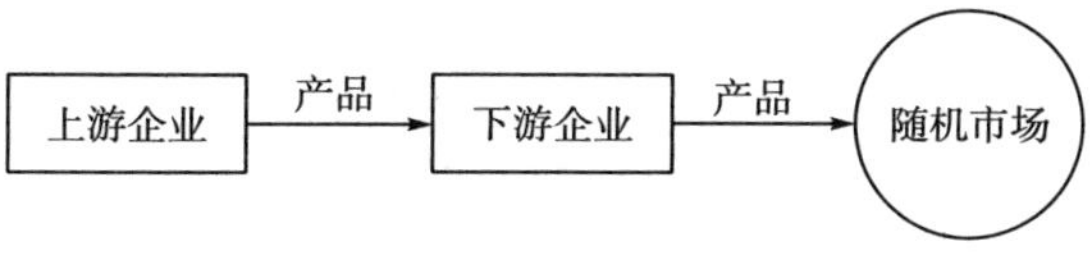

图 2-1　一对一供应链结构

② x 是 X 的具体取值。

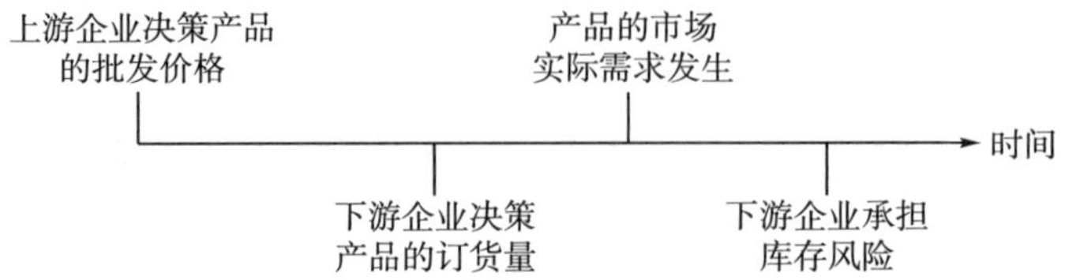

图 2-2　一对一推式供应链事件发生的顺序

假定下游企业已经对上游企业进行了股权投资，与上游企业结成了股权战略联盟，下游企业对上游企业的股权投资形式可能包括货币资金、生产技术等。下游企业与上游企业结成股权战略联盟以后，一方面，上游企业可以借助下游企业的股权投资资源提高自己的生产效率进而降低自己的生产成本；另一方面，下游企业可以根据持股比例参与上游企业的利润分红。关于下游企业对上游企业的股权投资说明可以参见图 2-3。

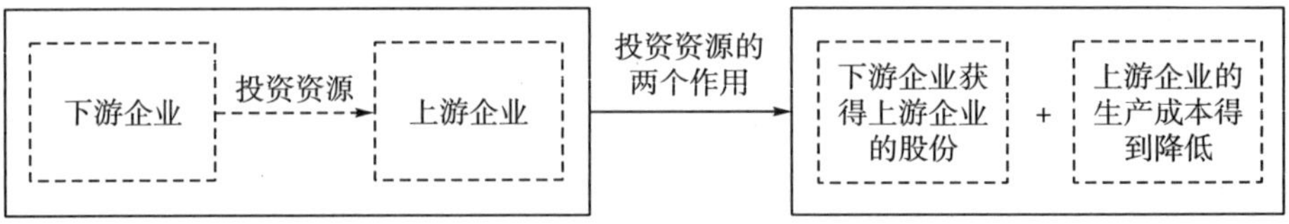

图 2-3　下游企业对上游企业的股权投资

记下游企业对上游企业的持股比例为λ，其中$0\leqslant\lambda\leqslant\overline{\lambda}<50\%$，$\overline{\lambda}$表示下游企业对上游企业的持股比例上限。这里需要指出的是：当$\lambda\geqslant 50\%$时，下游企业将控股上游企业，上游企业不再具有独立性，从战略联盟的定义角度考虑，这样的合作不属于战略联盟范畴(Child and Faulkner，1998)；另外，现实中，很多国家都对企业间的持股比例设定了上限(Eun and Janakiramanan，1986；Sharma，2003)。下游企业对上游企业的股权投资成本(持股成本)为$\mu(\lambda)$，$\mu(\lambda)$是λ的单调递增函数，表示下游企业对上游企业的持股比例越高，其持股成本也越高。当λ=0时，$\mu(\lambda)=0$，表示下游企业不持股上游企业时，下游企业对上游企业的持股成本为零。上游企业的生产成本为$c(\lambda)$，$c(\lambda)$是λ的单调递减函数，表示下游企业对上游企业的持股比例越高，上游企业的生产成本就越低。这是因为下游企业对上游企业的持股比例越高，伴随下游企业持股而注入的新资本就越多，上游企业的生产效率改进越明显，其生产成本就越低。当λ=0时，$c(\lambda)=c$，表示上游企业的初始生产成本，即下游企业不对上游企业进行股权投资时的生产成本。相关参数满足：$c(\lambda)\leqslant c<w<p=1$。

上游企业和下游企业都是风险中性的，他们的决策目标都是最大化自己分红后的实际利润，其中下游企业的实际利润由产品的销售利润(下游企业卖产品到市场上获得的利润)、下游企业对上游企业的销售利润(上游企业卖产品给下游企业获得的利润)分红以及持股成本三部分确定。上游企业的实际利润为其产品销售利润剩余分红(分红比例为$1-\lambda$)。

根据上述描述可知，在推式供应链中，上游企业和下游企业分红之前各自的期望利润函数分别为

$$\pi_u = \left[w - c(\lambda)\right]q \tag{2-1}$$

式中，$w-c(\lambda)$ 表示上游企业每销售一个产品所获得的销售利润；q 表示上游企业销售产品的数量。

$$\pi_d = E\left[\min(q,x)\right] - wq - \mu(\lambda) \tag{2-2}$$

式中，$E\left[\min(q,x)\right]$ 表示下游企业的期望销售收入；wq 表示下游企业的采购成本；$\mu(\lambda)$ 表示下游企业的持股成本。

因此，在推式供应链中，上下游企业分红之后各自的实际期望利润函数分别为

$$\begin{aligned}\Pi_u &= (1-\lambda)\pi_u \\ &= (1-\lambda)\left[w - c(\lambda)\right]q\end{aligned} \tag{2-3}$$

$$\begin{aligned}\Pi_d &= \lambda\pi_u + \pi_d \\ &= \lambda\left[w - c(\lambda)\right]q + \left\{\int_0^q \left[1-F(x)\right]dx - wq - \mu(\lambda)\right\}\end{aligned} \tag{2-4}$$

由于下游企业持有上游企业的股份比例是 λ，并且下游企业可以根据持股比例参与上游企业的利润分红。因此，分红之后，上游企业获得的实际期望利润由式(2-3)给出，即 $\Pi_u = (1-\lambda)\pi_u$；下游企业获得的实际期望利润由式(2-4)给出，即 $\Pi_d = \lambda\pi_u + \pi_d$。

2.1.2　集中化决策

集中化决策一种设想出来的决策情形，此时上游企业和下游企业类似于一个系统的两个部门，系统从整体利润(上游企业和下游企业的总利润)角度考虑做决策。因此，考虑集中化决策情形，可为分散化决策情形提供协调基准。另外，尽管产品的市场需求是不确定的，但其市场价格是固定的，因此系统的期望利润将由产品的订货量唯一确定。这意味着，为了实现供应链协调，只需使得分散化供应链中的订货量与集中化供应链中的订货量一致即可。

由式(2-1)和式(2-2)，可将推式供应链系统的期望利润函数 π_c 表示为

$$\begin{aligned}\pi_c &= \pi_u + \pi_d \\ &= \int_0^q \left[1-F(x)\right]\mathrm{d}x - c(\lambda)q - \mu(\lambda)\end{aligned} \tag{2-5}$$

由式(2-5)可知，供应链系统的期望利润与上下游企业之间的转移支付 wq 无关。这一点不难理解，这是因为转移支付 wq 发生在供应链系统内部企业之间。当然，在考虑供应链系统的期望利润时，系统内部企业间的转移支付将会相互抵消。

由式(2-5)对 π_c 分别求 q 的一阶导数和二阶导数，可以得到

$$\frac{\mathrm{d}\pi_c}{\mathrm{d}q} = 1 - F(q) - c(\lambda) \tag{2-6}$$

$$\frac{\mathrm{d}^2\pi_c}{\mathrm{d}q^2} = -f(q) \tag{2-7}$$

由式(2-7)可知 $\frac{\mathrm{d}^2\pi_c}{\mathrm{d}q^2} < 0$。这意味着，$\pi_c$ 是 q 的凹函数。因此，在集中化决策下供应

链系统的最优订货量将由一阶条件等式$\frac{\mathrm{d}\pi_c}{\mathrm{d}q}=0$唯一确定。令$\frac{\mathrm{d}\pi_c}{\mathrm{d}q}=0$，可以得到集中化决策下，推式供应链系统的最优订货量q_c^*为

$$q_c^*=F^{-1}\left[1-c(\lambda)\right] \tag{2-8}$$

将式(2-8)代入式(2-5)，可以得到集中化决策下，推式供应链系统的最优期望利润为

$$\pi_c^*=\int_0^{q_c^*}\left[1-F(x)\right]\mathrm{d}x-c(\lambda)q_c^*-\mu(\lambda) \tag{2-9}$$

供应链系统期望利润函数π_c的凹性意味着，当订货量偏离了集中化决策下的最优订货量q_c^*时，相应的系统期望利润也会偏离集中化决策下的供应链系统最优期望利润π_c^*。接下来，本章将考虑分散化决策下，上下游企业的最优批发价格和订货量决策。

2.2　推式供应链的批发价格决策和订货量决策

在分散化决策情形下，上游企业和下游企业都是独立的决策主体。下游企业对上游企业的持股比例低于50%，这种持股行为不会影响上游企业决策的独立性。在推式供应链中，上游企业和下游企业进行以上游企业为主导的 Stackelberg 博弈来确定各自的最优策略：在第一阶段中，上游企业确定产品的批发价格w；在第二阶段中，下游企业确定产品的订货量q (Cachon，2004)。显然，处于主导地位的上游企业在设定产品批发价格时会考虑下游企业对自己策略的反应。本节通过逆向归纳法对上述 Stackelberg 博弈进行分析，即首先分析第二阶段中的下游企业订货决策，然后分析第一阶段中的上游企业批发价格决策。

2.2.1　下游企业的订货量决策

在第二阶段中，面对上游企业给出的批发价格w，下游企业的决策目标是：确定产品的订货量q，使得自己分红后的期望利润Π_d最大。由式(2-4)，对Π_d分别求q的一阶导数和二阶导数，经整理可以得到

$$\frac{\mathrm{d}\Pi_d}{\mathrm{d}q}=1-F(q)-(1-\lambda)w-\lambda c(\lambda) \tag{2-10}$$

$$\frac{\mathrm{d}^2\Pi_d}{\mathrm{d}q^2}=-f(q) \tag{2-11}$$

由式(2-11)可知$\frac{\mathrm{d}^2\Pi_d}{\mathrm{d}q^2}<0$。这意味着，下游企业分红后的期望利润$\Pi_d$是其订货量$q$的凹函数。因此，对于上游企业任意给定的批发价格$w$，下游企业的最优订货量满足一阶条件等式$\frac{\mathrm{d}\Pi_d}{\mathrm{d}q}=0$，即对于上游企业任意给定的批发价格$w$，下游企业的最优订货量$q^*(w)$为

$$q^*(w)=F^{-1}\left[1-(1-\lambda)w-\lambda c(\lambda)\right] \tag{2-12}$$

式(2-12)刻画了下游企业的最优订货量$q^*(w)$如何依赖于上游企业的批发价格。由式(2-12)，对$q^*(w)$求w的一阶导数可以得到

$$\frac{\mathrm{d}q^*(w)}{\mathrm{d}w}=-\frac{(1-\lambda)}{f\left(q^*(w)\right)} \tag{2-13}$$

由式(2-13)可知$\frac{\mathrm{d}q^*(w)}{\mathrm{d}w}<0$。这意味着，上游企业的产品批发价格越高，下游企业的产品订货量越低。事实上，产品的批发价格代表着下游企业的单位采购成本，承担较高采购成本且面临不确定需求市场的下游企业将会订购较少的产品。另外，由式(2-13)可知$\left|\frac{\mathrm{d}q^*(w)}{\mathrm{d}w}\right|=\frac{1-\lambda}{f(q)}$，即$\left|\frac{\mathrm{d}q^*(w)}{\mathrm{d}w}\right|$随着$\lambda$增加而减小。这意味着，随着下游企业对上游企业持股比例λ的增加，上游企业的批发价格w对下游企业的订货量$q^*(w)$影响减小，即下游企业的利润分红，弱化了下游企业订货量对上游企业批发价格的反应。事实上，上游企业的批发价格之所以能够影响下游企业的订货量，是因为产品的批发价格代表着下游企业的单位采购成本(下游企业对上游企业的转移支付)。当下游企业持有了上游企业的股份时，上游企业需要根据被持股比例对下游企业进行一定的转移支付。最终，上游企业根据被持股比例对下游企业的转移支付抵消了下游企业对上游企业的部分转移支付。这意味着，下游企业对上游企业的利润分红等同于降低了下游企业的单位采购成本，进而降低了批发价格增加对订货量的影响。

2.2.2　上游企业的批发价格决策

在第一阶段中，上游企业的决策问题是：在下游企业的订货量$q^*(w)$与上游企业的批发价格w满足式(2-12)的前提下，决策一个批发价格w，使得自己分红后的期望利润Π_u最大。

将式(2-12)代入式(2-3)，可将上游企业分红后的期望利润Π_u表述为

$$\Pi_u=(1-\lambda)\left[w-c(\lambda)\right]F^{-1}\left[1-(1-\lambda)w-\lambda c(\lambda)\right] \tag{2-14}$$

由式(2-12)可知，w与$q^*(w)$之间是一一对应的，因此，决策一个w使得Π_u最大等价于决策一个相应的$q^*(w)$使得Π_u最大。这种决策转换不会影响问题分析的结果，只是从技术层面方便分析式(2-14)的函数性质。类似的决策转换可以参见Cachon(2004)。

由式(2-12)可知，

$$w=\frac{1-F\left(q^*(w)\right)-\lambda c(\lambda)}{1-\lambda} \tag{2-15}$$

将式(2-15)代入式(2-14)，可将上游企业分红后的期望利润Π_u重新表述为

$$\Pi_u=\left[1-F\left(q^*(w)\right)-c(\lambda)\right]q^*(w) \tag{2-16}$$

(1) 引理 2-1

通过对式(2-16)进行分析，可以得到引理 2-1。

引理 2-1　在下游企业持股上游企业的推式供应链中，若$\frac{f\left(q^*(w)\right)q^*(w)}{1-F\left(q^*(w)\right)}$是$q^*(w)$的单

调递增函数，则上游企业分红后的期望利润Π_u是关于订货量$q^*(w)$先增后减的单峰函数。

证明：由式(2-16)，对Π_u求$q^*(w)$的一阶导数，经整理可以得到

$$\begin{aligned}\frac{\mathrm{d}\Pi_u}{\mathrm{d}q^*(w)}&=1-F\left(q^*(w)\right)-f\left(q^*(w)\right)q^*(w)-c(\lambda)\\&=\left[1-F\left(q^*(w)\right)\right]\left[1-\frac{f\left(q^*(w)\right)q^*(w)}{1-F\left(q^*(w)\right)}\right]-c(\lambda)\end{aligned}$$

接下来，结合$\frac{f\left(q^*(w)\right)q^*(w)}{1-F\left(q^*(w)\right)}$是$q^*(w)$的单调递增函数的性质，分两种情形来考察$\Pi_u$关于$q^*(w)$的函数性质。①情形一是指存在$q'$使得$\frac{f(q')q'}{1-F(q')}=1$，②情形二是指不存在$q'$使得$\frac{f(q')q'}{1-F(q')}=1$。

1）情形一：①一方面，由于$\frac{f\left(q^*(w)\right)q^*(w)}{1-F\left(q^*(w)\right)}$是$q^*(w)$的单调递增函数，因此，当$q^*(w)\in[0,q')$时，$\frac{f\left(q^*(w)\right)q^*(w)}{1-F\left(q^*(w)\right)}<1$。这意味着，在区间$[0,q')$上，$\frac{\mathrm{d}\Pi_u}{\mathrm{d}q^*(w)}$是$q^*(w)$的单调递减函数。另外，由$\frac{\mathrm{d}\Pi_u}{\mathrm{d}q^*(w)}$的表达式可知$\lim\limits_{q^*(w)\to 0}\frac{\mathrm{d}\Pi_u}{\mathrm{d}q^*(w)}=1-c(\lambda)>0$以及$\lim\limits_{q^*(w)\to q'}\frac{\mathrm{d}\Pi_u}{\mathrm{d}q^*(w)}<0$。即，在区间$[0,q')$上存在唯一的点使得$\frac{\mathrm{d}\Pi_u}{\mathrm{d}q^*(w)}=0$，记该点为$q^*$，并且该点具有如下性质：当$q^*(w)\in\left[0,q^*\right)$时，$\frac{\mathrm{d}\Pi_u}{\mathrm{d}q^*(w)}>0$；当$q^*(w)\in\left[q^*,q'\right)$时，$\frac{\mathrm{d}\Pi_u}{\mathrm{d}q^*(w)}<0$。②另一方面，当$q^*(w)\in[q',+\infty)$时，$\frac{f\left(q^*(w)\right)q^*(w)}{1-F\left(q^*(w)\right)}\geqslant 1$。这意味着，在区间$[q',+\infty)$上，$\frac{\mathrm{d}\Pi_u}{\mathrm{d}q^*(w)}<0$。综合以上两方面可以得知：在区间$\left[0,q^*\right)$上，$\frac{\mathrm{d}\Pi_u}{\mathrm{d}q^*(w)}>0$；在区间$\left(q^*,+\infty\right)$上，$\frac{\mathrm{d}\Pi_u}{\mathrm{d}q^*(w)}<0$，即$\Pi_u$是$q^*(w)$的先增后减的单峰函数。

2）情形二：由于$\frac{f\left(q^*(w)\right)q^*(w)}{1-F\left(q^*(w)\right)}$是$q^*(w)$的单调递增函数，若不存在$q'$使得$\frac{f(q')q'}{1-F(q')}=1$。那么对于任意的$q^*(w)\geqslant 0$，都有$\frac{f\left(q^*(w)\right)q^*(w)}{1-F\left(q^*(w)\right)}<1$成立。因此，在区间$q^*(w)\in[0,+\infty)$上，$\frac{\mathrm{d}\Pi_u}{\mathrm{d}q^*(w)}$是$q^*(w)$的单调递减函数。另外，由$\frac{\mathrm{d}\Pi_u}{\mathrm{d}q^*(w)}$的表达式可知：$\lim\limits_{q^*(w)\to 0}\frac{\mathrm{d}\Pi_u}{\mathrm{d}q^*(w)}>0$以及$\lim\limits_{q^*(w)\to +\infty}\frac{\mathrm{d}\Pi_u}{\mathrm{d}q^*(w)}<0$。这意味着，在区间$[0,+\infty)$上存在唯一的$q^*$，使

得当$q^*(w)\in\left[0,q^*\right)$时，$\dfrac{\mathrm{d}\Pi_u}{\mathrm{d}q^*(w)}>0$；当$q^*(w)\in\left(q^*,+\infty\right)$时，$\dfrac{\mathrm{d}\Pi_u}{\mathrm{d}q^*(w)}<0$。即$\Pi_u$仍然是$q^*(w)$的先增后减的单峰函数。证毕。

在引理 2-1 中，$\dfrac{f\left(q^*(w)\right)q^*(w)}{1-F\left(q^*(w)\right)}$是$q^*(w)$的单调递增函数，这意味着需求的分布函数具有广义递增失效率(increasing generalized failure rate，IGFR)性质。事实上，一般的分布函数，如均匀分布、指数分布、正态分布、伽马分布等都具有递增失效率(increasing failure rate，IFR)性质(Barlow and Proschan，1996；Chen et al.，2009)。可以验证 IGFR 性质的假设较 IFR 性质的假设更弱(Lariviere and Porteus，2001),更多关于分布函数的 IGFR 性质分析，可以参见 Lariviere(2006)。

(2) 定理 2-1

由引理 2-1，可以得到定理 2-1。

定理 2-1 在下游企业持股上游企业的推式供应链中，上游企业的最优批发价格w^*以及下游企业的最优订货量q^*分别由以下两式给出

$$w^*=\frac{1-F\left(q^*\right)-\lambda c(\lambda)}{1-\lambda} \tag{2-17}$$

$$\left[1-F\left(q^*\right)\right]\left[1-\frac{f\left(q^*\right)q^*}{1-F\left(q^*\right)}\right]=c(\lambda) \tag{2-18}$$

证明：由引理 2-1 可知Π_u是订货量$q^*(w)$先增后减的单峰函数，因此，下游企业的最优订货量由一阶条件等式$\dfrac{\mathrm{d}\Pi_u}{\mathrm{d}q^*(w)}=0$唯一确定，即最优的订货量$q^*$由式(2-18)给出。将式(2-18)代入式(2-15)，可以得到式(2-17)。证毕。

(3) 推论 2-1

对比式(2-8)和式(2-18)，可以得到推论 2-1。

推论 2-1 在下游企业持股上游企业的推式供应链中，下游企业的最优订货量小于集中化决策下的最优产量。

证明：反证法，不妨假定下游企业的最优订货量q^*大于或等于集中化决策下的最优产量q_c^*，即$q^*\geqslant q_c^*$。

一方面，由$q^*\geqslant q_c^*$可知

$$1-F\left(q_c^*\right)>\left[1-F\left(q_c^*\right)\right]\left[1-\frac{f\left(q_c^*\right)q_c^*}{1-F\left(q_c^*\right)}\right]\geqslant\left[1-F\left(q^*\right)\right]\left[1-\frac{f\left(q^*\right)q^*}{1-F\left(q^*\right)}\right]$$

另一方面，由式(2-8)和式(2-18)可知

$$1-F\left(q_c^*\right)=c(\lambda)=\left[1-F\left(q^*\right)\right]\left[1-\frac{f\left(q^*\right)q^*}{1-F\left(q^*\right)}\right]$$

显然，以上两式矛盾。因此，必然有 $q^* < q_c^*$ 成立。证毕。

结合供应链系统期望利润 π_c 的凹函数性质(参见 2.1.2 小节的分析)，推论 2-1 表明，在下游企业持股上游企业的推式供应链中，供应链中的双重边际效应仍然存在，从而上下游企业的最优期望利润之和要小于集中化决策下的供应链系统的最优期望利润。这是因为，下游企业对上游企业的持股比例低于 50%，即下游企业的持股战略只是一种部分纵向整合。在部分纵向整合情形下，上下游企业在优化各自决策目标时，所做的决策往往只是局部最优。这意味着，供应链系统的期望利润仍然有改进的空间，这一点将在随后的 2.3 节中进行深入的分析。

(4) 推论 2-2

通过对式(2-18)进行进一步的分析，可以得到推论 2-2。

推论 2-2 在下游企业持股上游企业的推式供应链中，下游企业的最优订货量随着下游企业对上游企业的持股比例增加而增加。

证明：反证法：假定 λ 增加时，最优订货量不变或减小。一方面，当 λ 增加时，若 q^* 不变或减小，则式(2-18)的左边不变或增大；另一方面，当 λ 增加时，式(2-18)的右边减小。式(2-18)的左边和右边不相等，矛盾。推论 2-2 得证。

Flath(1989)在确定型市场环境中，考虑了由强势上游企业和弱势下游企业构成的供应链，并指出供应链系统的产量与下游企业是否持股上游企业无关。然而，推论 2-2 指出，推式供应链系统的产量(下游企业的订货量)与弱势下游企业对强势上游企业的持股比例正相关。导致这种结论差异的主要原因是，Flath(1989)的研究假定下游企业对上游企业的持股只能使得下游企业参与被持股上游企业的利润分红；本章的研究假定下游企业对上游企业的持股不仅能使下游企业参与被持股上游企业的利润分红，而且可以使得被持股上游企业的生产成本得到降低。事实上，由式(2-18)可知，若下游企业的持股对被持股上游企业的生产成本影响可以忽略不计时［即 $c(\lambda)=c$］，下游企业的最优订货量 q^* 也不受持股比例 λ 影响。这意味着，Flath(1989)中的相关结论同样适用于随机需求下的推式供应链。

在本章中，下游企业的持股，一方面给下游企业带来了利润分红；另一方面给被持股上游企业带来了成本降低。因此，下游企业的持股对供应链系统运作的影响是通过“利润分红”和“成本降低”两个因素共同影响的。为了更清楚地理解下游企业对上游企业的持股是如何影响下游企业的订货决策，接下来分别考虑“利润分红”和“成本降低”因素是如何影响下游企业的订货决策。在分析“利润分红”因素对下游企业的订货决策影响时，假定“成本降低”因素的影响可以忽略不计；在分析“成本降低”因素对下游企业的订货决策影响时，假定“利润分红”因素的影响可以忽略不计。

1)“利润分红”因素对下游企业订货决策的影响分析。一方面，在给定的产品批发价格下(下游企业的采购成本)，“利润分红”因素增加了下游企业的收益，即下游企业获得一单位收益所承担的相对采购成本得到了降低。因此，“利润分红”因素对下游企业的订货行为有“积极影响”。另一方面，“利润分红”因素弱化了下游企业的最优订货量对产品批发价格的反应［参见式(2-13)的分析］。作为主导者的上游企业从自身利益最大化角度考虑，会确定一个相对较高的批发价格，这又对下游企业的订货行为有“消极影响”。

在均衡的时候，上述“积极影响”和“消极影响”正好抵消，导致的均衡结果是：最优订货量不受“利润分红”因素影响。

2)“成本降低”因素对下游企业订货决策的影响分析。当上游企业的成本得到了降低，供应链系统的运作效率就得到了提升，运作效率更高的供应链系统将会生产出更多的产品，即上游企业会生产更多的产品，下游企业也会订购更多的产品。

综合以上 1)和 2)的分析可知，在推式供应链中，下游企业的持股对其订货决策的影响表面上是通过“利润分红”和“成本降低”两个因素共同影响的，但在均衡的时候，下游企业的最优订货决策只与“成本降低”因素有关。

将式(2-17)和式(2-18)，分别代入式(2-3)和式(2-4)，可以得到上游企业和下游企业分红后的最优期望利润分别为

$$\Pi_u^* = \left[1-c(\lambda)-F\left(q^*\right)\right]q^* \tag{2-19}$$

$$\Pi_d^* = \int_0^{q^*}\left[1-F(x)\right]dx-\left[1-F\left(q^*\right)\right]q^*-\mu(\lambda) \tag{2-20}$$

(5) 推论 2-3

由式(2-20)可以得到推论 2-3。

推论 2-3 在下游企业持股上游企业的推式供应链中，上游企业分红后的最优期望利润随着下游企业的持股比例增加而增加。

证明：由式(2-19)对 Π_u^* 求 λ 的一阶导数，经整理可以得到

$$\frac{\mathrm{d}\Pi_u^*}{\mathrm{d}\lambda} = \left[1-c(\lambda)-F\left(q^*\right)-q^*f\left(q^*\right)\right]\frac{\mathrm{d}q^*}{\mathrm{d}\lambda}-q^*\frac{\mathrm{d}c(\lambda)}{\mathrm{d}\lambda}$$

由式(2-18)可知 $1-c(\lambda)-F\left(q^*\right)-q^*f\left(q^*\right)=0$，因此可将 Π_u^* 的一阶导数进一步化简为

$$\frac{\mathrm{d}\Pi_u^*}{\mathrm{d}\lambda} = -q^*\frac{\mathrm{d}c(\lambda)}{\mathrm{d}\lambda}$$

由 $\frac{\mathrm{d}c(\lambda)}{\mathrm{d}\lambda} \leqslant 0$（产品的生产成本随着持股比例增加而减小），可知 $\frac{\mathrm{d}\Pi_u^*}{\mathrm{d}\lambda} \geqslant 0$。推论 2-3 得证。

事实上，下游企业的持股，一方面给下游企业带来了利润分红；另一方面给被持股上游企业带来了成本降低。即，下游企业的持股对上游企业利润的影响是通过“利润分红”和“成本降低”两个因素共同影响的。为了更清楚地理解下游企业对上游企业的持股是如何影响上游企业的利润，这里分别考虑“利润分红”和“成本降低”因素是如何分别影响上游企业的利润。在分析“利润分红”因素对上游企业的利润影响时，假定“成本降低”因素的影响可以忽略不计；在分析“成本降低”因素对上游企业的利润影响时，假定“利润分红”因素的影响可以忽略不计。

1)“利润分红”因素对上游企业的利润的影响分析 。一方面，“利润分红”因素降低了被持股上游企业的边际利润；另一方面，被持股上游企业对产品的加价提高了自己的边际利润。在均衡的时候，上述两方面的影响将会相互抵消。这一点可由式(2-19)证实：当上游企业的“成本降低”因素忽略不计时，Π_u^* 与持股比例无关。另外，由推论 2-2 下

面的分析可知，最优订货量也不受“利润分红”因素影响。即，边际利润和订货量都不受“利润分红”因素影响。因此，相应的利润也不受“利润分红”因素影响。

2)“成本降低”因素对上游企业的利润的影响分析。当上游企业的生产成本得到了降低，供应链系统的运作效率就得到了提升，当然，作为供应链的节点的上游企业可以从中获利。

综合以上1)和2)的分析可知，在推式供应链中，当下游企业对上游企业实施持股战略以后，上游企业的最终期望利润只与持股导致的“成本降低”因素有关，而与持股导致的“利润分红”因素无关。

由式(2-19)和式(2-20)可知，当下游企业持股上游企业之后，供应链系统的最优期望利润(上游企业和下游企业的最优期望总利润)为

$$\Pi_{u+d}^{*}=\Pi_{u}^{*}+\Pi_{d}^{*}=\int_{0}^{q^{*}}\left[1-F(x)\right]\mathrm{d}x-c(\lambda)q^{*}-\mu(\lambda)$$

为了便于分析，这里记 λ=0 时（下游企业不持股上游企业时），q^{*}=$q^{*}(0)$，Π_{u+d}^{*}=$\Pi_{u+d}^{*}(0)$；记 λ>0 时(下游企业持股上游企业时)，q^{*}=$q^{*}(\lambda)$，Π_{u+d}^{*}=$\Pi_{u+d}^{*}(\lambda)$。由推论2-2可知，$q^{*}(\lambda)\geqslant q^{*}(0)$。借鉴王琴(2011)、万骁乐等(2017)的研究，本书采用企业利润来刻画企业创造的价值。因此，下游企业对上游企业的持股为推式供应链系统所创造的价值为

$$\Pi_{u+d}^{*}\Big|_{\lambda\neq0}-\Pi_{u+d}^{*}\Big|_{\lambda=0}=\int_{q^{*}(0)}^{q^{*}(\lambda)}\left[1-F(x)\right]\mathrm{d}x+cq^{*}(0)-c(\lambda)q^{*}(\lambda)-\mu(\lambda)$$

上式隐含地表明，下游企业对上游企业的持股为推式供应链系统所创造的价值仅仅来自持股所导致的“成本降低”因素，与“利润分红”因素无关。该结论可结合对式(2-18)的分析得到，具体如下：若持股所导致的“成本降低”因素的影响可以忽略不计时，有 $c(\lambda)$=c 以及 $q^{*}(\lambda)$=$q^{*}(0)$ 成立。从而，$\Pi_{u+d}^{*}\Big|_{\lambda\neq0}-\Pi_{u+d}^{*}\Big|_{\lambda=0}$ 与“成本降低”因素及“利润分红”因素都无关。

2.3　推式供应链协调

推论2-1表明，下游企业持股上游企业以后，推式供应链系统的期望利润仍然有改进的空间。即，推式供应链系统的期望利润没有实现整体最优。接下来，对下游企业持股上游企业以后的推式供应链的协调机制进行探讨，目的是实现推式供应链系统的期望利润整体最优。

2.3.1　协调机制的设计

事实上，现有关于供应链协调机制的研究已经非常丰富，但相关研究都忽略了纵向企业之间的股权关系。由于持股企业可以参与被持股企业的利润分红，这为供应链的协调机制设计提出了新的问题。直觉上，要使得下游企业持股上游企业的供应链实现协调，所设计的协调机制一方面要能够使得上游企业分担下游企业的库存风险，激励下游企业多订

货，增加供应链系统的期望利润；另一方面要对被持股上游企业有足够的利润分配能力，使其有机会从参与协调中获利。

针对下游企业持股上游企业的推式供应链，本章考虑机制$\{w,s,r\}_{\text{push}}$，该机制表示：分红之前，在批发价格w的基础上，一方面，上游企业对下游企业未销售出去的产品给予每单位s的价格补贴(价格补贴策略)；另一方面，上游企业参与分享下游企业的销售收益，分享比例为r(收益分享策略)。这里需要指出的是：在下游企业持股上游企业的推式供应链中，为了实现协调，本章在批发价格基础上引入了两种协调策略，一种是价格补贴策略，另一种是收益分享策略。一般来说，在传统的没有纵向持股关系的供应链协调机制研究中引入一种协调策略即可实现供应链协调(Cachon，2003)。在有纵向持股关系的供应链协调机制研究中，之所以引入两种策略构成的组合策略是从协调机制的可实施性角度考虑，为了增加所设计协调机制的利润分配能力，具体可以参见本书 2.4.1 小节的协调机制中的组合策略讨论。通过引入组合策略来设计协调机制不是本书首次提出的，以往少数研究在考察供应链协调问题时也引入了组合策略，如 Cachon 和 Zipkin(1999)。特别地，当$r=0$时，机制$\{w,s,r\}_{\text{push}}$将退化成传统的价格补贴契约。

根据上述描述可知，在机制$\{w,s,r\}_{\text{push}}$下，分红前，下游企业对上游企业的转移支付为

$$T=wq-s\left[q-\min(q,x)\right]+r\min(q,x) \tag{2-21}$$

式中，wq表示推式供应链系统本身采用推式契约交易所带来的转移支付；$s\left[q-\min(q,x)\right]$表示价格补贴策略带来的转移支付；$r\min(q,x)$表示收益分享策略带来的转移支付。

根据上述转移支付，可知上游企业和下游企业分红前的期望利润函数分别为

$$\overline{\pi}_u=\left[w-c(\lambda)\right]q-sE\left[q-\min(q,x)\right]+rE\left[\min(q,x)\right] \tag{2-22}$$

$$\overline{\pi}_d=E\left[\min(q,x)\right]-wq-\mu(\lambda)+s\left[q-\min(q,x)\right]-rE\left[\min(q,x)\right] \tag{2-23}$$

因此，分红后，上游企业和下游企业的期望利润函数分别为

$$\begin{aligned}\overline{\Pi}_u&=(1-\lambda)\overline{\pi}_u\\&=(1-\lambda)\left\{\left[w-c(\lambda)\right]q-sE\left[q-\min(q,x)\right]+rE\left[\min(q,x)\right]\right\}\end{aligned} \tag{2-24}$$

$$\begin{aligned}\overline{\Pi}_d&=\lambda\overline{\pi}_u+\overline{\pi}_d\\&=\lambda\left\{\left[w-c(\lambda)\right]q-sE\left[q-\min(q,x)\right]+rE\left[\min(q,x)\right]\right\}\\&\quad+E\left[\min(q,x)\right]-wq-\mu(\lambda)+sE\left[q-\min(q,x)\right]-rE\left[\min(q,x)\right]\end{aligned} \tag{2-25}$$

通过对式(2-24)和式(2-25)进行分析，可以得到定理 2-2。

定理 2-2　在下游企业持股上游企业的推式供应链中，若机制$\{w,s,r\}_{\text{push}}$中的参数(w,r,s)的设定满足

$$s=s(w)=\frac{\left[1-\lambda+\lambda c(\lambda)\right]\left[w-c(\lambda)\right]}{(1-\lambda)\left[1-c(\lambda)\right]} \tag{2-26}$$

$$r=r(w)=\frac{\lambda\left[w-c(\lambda)\right]}{1-\lambda} \tag{2-27}$$

那么对于上游企业任意给定的批发价格 w，且 $c(\lambda)<w<p=1$，理性下游企业的订购量与集中化决策下的供应链系统的最优订货量一致。

证明：由式(2-25)，可将 $\overline{\Pi}_d$ 进一步化简为

$$\overline{\Pi}_d=(1-\lambda)\left[-r\int_0^q\left[1-F(x)\right]\mathrm{d}x+s\int_0^q F(x)\mathrm{d}x-wq\right]+\int_0^q\left[1-F(x)\right]\mathrm{d}x-\lambda c(\lambda)q-\mu(\lambda)$$

对 $\overline{\Pi}_d$ 分别求 q 的一阶导数和二阶导数，可以得到

$$\frac{\mathrm{d}\overline{\Pi}_d}{\mathrm{d}q}=\left[1-F(q)\right]+(1-\lambda)\left\{-r\left[1-F(q)\right]+sF(q)-w\right\}-\lambda c(\lambda)$$

$$\frac{\mathrm{d}^2\overline{\Pi}_d}{\mathrm{d}q^2}=-f(q)\left[1-(1-\lambda)(s+r)\right]$$

1）将式(2-26)和式(2-27)分别代入 $\frac{\mathrm{d}^2\overline{\Pi}_d}{\mathrm{d}q^2}$ 的表达式中，可以得到

$$\frac{\mathrm{d}^2\overline{\Pi}_d}{\mathrm{d}q^2}=-\frac{(1-w)f(q)}{1-c(\lambda)}$$

这意味着，对于上游企业任意设定的批发价格 w，$c(\lambda)<w<p=1$ 时，总有 $\frac{\mathrm{d}^2\overline{\Pi}_d}{\mathrm{d}q^2}<0$ 成立，即下游企业分红后的期望利润总是其订货量的凹函数。因此，下游企业的最优订货量由其一阶条件等式 $\frac{\mathrm{d}\overline{\Pi}_d}{\mathrm{d}q}=0$ 唯一确定。

2）将式(2-8)、式(2-26)和式(2-27)分别代入 $\frac{\mathrm{d}\overline{\Pi}_d}{\mathrm{d}q}$ 的表达式中，可以得到 $\frac{\mathrm{d}\overline{\Pi}_d}{\mathrm{d}q}=0$。这意味着，$\frac{\mathrm{d}\overline{\Pi}_d}{\mathrm{d}q}=0$ 的解为 $q=q_c^*=F^{-1}\left[1-c(\lambda)\right]$。证毕。

定理2-2给出了下游企业持股上游企业情形下，推式供应链的协调机制 $\left\{w,s(w),r(w)\right\}_{\text{push}}$。在该协调机制下，对于上游企业任意设定的批发价格 w，$c(\lambda)<w<p=1$，下游企业从自身分红后的期望利润最大化角度考虑，都将订购 q_c^* 件产品，即供应链系统期望利润可以达到集中化决策下的供应链系统最优期望利润。

由定理2-2可知：①上游企业在设定协调机制时，无需单独设定协调机制中的批发价格 w、补贴价格 s 以及收益分享比例 r，只需设定批发价格 w，再由式(2-26)和式(2-27)确定相应的补贴价格 s 和收益分享比例 r 即可。②当 $\lambda=0$ 时，收益分享比例 $r=0$，这意味着若下游企业不持有上游企业的股份时，单独引入价格补贴策略就可以实现供应链协调，这一点与以往没有考虑纵向持股关系的推式供应链协调机制设计得到的相关结论是一致的。③当 $\lambda>0$ 时，收益分享比例为负，这意味着协调机制 $\left\{w,s(w),r(w)\right\}_{\text{push}}$ 中的收益分享策略导致的转移支付的方向发生了改变。事实上，引入收益分享策略的主要目的是增加协调机制的利润分配能力。这一点将在随后的2.4节中进行讨论。接下来，对所设计协调

机制$\{w,s(w),r(w)\}_{\text{push}}$的可实施性进行探讨。

2.3.2 协调机制的可实施性

实践中，要使得所设计的协调机制能够被上下游企业都接受，需要保证所设计的协调机制有较强的利润分配能力，可实现：上游企业和下游企业的既得利益(本章以分散化决策下各参与者分红后的均衡期望利润作为一致性预测的结果)都能得到改进。

将式(2-26)、式(2-27)以及$q=q_c^*$分别代入式(2-24)和式(2-25)，经整理可以得到协调机制$\{w,s(w),r(w)\}_{\text{push}}$下，上游企业分红后的期望利润$\overline{\Pi}_u$以及下游企业分红后的期望利润$\overline{\Pi}_d$分别为

$$\overline{\Pi}_u=\frac{w-c(\lambda)}{1-c(\lambda)}\left[\pi_c^*+\mu(\lambda)\right] \tag{2-28}$$

$$\overline{\Pi}_d=\frac{1-w}{1-c(\lambda)}\left[\pi_c^*+\mu(\lambda)\right]-\mu(\lambda) \tag{2-29}$$

其中，π_c^*表示集中化决策下，推式供应链系统的最优期望利润，参见式(2-9)。

通过对式(2-28)以及式(2-29)进行分析，可以得到定理2-3。

定理 2-3 在下游企业持股上游企业的推式供应链中，当采用协调机制$\{w,s(w),r(w)\}_{\text{push}}$时，上游企业分红后的期望利润随着产品批发价格增加而增加，下游企业分红后的期望利润随着产品批发价格增加而减少。

证明：当注意到π_c^*和$\mu(\lambda)$都是与w无关的常数，由式(2-28)和式(2-29)可知，$\overline{\Pi}_u$是w的单调递增函数，$\overline{\Pi}_d$是w的单调递减函数。证毕。

接下来，对协调机制$\{w,s(w),r(w)\}_{\text{push}}$的利润分配能力进行分析。一方面，由式(2-28)和式(2-29)可知：当上游企业设定的批发价格$w\to c(\lambda)$时，上游企业分红后的期望利润$\overline{\Pi}_u\to 0$；下游企业分红后的期望利润$\overline{\Pi}_d\to\pi_c^*$。另一方面，当上游企业设定的批发价格$w\to 1$时，上游企业分红后的期望利润$\overline{\Pi}_u\to\pi_c^*+\mu(\lambda)$；下游企业分红后的期望利润$\overline{\Pi}_d\to-\mu(\lambda)$。综合以上两方面的分析可知：通过调节协调机制中的参数w可使上游企业分红后的期望利润在区间$\left[0,\pi_c^*+\mu(\lambda)\right]$上变化；下游企业分红后的期望利润在区间$\left[-\mu(\lambda),\pi_c^*\right]$上变化。另外，在协调机制$\{w,s(w),r(w)\}_{\text{push}}$下，供应链系统的期望利润与集中化决策下供应链系统的最优期望利润一致，即$\overline{\Pi}_u+\overline{\Pi}_d=\pi_c^*$；并且在分散化决策下，供应链系统的最优期望利润要低于集中化决策下供应链系统的最优期望利润，即$\Pi_u^*+\Pi_d^*<\pi_c^*$。这意味着，有$\overline{\Pi}_u+\overline{\Pi}_d>\Pi_u^*+\Pi_d^*$成立，即协调后，上游企业和下游企业的期望总利润得到了改进。因此，必然存在批发价格使得上游企业和下游企业分红的期望利润都得到改进，即使得$\overline{\Pi}_u>\Pi_u^*$和$\overline{\Pi}_d>\Pi_d^*$同时成立，具体由推论2-4给出。

推论 2-4 在下游企业持股上游企业的推式供应链中，当采用协调机制$\{w,s(w),r(w)\}_{\text{push}}$时，若批发价格$w$的设定满足

$$w > \frac{\left[1-c(\lambda)\right]\Pi_u^*}{\pi_c^* + \mu(\lambda)} + c(\lambda) \tag{2-30}$$

$$w < 1 - \frac{\left[1-c(\lambda)\right]\left[\Pi_d^* + \mu(\lambda)\right]}{\pi_c^* + \mu(\lambda)} \tag{2-31}$$

那么上下游企业分红后的期望利润都能够得到改进。

证明：由式(2-19)和式(2-28)，令$\overline{\Pi}_u > \Pi_u^*$，可以求解得到式(2-30)；由式(2-20)和式(2-29)，令$\overline{\Pi}_d > \Pi_d^*$，可以求解得到式(2-31)。证毕。

推论 2-4 给出了协调机制$\{w, s(w), r(w)\}_{\text{push}}$中批发价格$w$的有效区间，在有效区间内的任何取值，可使上下游企业都能从参与协调中获利(即，$\overline{\Pi}_u > \Pi_u^*$和$\overline{\Pi}_d > \Pi_d^*$同时成立)。推论 2-4 揭示了以下重要的管理启示：在协调机制$\{w, s(w), r(w)\}_{\text{push}}$下，一方面，上游企业有动机提高产品的批发价格(参见式(2-28))。但下游企业参与协调机制的约束限定了产品批发价格的上限$1 - \frac{\left[1-c(\lambda)\right]\left[\Pi_d^* + \mu(\lambda)\right]}{\pi_c^* + \mu(\lambda)}$［参见式(2-31)］；另一方面，下游企业有动机要求上游企业降低产品的批发价格［参见式(2-29)］，但上游企业参与协调机制的约束限定了批发价格的下限$\frac{\left[1-c(\lambda)\right]\Pi_u^*}{\pi_c^* + \mu(\lambda)} + c(\lambda)$［参见式(2-30)］。在实践中，批发价格在有效区间内的具体取值可以根据上游企业和下游企业之间的讨价还价能力确定(Li et al.，2013)。

2.4　讨　　论

2.2 节探讨了下游企业持股上游企业以后推式供应链的运作决策，2.3 节引入两种策略构成的组合策略实现了推式供应链的协调。本节对之前的相关研究进行进一步的讨论和拓展。

2.4.1　协调机制中的组合策略

2.3.1 小节在协调机制的设计中，引入收益分享策略和价格补贴策略构成的组合策略实现了供应链的协调。这一点与以往通过引入一种协调策略(如回购策略、价格补贴策略、收益分享策略等)设计协调机制的研究不同。以往的相关研究表明当供应链中不存在纵向持股关系时，通过引入回购策略、价格补贴策略或收益分享策略等一种策略即可实现供应链协调，并且这些协调策略在本质上是一致的，可以通过所设计协调机制的参数设定相互转换(Cachon，2003)。然而，在有纵向持股关系的供应链中，引入上述一种策略未必可行，这一点可以从接下来的讨论中看出。通过分析可以得到结论 2-1。

结论 2-1 假定下游企业的持股成本可以忽略不计，当供应链协调时，若下游企业分红前的期望利润总是非负的，那么上游企业分红后的期望利润不会超过$(1-\lambda)\pi_c^*$。

证明：供应链协调的含义意味着$\pi_c^* = \overline{\pi}_u + \overline{\pi}_d$以及$\pi_c^* = \overline{\Pi}_u + \overline{\Pi}_d$，这也间接地意味着$\overline{\Pi}_u = (1-\lambda)\overline{\pi}_u = (1-\lambda)\left(\pi_c^* - \overline{\pi}_d\right)$。因此，当$\overline{\pi}_d \geqslant 0$时，总有$\overline{\Pi}_u \leqslant (1-\lambda)\pi_c^*$成立。证毕。

结论 2-1 表明：在某些情况下(如持股成本可忽略不计)，分红前，若一个协调机制只能分配(通过调节协调机制的参数)一个非负的期望利润给下游企业，那么在该协调机制下，上游企业分红后的期望利润不会超过$(1-\lambda)\pi_c^*$。这一点不难理解，这是因为，在协调状态下，分红前上游企业和下游企业获得的期望利润之和是π_c^*；分红前下游企业获得的期望利润非负就意味着，分红前上游企业获得的期望利润不会超过π_c^*。因此，分红后上游企业获得的期望利润不会超过$(1-\lambda)\pi_c^*$。

在以往没有考虑纵向持股关系的供应链中，若通过调节协调机制的参数可以使得上下游企业的期望利润在区间$(0,\pi_c^*)$上任意变化，那么该协调机制是可实施的。另外，这里需要特别注意的是：引入回购策略、价格补贴策略或收益分享策略等一种协调策略设计出的协调机制，通过调节协调机制中的参数即可使得上下游企业分红前的期望利润在区间$(0,\pi_c^*)$上任意变化(Cachon，2003)。因此，针对没有考虑纵向持股关系的供应链，引入上述一种策略即可设计出可以被实施的协调机制。然而，在下游企业持股上游企业的供应链中，若通过调节协调机制中的参数只能使得下游企业分红前的期望利润在区间$(0,\pi_c^*)$上任意变化，那么该机制未必可以被实施，这一点可以通过算例 2-1 看出。

算例 2-1 假定上游企业的生产成本$c(\lambda)=0.5$，下游企业对上游企业的持股比例为$\lambda=40\%$，产品的市场需求服从幂分布$F(x)=x^5$［容易验证幂分布具有 IGFR 性质；另外，采用幂分布进行算例分析是因为该分布具有一定的代表性，如 Bichescu 和 Fry(2009)就采用幂分布对供应链中的相关问题进行了算例分析］。一方面，将$c(\lambda)=0.5$以及$F(x)=x^5$分别代入式(2-8)和式(2-18)，借助 Matlab 软件可以求解得到，集中化决策和分散化决策下，供应链系统的最优产量；然后结合式(2-9)以及式(2-19)可以得到集中化决策下供应链系统的最优期望利润为$\pi_c^*=0.3627$，分散化决策下上游企业分红后的最优期望利润为$\Pi_u^*=0.2671$。另一方面，由结论 2-1 可知，在协调机制下，若下游企业分红前获得的期望利润总是非负的，那么上游企业分红后获得的期望利润不会超过$(1-40\%)\pi_c^*$。显然，$(1-40\%)\pi_c^*=0.2176<0.2671=\Pi_u^*$。这意味着，若上游企业参与该协调机制(分红前，只能配置一个非负的期望利润给下游企业的协调机制)，其既得利益必将受损，因此，上游企业不会参与这样的协调机制。

结论 2-1 揭示了如下重要管理启示：在下游企业持股上游企业的供应链中，一个可以被实施的协调机制，在某些情况下，需要在分红前给被持股上游企业配置更多的收益。为了实现这一点，可能需要在分红前给下游企业配置一个负的期望利润。即下游企业首先“亏本经营”，然后从对被持股上游企业的利润分红中获得收益。这一点是以往通过引入一种协调策略设计出的协调机制实现不了的。

2.4.2　下游企业的持股决策

现实生活中，下游企业在考虑对上游企业进行持股与上游企业建立股权战略联盟时，首先面临的就是对上游企业持股多少的问题(持股决策阶段)，然后才是在给定的持股决策下进行运作决策(运作决策阶段)。因此，要分析下游企业的持股决策，就需要考虑由第一阶段的持股决策和第二阶段的运作决策构成的两阶段联合决策模型(其中第一阶段的持股决策将会影响第二阶段的运作决策)。围绕本章的研究主题，2.2 节在给定的持股比例λ下，研究了推式供应链中，下游企业和上游企业的运作决策，即联合决策模型中的第二阶段的决策。本小节将对联合决策模型中的第一阶段下游企业持股决策进行讨论。

由式(2-20)，可将推式供应链中的下游企业持股问题描述为

$$\max_{\lambda} \Pi_d^* = \int_0^{q^*} \left[1-F(x)\right]\mathrm{d}x - \left[1-F\left(q^*\right)\right]q^* - \mu(\lambda) \tag{2-32}$$

本章的问题描述部分已经提到，下游企业的持股成本$\mu(\lambda)$是持股比例λ的单调递增函数，被投资上游企业的生产成本$c(\lambda)$是持股比例λ的单调递减函数。在本小节中，进一步假定持股成本$\mu(\lambda)$和生产成本$c(\lambda)$都是持股比例λ的线性函数，具体为

$$\mu(\lambda) = \lambda\kappa \tag{2-33}$$

$$c(\lambda) = (1-\lambda\vartheta)c \tag{2-34}$$

式(2-33)中的参数κ刻画了下游企业的边际持股成本($\dfrac{\mathrm{d}\mu(\lambda)}{\mathrm{d}\lambda} = \kappa$)，该成本往往与下游企业和上游企业之间的讨价还价能力以及股权溢价等有关。式(2-34)中的参数ϑ刻画了下游企业持股所导致的上游企业生产成本降低的效率，$\dfrac{\mathrm{d}c(\lambda)}{\mathrm{d}\lambda} = -\vartheta c$；为了使得式(2-34)具有实际意义，$\vartheta$需要满足$\bar{\lambda}\vartheta < 1$，即上游企业的生产成本总是正的。

另外，还假定，产品的市场需求服从区间$[0, A]$上的均匀分布。即在区间$[0, A]$上，随机需求的概率密度函数为

$$f(x) = \frac{1}{A} \tag{2-35}$$

结合式(2-18)、式(2-32)、式(2-33)、式(2-34)以及式(2-35)，通过分析可以得到结论 2-2。

结论 2-2 当下游企业的持股成本为$\mu(\lambda) = \lambda\kappa$,，上游企业的生产成本为$c(\lambda) = (1-\lambda\vartheta)c$以及产品的市场需求服从区间$[0, A]$上的均匀分布时，下游企业的分红后的最优期望利润$\Pi_d^*$在区间$\left[0, \bar{\lambda}\right]$上是$\lambda$的凸函数。

证明：首先将式(2-33)、式(2-34)以及式(2-35)分别代入式(2-18)，可以得到分散化决策下，下游企业的最优订货量为

$$q^* = \frac{A - A(1-\lambda\vartheta)c}{2}$$

将上式代入式(2-32)，并对Π_d^*分别求λ的一阶导数和二阶导数，经整理可以得到

$$\frac{\mathrm{d}\Pi_d^*}{\mathrm{d}\lambda} = \frac{\vartheta c}{2}q^* - \kappa$$

$$\frac{\mathrm{d}^2\Pi_d^*}{\mathrm{d}\lambda^2} = \frac{A\vartheta^2 c^2}{4}$$

显然，$\dfrac{d^2\Pi_d^*}{d\lambda^2}\geqslant 0$。证毕。

结论 2-2 表明：$\Pi_d^*\leqslant\max\left\{\Pi_d^*(0),\Pi_d^*\left(\bar{\lambda}\right)\right\}$。这意味着，下游企业对上游企业的最优持股策略要么是不持股 $\lambda^*=0$，要么是充分持股 $\lambda^*=\bar{\lambda}$。因此，下游企业的最优持股策略将会有 2 种可能。

结论 2-3 假定下游企业的持股成本为$\mu(\lambda)=\lambda\kappa$，上游企业的生产成本为$c(\lambda)=(1-\lambda\vartheta)c$，产品的市场需求服从区间$[0,A]$上的均匀分布：①若 $\kappa>\dfrac{\left[1-\left(1-\bar{\lambda}\vartheta\right)c\right]^2-(1-c)^2}{8\bar{\lambda}}A$，下游企业的最优持股比例为 0；②若 $\kappa<\dfrac{\left[1-\left(1-\bar{\lambda}\vartheta\right)c\right]^2-(1-c)^2}{8\bar{\lambda}}A$，下游企业的最优持股比例为$\bar{\lambda}$。

证明：将 $\mu(\lambda)=\lambda\kappa$、$c(\lambda)=(1-\lambda\vartheta)c$ 及 $f(x)=\dfrac{1}{A}$ 代入式(2-32)可以得到下游企业分红后的最优期望利润Π_d^*。另外，由结论 2-2 可知，下游企业的最优持股策略只有 2 种可能，即不持股和充分持股。令 $\Pi_d^*\left(\bar{\lambda}\right)<\Pi_d^*(0)$，求解可以得到结论 2-3 的①；令 $\Pi_d^*\left(\bar{\lambda}\right)>\Pi_d^*(0)$，求解可以得到结论 2-3 的②。

结论 2-3 识别了下游企业对上游企业实施持股战略的条件，该条件与生产成本降低效率 ϑ 和边际持股成本 κ 有关。另外，结论 2-3 揭示了如下管理启示：一方面，对于给定的生产成本降低效率 ϑ，当边际持股成本 κ 低于某一临界值时，下游企业对上游企业充分持股；当边际持股成本 κ 高于某一临界值时，下游企业不对上游企业进行持股。另一方面，对于给定的边际持股成本 κ，当生产成本降低效率 ϑ 低于某一临界值时，下游企业不对上游企业进行持股；当生产成本降低效率 ϑ 高于某一临界值时，下游企业对上游企业充分持股。这一点与人们的经济直觉是一致的。

2.4.3　上下游企业交叉持股的情形

现实中很多上下游企业都通过交叉持股战略建立了战略联盟。2.2 节以及 2.3 节的研究都是基于下游企业对上游企业实施了单向持股战略开展分析的。鉴于此，本小节将对上下游企业交叉持股情形下的供应链决策问题进行讨论。为便于分析，本小节假定持股成本为沉没成本，只考虑“利润分红”因素的影响。另外，记上游企业对下游企业的持股比例为 λ_u，下游企业对上游企业的持股比例为 λ_d。

结合 2.1.1 小节的问题描述，可知在推式供应链中，上游企业和下游企业分红之前各自的期望利润分别为

$$\pi_u=(w-c)q \tag{2-36}$$

$$\pi_d=E\left[\min(q,x)\right]-wq \tag{2-37}$$

上下游企业分红之后各自的实际期望利润分别为

$$\begin{aligned}\Pi_u&=(1-\lambda_d)\pi_u+\lambda_u\pi_d\\&=(1-\lambda_d)(w-c)q+\lambda_u\left\{\int_0^q[1-F(x)]\mathrm{d}x-wq\right\}\end{aligned}\tag{2-38}$$

$$\begin{aligned}\Pi_d&=\lambda_d\pi_u+(1-\lambda_u)\pi_d\\&=\lambda_d(w-c)q+(1-\lambda_u)\left\{\int_0^q[1-F(x)]\mathrm{d}x-wq\right\}\end{aligned}\tag{2-39}$$

由式(2-39)可知：对于上游企业任意给定的批发价格 w，下游企业的最优订货量 $q^*(w)$ 为

$$q^*(w)=F^{-1}\left[1-w+\frac{\lambda_d(w-c)}{1-\lambda_u}\right]\tag{2-40}$$

将式(2-40)代入式(2-38)，可以得到

$$\Pi_u=(1-\lambda_d)(w-c)q^*(w)+\lambda_u\left\{\int_0^{q^*(w)}[1-F(x)]\mathrm{d}x-wq^*(w)\right\}\tag{2-41}$$

由式(2-40)还可知，$w=\dfrac{(1-\lambda_u)\left[1-F\left(q^*(w)\right)-c\right]}{1-\lambda_u-\lambda_d}+c$。这意味着，$w$ 与 $q^*(w)$ 之间是一一对应的。因此，决策一个 w 使得 Π_u 最大等价于决策一个相应的 $q^*(w)$ 使得 Π_u 最大。将 $w=\dfrac{(1-\lambda_u)\left[1-F\left(q^*(w)\right)-c\right]}{1-\lambda_u-\lambda_d}+c$ 代入式(2-41)可将上游企业分红之后的实际期望利润改写为

$$\Pi_u=(1-\lambda_u)q^*(w)\left[1-F\left(q^*(w)\right)\right]+\lambda_u\int_0^{q^*(w)}[1-F(x)]\mathrm{d}x-cq^*(w)\tag{2-42}$$

通过对式(2-42)进行分析，可以得到结论 2-4。

结论 2-4 在上下游企业交叉持股的推式供应链中，若 $\dfrac{f\left(q^*(w)\right)q^*(w)}{1-F\left(q^*(w)\right)}$ 是 $q^*(w)$ 的单调递增函数，则上游企业分红后的期望利润 Π_u 是订货量 $q^*(w)$ 先增后减的单峰函数。上游企业的最优批发价格 w^* 以及下游企业的最优订货量 q^* 分别由以下两式给出

$$w^*=\frac{(1-\lambda_u)\left[1-F\left(q^*\right)-c\right]}{1-\lambda_u-\lambda_d}+c\tag{2-43}$$

$$\left[1-F\left(q^*\right)\right]\left[1-\frac{(1-\lambda_u)f\left(q^*\right)q^*}{1-F\left(q^*\right)}\right]=c\tag{2-44}$$

证明：结论 2-4 的证明过程与定理 2-1 的证明过程类似，为节省篇幅在此不再赘述。

结论 2-4 给出了上下游企业交叉持股情形下推式供应链的最优批发价格以及订货量决策。2.2 节的研究指出，当下游企业对上游企业进行持股战略时，持股导致的“利润分红”因素对供应链系统产量没有影响。结论 2-4 表明：当上下游企业进行交叉持股战略时，下游企业对上游企业的“利润分红”因素对供应链系统产量仍然没有影响。因此，结论 2-4 是对 2.2 节中相关结论的支持和拓展。另外，结论 2-4 还表明：当上下游企业进行交叉持股战略时，上游企业对下游企业的“利润分红”因素可以增加供应链系统的产量和利润，进而可以为整个供应链系统创造价值。

2.5 本章小结

本章在一对一推式供应链中，首先假定下游企业对上游企业的持股，一方面可使下游企业参与被持股上游企业的利润分红，另一方面可使被持股上游企业的生产成本得到降低；然后着重研究下游企业持股上游企业以后，推式供应链中的上下游企业的最优运作决策以及协调机制的设计问题；在此基础上，本章还做了相关拓展性讨论；得到的主要结论如下所示。

1）下游企业对上游企业的持股可以提高推式供应链系统产量，进而可以提高推式供应链系统的期望利润，从而为推式供应链系统创造价值。这种价值创造源自下游企业持股导致上游企业的“成本降低”，与持股导致的“利润分红”因素无关。

2）下游企业持股上游企业以后，下游企业的订货量虽然能够得到提升，但低于集中化决策下的订货量。在下游企业持股上游企业的供应链中，要使得所设计的协调机制能够得以实施，在某些情况下，协调机制要有能力在分红前配置一个负的期望利润给下游企业，即下游企业先亏本经营，然后再从对上游企业的利润分红中获得收益。这就要求所设计的协调机制在分红前有更强的利润分配能力（相对于没有纵向持股关系的供应链协调机制）。通过引入由价格补贴策略和收益分享策略构成的组合策略设计出的协调机制在分红前有足够的利润分配能力，可以使得上游企业和下游企业分红后的期望利润都得到改进。

3）当上游企业的生产成本以及下游企业的持股成本都与下游企业的持股比例满足线性关系时，下游企业对上游企业的最优持股决策要么是不持股，要么是充分持股。

4）当上下游企业进行交叉持股战略以后，下游企业对上游企业的“利润分红”因素对推式供应链系统的产量和期望利润都没有影响，因此，不能为推式供应链系统创造价值。然而，上游企业对下游企业的“利润分红”因素可以增加推式供应链系统的产量和期望利润，从而可以为推式供应链系统创造价值。

第三章　纵向股权视角下一对一拉式供应链价值共创

在拉式供应链中，下游企业处于供应链中的主导地位，上游企业处于供应链中的跟随地位。上游企业在市场需求发生之前将产品准备好；当市场需求发生时，下游企业根据市场的实际需求向上游企业进行采购。因此，若上游企业的产品库存量低于产品的市场需求量，下游企业将会把上游企业的产品都采购过来满足市场需求，此时会出现供不应求的现象；当上游企业的产品库存量高于产品的市场需求量，下游企业只会向上游企业订购市场需求量的产品，此时会出现供过于求的现象，多余的库存由上游企业承担。拉式采购模式起源于日本汽车行业，适用于精益生产方式(Wang et al.，1996)。类似于第二章的研究，本章首先考虑下游企业持股上游企业情形下供应链价值共创问题，然后研究上下游企业交叉持股情形下的供应链价值共创问题。

3.1　问题描述与集中化决策

3.1.1　问题描述

在由一个上游企业和一个下游企业构成的拉式供应链中，下游企业已经对上游企业进行持股。上游企业可以借助下游的投资提高自己的生产效率进而降低产品的生产成本。因此，下游企业的投资有两方面的作用：①使得下游企业获得上游企业的股权，②使得上游企业的生产成本得到降低。假定下游企业对上游企业的持股比例为λ，$0\leqslant\lambda\leqslant\bar{\lambda}<50\%$，$\bar{\lambda}$表示下游企业对上游企业的持股比例上限。依据股权，下游企业可以参与上游企业销售利润(上游企业卖产品给下游企业获得的利润)的分红。下游企业的分红比例等于其持股比例，即分红比例为λ。分红之后，下游企业的实际利润将由其销售利润和其对上游企业的销售利润分红两部分构成；上游企业的实际利润为其销售利润的剩余分红，分红比例为$1-\lambda$(参见第二章的问题描述)。

下游企业的持股成本为$\mu(\lambda)$，$\mu(\lambda)$是λ的增函数，表示下游企业持有的股份越多，下游企业投入的资产就越多。当λ=0时，$\mu(\lambda)$=0，表示下游企业不持股上游企业时，下游企业的持股成本为零。上游企业的生产成本为$c(\lambda)$，$c(\lambda)$是λ的减函数，表示下游企业持有的股份越多，因持股投入上游企业的资产越多，上游企业的生产成本就越低。当λ=0时，记$c(\lambda)=c$，表示上游企业的初始生产成本。

产品的市场需求是随机的，用随机变量x表示，$x\in[0,+\infty)$，x的概率密度函数与概率分布函数分别记为$f(x)$与$F(x)$。在拉式供应链中，上下游企业通过拉式契约进行交易，此时下游企业处于供应链中的主导地位，上游企业处于跟随地位：下游企业首先给出采购价格 w，上游企业然后确定产量 q。当产品的市场需求发生时，下游企业将向上游企业订购 $\min(q,x)$ 件产品，产品的库存风险由上游企业承担(Cachon，2004)。记产品的市场价格为 p，为简化计算，将价格 p 标准化为单位 1(Zou and Huang，2015)，并满足 $1=p>w>c\geqslant c(\lambda)$。关于一对一拉式供应链中各事件发生的顺序可以参见图 3-1。

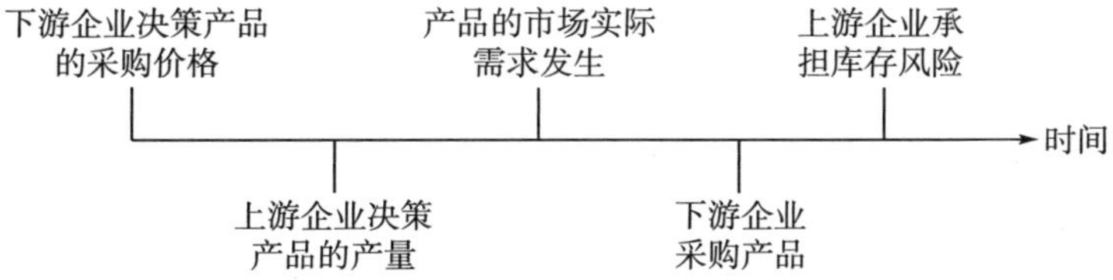

图 3-1　一对一拉式供应链中各事件发生的顺序

根据上述描述可知，在拉式供应链中，上下游企业分红之前各自的期望利润函数分别为

$$\pi_u = wE\left[\min(q,x)\right]-c(\lambda)q \tag{3-1}$$

式中，$wE\left[\min(q,x)\right]$ 表示上游企业的期望销售收入；$c(\lambda)q$ 表示上游企业的生产成本。

$$\pi_d = E\left[\min(q,x)\right]-wE\left[\min(q,x)\right]-\mu(\lambda) \tag{3-2}$$

式中，$E\left[\min(q,x)\right]$ 表示下游企业的期望销售收入；$wE\left[\min(q,x)\right]$ 表示下游企业的期望采购成本；$\mu(\lambda)$ 表示下游企业的持股成本。

因此，在拉式供应链中，上下游企业分红之后各自的实际期望利润函数分别为

$$\begin{aligned}\Pi_u &= (1-\lambda)\pi_u \\ &= (1-\lambda)\left\{w\int_0^q\left[1-F(x)\right]\mathrm{d}x - c(\lambda)q\right\}\end{aligned} \tag{3-3}$$

$$\begin{aligned}\Pi_d &= \lambda\pi_u + \pi_d \\ &= (1-w+\lambda w)\int_0^q\left[1-F(x)\right]\mathrm{d}x - \lambda c(\lambda)q - \mu(\lambda)\end{aligned} \tag{3-4}$$

由于下游企业持有上游企业的股份比例是 λ，并且下游企业可以根据持股比例参与上游企业的利润分红。因此，分红之后，上游企业获得的实际期望利润由式(3-3)给出，下游企业获得的实际期望利润由式(3-4)给出。

3.1.2　集中化决策

集中化供应链中只有一个决策主体，该主体进行决策使得供应链系统的期望利润最大。讨论集中化供应链的决策问题，是为了考察供应链系统可以实现的最大期望利润，进而为协调提供基准。由式(3-1)和式(3-2)可知拉式供应链系统的期望利润函数为

$$\begin{aligned}\pi_c &= \pi_u + \pi_d \\ &= \int_0^q[1-F(x)]\mathrm{d}x - c(\lambda)q - \mu(\lambda)\end{aligned} \tag{3-5}$$

类似于 2.1.2 小节的分析，可知在集中化决策下，拉式供应链系统的期望利润 π_c 是产

量 q 的凹函数。因此，拉式供应链系统的最优产量将由一阶条件等式 $\frac{\mathrm{d}\pi_c}{\mathrm{d}q}=\left[1-F(q)\right]-c(\lambda)=0$ 唯一确定。求解可以得到集中化决策下，拉式供应链系统的最优产量为

$$q_c^*=F^{-1}\left[1-c(\lambda)\right] \tag{3-6}$$

将式(3-6)代入式(3-5)，可以得到集中化决策下，拉式供应链系统的最优期望利润为

$$\pi_c^*=\int_0^{q_c^*}\left[1-F(x)\right]\mathrm{d}x-c(\lambda)q_c^*-\mu(\lambda) \tag{3-7}$$

将集中化决策下的拉式供应链系统的最优产量以及最优期望利润［式(3-6)和式(3-7)］分别与集中化决策下的推式供应链系统的最优产量以及最优期望利润［式(2-8)和式(2-9)］进行对比，可以发现：集中化决策下，两种供应链系统的最优产量以及最优期望利润分别是相等的。这一点不难理解，这是因为，集中化决策情形是一种设想出来的决策情形，该情形下的决策是从整个供应链系统角度进行的优化，与供应链系统内部的上下游企业间合作形式无关。另外，拉式供应链系统期望利润的凹函数性质隐含地表明：只有当产量等于集中化决策下的最优产量，相应的系统期望利润才是整体最优的。接下来，本章考虑分散化决策下，上下游企业的产量决策和最优采购价格决策。

3.2　拉式供应链产量决策和采购价格决策

根据 3.1 节的描述可知，在拉式供应链中，上下游企业通过进行以下游企业为主导者的 Stackelberg 博弈来确定各自的最优决策，具体为：在第一阶段中，下游企业确定产品的采购价格 w；在第二阶段中，上游企业确定产品的产量或库存量 q。当然，作为主导者的下游企业在设定产品采购价格时会考虑上游企业对自己采购价格的反应。本节通过逆向归纳法对上述博弈问题进行求解与分析，即首先考虑第二阶段中的上游企业产量决策，然后分析第一阶段中的下游企业采购价格决策。

3.2.1　上游企业的产量决策

在第二阶段中，面对下游企业给出的采购价格 w，上游企业的决策目标是：确定产品的产量 q，使得自己分红后的期望利润 Π_u 最大。由式(3-3)，对 Π_u 分别求 q 的一阶导数和二阶导数，可以得到

$$\frac{\mathrm{d}\Pi_u}{\mathrm{d}q}=(1-\lambda)\left\{w\left[1-F(q)\right]-c(\lambda)\right\} \tag{3-8}$$

$$\frac{\mathrm{d}^2\Pi_u}{\mathrm{d}q^2}=-(1-\lambda)wf(q) \tag{3-9}$$

由式(3-9)可知 $\frac{\mathrm{d}^2\Pi_u}{\mathrm{d}q^2}<0$。这意味着，上游企业分红后的期望利润 Π_u 是其产量 q 的凹函数。因此，对于下游企业给定的采购价格 w，上游企业的最优产量满足一阶条件等式

$\frac{\mathrm{d}\Pi_u}{\mathrm{d}q}=0$，即对于下游企业给定的采购价格 w，上游企业的最优产量 $q^*(w)$ 为

$$q^*(w)=F^{-1}\left[\frac{w-c(\lambda)}{w}\right] \tag{3-10}$$

式(3-10)描述了上游企业的最优产量 $q^*(w)$ 如何依赖于下游企业的采购价格 w。通过对式(3-10)进行分析可知：①当持股对生产成本的影响忽略不计时，即当 $c(\lambda)=c$ 时，上游企业的最优产量 $q^*(w)$ 与持股比例 λ 无关。事实上，对于给定的采购价格 w，上游企业决策产量 q 使得分红后的期望利润 $\Pi_u=(1-\lambda)\pi_u$ 最大与决策产量 q 使得分红前的期望利润 π_u 最大是等价的；②上游企业的产量 $q^*(w)$ 随着下游企业的采购价格 w 增加而增加。这一点不难理解，这是因为拉式供应链中的上游企业与经典报童模型中的报童类似：拉式供应链中的上游企业面对价格为 w 的市场(下游企业向上游企业采购产品形成的市场)，确定产量 q，并承担库存风险。当然价格 w 越高，上游企业愿意生产更多的产品并承担更高的库存风险。

3.2.2 下游企业的采购价格决策

在第一阶段中，下游企业的决策问题是：在产量与采购价格满足式(3-10)的前提下，确定采购价格使得自己分红后的期望利润最大。将式(3-10)代入式(3-4)，可将下游企业分红后的期望利润函数化简为

$$\Pi_d=(1-w+\lambda w)\int_0^{F^{-1}\left[\frac{w-c(\lambda)}{w}\right]}\left[1-F(x)\right]\mathrm{d}x-\lambda c(\lambda)F^{-1}\left[\frac{w-c(\lambda)}{w}\right]-\mu(\lambda) \tag{3-11}$$

根据式(3-11)，很难直接分析出下游企业分红后的期望利润的函数性质。由式(3-10)可知采购价格与产量之间是一一对应的，因此，下游企业对采购价格的决策可以等价地转换为对产量的决策。这种决策转化只是从技术层面方便分析下游企业分红后期望利润 Π_d 的函数性质，不会影响问题分析的结果。类似的决策转化可以参见(Cachon，2004)。

将式(3-10)代入式(3-11)，可将下游企业分红后的期望利润函数进一步改写为

$$\Pi_d=\left[1-\frac{(1-\lambda)c(\lambda)}{1-F\left(q^*(w)\right)}\right]\int_0^{q^*(w)}\left[1-F(x)\right]\mathrm{d}x-\lambda c(\lambda)q^*(w)-\mu(\lambda) \tag{3-12}$$

由式(3-12)，可以得到定理3-1。

定理 3-1 若 $\frac{f\left(q^*(w)\right)\int_0^{q^*(w)}\left[1-F(x)\right]\mathrm{d}x}{\left[1-F\left(q^*(w)\right)\right]^2}$ 为 $q^*(w)$ 的单调递增函数，对于任意给定的持股比例 λ，$0\leqslant\lambda\leqslant\overline{\lambda}<50\%$，产品的最优产量 q^* 以及采购价格 w^* 存在且唯一，分别由式(3-13)与式(3-14)给出

$$1-F\left(q^*\right)-(1-\lambda)c(\lambda)\frac{f\left(q^*\right)\int_0^{q^*}\left[1-F(x)\right]\mathrm{d}x}{\left[1-F\left(q^*\right)\right]^2}=c(\lambda) \tag{3-13}$$

$$w^* = \frac{c(\lambda)}{1-F(q^*)} \tag{3-14}$$

证明：由式(3-12)，可以得到

$$\frac{\mathrm{d}\Pi_d}{\mathrm{d}q^*(w)} = 1-F(q^*(w)) - (1-\lambda)c(\lambda)\frac{f(q^*(w))\int_0^{q^*(w)}[1-F(x)]\mathrm{d}x}{[1-F(q^*(w))]^2} - c(\lambda)$$

由 $\frac{f(q^*(w))\int_0^{q^*(w)}[1-F(x)]\mathrm{d}x}{[1-F(q^*(w))]^2}$ 是 $q^*(w)$ 的递增函数可知，$\frac{\mathrm{d}\Pi_d}{\mathrm{d}q^*(w)}$ 是 $q^*(w)$ 的递减函数。另外，由 $\lim\limits_{q^*(w)\to 0}\frac{\mathrm{d}\Pi_d}{\mathrm{d}q^*(w)} = 1-c(\lambda) > 0$ 及 $\lim\limits_{q^*(w)\to +\infty}\frac{\mathrm{d}\Pi_d}{\mathrm{d}q^*(w)} < 0$ 可知，必然存在唯一的 q^* 使得 $\frac{\mathrm{d}\Pi_d}{\mathrm{d}q^*(w)} = 0$，并且当 $q < q^*$ 时，$\frac{\mathrm{d}\Pi_d}{\mathrm{d}q^*(w)} > 0$；当 $q > q^*$ 时，$\frac{\mathrm{d}\Pi_d}{\mathrm{d}q^*(w)} < 0$。因此，上游企业的最优订货量为式(3-13)唯一确定。另外，将 q^* 代入式(3-10)，可以得到式(3-14)。证毕。

这里需要指出的是，定理 3-1 假设 $\frac{f(q)\int_0^q[1-F(x)]\mathrm{d}x}{[1-F(q)]^2}$ 是 q 的单调递增函数。事实上，该假设是一个很弱的假设，常见的分布函数如正态分布、均匀分布、韦伯分布、指数分布、伽玛分布等都满足该假设，具体请参见 Gerchak 和 Wang(2004)。

定理 3-1 表明，当下游企业持有上游企业的股份后，上下游企业的最优策略都与下游企业对上游企业的持股比例 λ 有关。由式(3-13)，可以得到推论 3-1。

推论 3-1 在下游企业持股上游企业的拉式供应链中，随着下游企业的持股比例增加，上游企业的最优产量增加。

证明：反证法。首先，假设 λ 增加时，q^* 减小。式(3-13)的左边增大，右边 $c(\lambda)$ 减小，矛盾。然后，假设 λ 增加时，q^* 不变。式(3-13)的左边增大，右边 $c(\lambda)$ 减小，矛盾。因此，λ 越大 q^* 就越大。证毕。

在本章中，下游企业的持股，一方面可使自己参与上游企业的利润分红，另一方面可以使上游企业的生产成本得到降低。因此，下游企业的持股对供应链系统产量的影响是由“利润分红”和“成本降低”两个因素共同决定的。为了便于理解下游企业的持股对拉式供应链系统产量的影响，类似于第二章的分析，这里分别分析“利润分红”和“成本降低”两个因素是如何分别影响拉式供应链系统的产量。在分析“利润分红”因素对拉式供应链系统产量的影响时，假定“成本降低”因素的影响忽略不计；在分析“成本降低”因素对拉式供应链系统产量的影响时，假定“利润分红”因素的影响忽略不计。

(1)“利润分红”因素对拉式供应链系统产量的影响分析

由式(3-13)可知，当 $c(\lambda)=c$ 时，q^* 随着 λ 增加而增加。即，下游企业对上游企业的“利润分红”因素对拉式供应链系统产量有正面影响。事实上，“利润分红”因素可使下游企业获得更多的收益，也就降低了下游企业的相对采购成本(获得相同收益所付出的采购成本)。当然，在拉式供应链中，作为主导者的下游企业会设定较高的采购价格引导上

游企业生产更多的产品。这意味着，“利润分红”因素能够提升系统产量。推论 2-2 的分析指出，下游企业对上游企业的“利润分红”因素对推式供应链系统产量没有影响。因此，“利润分红”因素对推式供应链系统产量和拉式供应链系统产量的影响是不同的。

(2)“成本降低”因素对拉式供应链系统产量的影响分析

类似于推论 2-2 的分析，在拉式供应链中，当上游企业的生产成本得到了降低，供应链系统的运作效率将会得到提升，其产量也将增加。即，上游企业的“成本降低”因素对拉式供应链系统产量有正面影响。

综合以上(1)与(2)的分析可知，下游企业持股导致的“利润分红”和“成本降低”两个因素对拉式供应链系统产量都有正面影响。该结论与推式供应链系统的订货量只与持股导致的“成本降低”因素有关不同。在两种供应链系统中，下游企业的持股对供应链系统产量或订货量影响的差异主要是因为模型的假设不同：在推式供应链中，上游企业是主导者，拥有产品的定价权；在拉式供应链中，上游企业是跟随者，不拥有产品的定价权。对比式(3-6)和式(3-13)，可以得到推论 3-2。

推论 3-2 在下游企业持股上游企业的拉式供应链中，上游企业的最优产量低于集中化供应链中的最优产量，即 $q^* < q_c^*$。

证明：反证法。假设 $q^* \geqslant q_c^*$，则下式成立

$$1-F\left(q_c^*\right) \geqslant 1-F\left(q^*\right) > 1-F\left(q^*\right)-(1-\lambda)c(\lambda)\frac{f\left(q^*\right)\int_0^{q^*}\left[1-F(x)\right]\mathrm{d}x}{\left[1-F\left(q^*\right)\right]^2}$$

再由式(3-6)和式(3-13)可知

$$1-F\left(q_c^*\right) = c(\lambda) = 1-F\left(q^*\right)-(1-\lambda)c(\lambda)\frac{f\left(q^*\right)\int_0^{q^*}\left[1-F(x)\right]\mathrm{d}x}{\left[1-F\left(q^*\right)\right]^2}$$

显然，以上两式矛盾，推论 3-2 得证。

由于供应链系统的期望利润 $\pi_c(q)$ 是产量 q 的凹函数，并且在 q_c^* 处取得最大值。因此，当 $q < q_c^*$ 时，q 越小供应链系统的期望利润损失得越多。推论 3-1 和推论 3-2 表明，拉式供应链系统的产量随着下游企业对上游企业的持股比例增加而增加，但是达不到集中化供应链系统的产量，因此，拉式供应链系统的期望利润有改进的空间。

将式(3-13)和式(3-14)分别代入式(3-3)和式(3-4)，可以得到上下游企业分红后的最优期望利润分别为

$$\Pi_u^* = (1-\lambda)c(\lambda)\left\{\frac{\int_0^{q^*}\left[1-F(x)\right]\mathrm{d}x}{1-F\left(q^*\right)} - q^*\right\} \tag{3-15}$$

$$\Pi_d^* = \left[1-\frac{(1-\lambda)c(\lambda)}{1-F\left(q^*\right)}\right]\int_0^{q^*}\left[1-F(x)\right]\mathrm{d}x - \lambda c(\lambda)q^* - \mu(\lambda) \tag{3-16}$$

因此，拉式供应链系统的最优期望利润为

$$\Pi_{u+d}^{*}=\Pi_{u}^{*}+\Pi_{d}^{*}=\int_{0}^{q^{*}}\left[1-F(x)\right]\mathrm{d}x-c(\lambda)q^{*}-\mu(\lambda) \tag{3-17}$$

类似于第二章的分析，记 λ=0 时，$q^{*}=q^{*}(0)$，$\Pi_{u+d}^{*}=\Pi_{u+d}^{*}(0)$；另外，记 λ>0 时，$q^{*}=q^{*}(\lambda)$，$\Pi_{u+d}^{*}=\Pi_{u+d}^{*}(\lambda)$。由推论 3-1 可知，$q^{*}(\lambda)\geqslant q^{*}(0)$。因此，下游企业对上游企业的持股为拉式供应链系统创造的价值为

$$\Pi_{u+d}^{*}\Big|_{\lambda\neq0}-\Pi_{u+d}^{*}\Big|_{\lambda=0}=\int_{q^{*}(0)}^{q^{*}(\lambda)}\left[1-F(x)\right]\mathrm{d}x+cq^{*}(0)-c(\lambda)q^{*}(\lambda)-\mu(\lambda)$$

由于拉式供应链系统的产量 q^{*} 受“利润分红”和“成本降低”两个因素同时影响(参见推论 3-1 的分析)。因此，上式隐含地表明：下游企业对上游企业的持股所导致的“利润分红”和“成本降低”因素都可以为拉式供应链系统创造价值。

3.3　拉式供应链协调

推论 3-2 指出，下游企业持股上游企业以后，拉式供应链系统的期望利润仍然有改进的空间。本节将对下游企业持股上游企业以后的拉式供应链的协调机制进行研究。

3.3.1　协调机制的设计

一个可实施的协调机制，一方面需要使得分散化供应链系统的期望利润与集中化供应链系统的期望利润一致，另一方面还需使得上下游企业都能从参与协调中获利(参见 2.3.1 小节的分析)。

为了激励上游企业生产更多的产品，考虑机制 $\{w,s,r\}_{\text{pull}}$。该机制表示：分红之前，在采购价格 w 基础上，一方面，下游企业对未采购的产品给予每单位 s 的价格补贴(价格补贴策略)；另一方面，上游企业参与分享下游企业的销售收益，分享比例为 r (收益分享策略)。

根据上述描述可知，在机制 $\{w,s,r\}_{\text{pull}}$ 下，分红之前，下游企业对上游企业的转移支付为

$$T=wE\left[\min(q,x)\right]+sE\left[q-\min(q,x)\right]+rE\left[\min(q,x)\right] \tag{3-18}$$

式中，$wE\left[\min(q,x)\right]$ 表示采用拉式契约交易所带来的期望转移支付；$sE\left[q-\min(q,x)\right]$ 表示价格补贴策略带来的期望转移支付；$rE\left[\min(q,x)\right]$ 表示收益分享策略带来的期望转移支付。

依据上述转移支付，可将上下游企业分红前的期望利润表述为

$$\overline{\pi}_{u}=wE\left[\min(q,x)\right]+sE\left[q-\min(q,x)\right]+rE\left[\min(q,x)\right]-c(\lambda)q, \tag{3-19}$$

$$\begin{aligned}\overline{\pi}_{d}=&E\left[\min(q,x)\right]-wE\left[\min(q,x)\right]-\mu(\lambda)\\&-sE\left[q-\min(q,x)\right]-rE\left[\min(q,x)\right]\end{aligned} \tag{3-20}$$

因此，上下游企业分红后的期望利润分别为

$$\overline{\Pi}_u=(1-\lambda)\overline{\pi}_u=(1-\lambda)\left\{(w+r)\int_0^q[1-F(x)]\mathrm{d}x+s\int_0^q F(x)\mathrm{d}x-c(\lambda)q\right\} \tag{3-21}$$

$$\begin{aligned}\overline{\Pi}_d&=\lambda\overline{\pi}_u+\overline{\pi}_d\\&=\lambda\left\{(w+r)\int_0^q[1-F(x)]\mathrm{d}x+s\int_0^q F(x)\mathrm{d}x-c(\lambda)q\right\}\\&\quad+\left\{(1-w-r)\int_0^q[1-F(x)]\mathrm{d}x-s\int_0^q F(x)\mathrm{d}x\right\}-\mu(\lambda)\end{aligned} \tag{3-22}$$

通过对式(3-21)和式(3-22)进行分析，可以得到定理 3-2。

定理 3-2 在下游企业持股上游企业的拉式供应链中，若机制$\{w,s,r\}_{\text{pull}}$中的参数(w,s,r)的设定满足

$$s=s(w)=\frac{c(\lambda)}{1-c(\lambda)}\cdot\frac{1-\lambda+\lambda c(\lambda)-w}{1-\lambda} \tag{3-23}$$

$$r=r(w)=\frac{\lambda[w-c(\lambda)]}{1-\lambda} \tag{3-24}$$

那么对于下游企业任意给定的采购价格w，$c(\lambda)<w<p=1$，理性的上游企业都将生产q_c^*件产品，其中$q_c^*=F^{-1}[1-c(\lambda)]$，表示集中化决策下的拉式供应链系统最优产量，具体由式(3-6)给出。

证明：由式(3-22)，可以得到

$$\frac{\mathrm{d}\overline{\Pi}_u}{\mathrm{d}q}=(1-\lambda)\{(w+r)[1-F(q)]+sF(q)-c(\lambda)\}$$

$$\frac{\mathrm{d}^2\overline{\Pi}_u}{\mathrm{d}q^2}=-(1-\lambda)(w+r-s)f(q)$$

将式(3-23)和式(3-24)，分别代入以上两式，经整理可以得到

$$\frac{\mathrm{d}\overline{\Pi}_u}{\mathrm{d}q}=\frac{w-c(\lambda)}{1-c(\lambda)}[1-c(\lambda)-F(q)]$$

$$\frac{\mathrm{d}^2\overline{\Pi}_u}{\mathrm{d}q^2}=-\frac{w-c(\lambda)}{1-c(\lambda)}f(q)<0$$

因此，$\overline{\Pi}_u$的最大值点将由一阶条件等式$\frac{\mathrm{d}\overline{\Pi}_u}{\mathrm{d}q}=0$唯一确定，求解$\frac{\mathrm{d}\overline{\Pi}_u}{\mathrm{d}q}=0$可以得到$q=q_c^*$。证毕。

定理 3-2 给出了下游持股上游企业情形下的拉式供应链的协调机制$\{w,s(w),r(w)\}_{\text{pull}}$。在该协调机制下，理性上游企业的产量与集中化决策下的供应链系统的最优产量一致，即拉式供应链可以实现协调。对定理 3-2 分析可知：作为拉式供应链主导者的下游企业，在设计协调机制时无需单独设定采购价格w、补贴价格s以及收益分享比例r，只需设定采购价格w一个参数，然后再根据式(3-23)和式(3-24)设定相应的补贴价格s以及收益分享比例r即可。另外，当$\lambda=0$时，$r=0$，这意味着，当下游企业不持股上游企业时，单独引入价格补贴策略即可协调供应链，这与 Cachon(2003)中相应结论是一致的。

3.3.2 协调机制的可实施性

实践中，要使得所设计的协调机制得以实施，需要保证上下游企业都能从参与协调中获利。将式(3-23)、式(3-24)以及$q=q_c^*$分别代入式(3-21)和式(3-22)，可以得到在协调机制$\{w,s(w),r(w)\}_{\text{pull}}$下，上下游企业分红后的期望利润$\overline{\Pi}_u$和$\overline{\Pi}_d$分别为

$$\overline{\Pi}_u=\frac{w-c(\lambda)}{1-c(\lambda)}\left[\pi_c^*+\mu(\lambda)\right] \tag{3-25}$$

$$\overline{\Pi}_d=\frac{1-w}{1-c(\lambda)}\left[\pi_c^*+\mu(\lambda)\right]-\mu(\lambda) \tag{3-26}$$

其中，π_c^*表示集中化决策下的拉式供应链系统最优期望利润(该最优期望利润与集中化决策下的推式供应链系统最优期望利润是一致的)，参见式(3-7)。

由式(3-25)和式(3-26)可知：在协调机制$\{w,s(w),r(w)\}_{\text{pull}}$下，拉式供应链中的上游企业分红后的期望利润$\overline{\Pi}_u$随着采购价格$w$增加而增加，下游企业分红后的期望利润$\overline{\Pi}_d$随着采购价格$w$增加而减少。另外，由$\lim\limits_{w\to c(\lambda)}\overline{\Pi}_u=0$及$\lim\limits_{w\to 1}\overline{\Pi}_u=\pi_c^*+\mu(\lambda)$可以得知，在协调机制$\{w,s(w),r(w)\}_{\text{pull}}$下，下游企业可通过调节采购价格$w$实现供应链系统的最优期望利润$\pi_c^*$在$\overline{\Pi}_u$和$\overline{\Pi}_d$间任意分配。因此，必然存在采购价格区间使得各企业分红后的期望利润都得到改进，具体由推论3-3给出。

推论 3-3 在下游企业持股上游企业的拉式供应链中，当采用协调机制$\{w,s(w),r(w)\}_{\text{pull}}$时，若采购价格$w$满足

$$w>\frac{\left[1-c(\lambda)\right]\Pi_u^*}{\pi_c^*+\mu(\lambda)}+c(\lambda) \tag{3-27}$$

$$w<1-\frac{\left[1-c(\lambda)\right]\left[\Pi_d^*+\mu(\lambda)\right]}{\pi_c^*+\mu(\lambda)} \tag{3-28}$$

其中，上下游企业都能从参与协调中获利，Π_u^*和Π_d^*分别表示分散化决策下的上下游企业分红后的最优期望利润(未参与协调时的最优期望利润)，具体由式(3-15)和式(3-16)给出。

证明：由式(3-15)、式(3-16)、式(3-25)和式(3-26)，令$\overline{\Pi}_u>\Pi_u^*$以及$\overline{\Pi}_d>\Pi_d^*$，求解可以得到式(3-27)和式(3-28)。证毕。

推论3-3给出了使得上下游企业实现共赢的采购价格区间。推论3–3揭示如下管理启示：在协调机制$\{w,s(w),r(w)\}_{\text{pull}}$下，一方面，上游企业有动机要求下游企业提供较高的采购价格，但是下游企业的参与约束限定了采购价格的上限；另一方面，下游企业有动机提供较低的采购价格，但是上游企业的参与约束限定了采购价格的下限。不同的采购价格意味着上下游企业间不同的利润分配方式，具体采购价格的确定可由上下游企业间的讨价还价能力确定。

对比推论 3-3 和推论 2-4，可以发现实现共赢的批发价格区间和采购价格区间在形式上是一致的，但这不意味着实现共赢的批发价格区间和采购价格区间是一样的。这是因为，在推式供应链系统和拉式供应链系统中，上下游企业分红之后的最优期望利润是不等的，即 Π_u^* 和 Π_d^* 在两种供应链系统中的取值是不一样的。

3.4 讨 论

3.2 节和 3.3 节分别考虑了下游企业持股上游企业之后的拉式供应链的运作决策以及协调问题。本节对 3.2 节和 3.3 节的相关研究进行进一步的讨论和拓展。

3.4.1 协调机制中的组合策略

类似于 2.3 节的推式供应链协调机制研究，3.3 节的拉式供应链协调机制研究同样引入了两种策略（价格补贴策略和收益分享策略）。拉式供应链协调机制中引入两种策略的原因与推式供应链协调机制中引入两种策略的原因是一致的，都是为了增强所设计协调机制的利润分配能力，从而使得上下游企业都能从参与协调中获利。

1）一方面，根据 Cachon（2003）可知，引入一种策略（如价格补贴策略、收益分享策略或回购策略等）设计出的协调机制只能使得上游企业分红前的期望利润 $\overline{\pi}_u$ 和下游企业分红前的期望利润 $\overline{\pi}_d$ 在区间 $\left(0,\pi_c^*\right)$ 上变化，其中 π_c^* 表示集中化决策下的拉式供应链系统最优期望利润，具体由式（3-7）给出。由于下游企业持有了上游企业 λ 的股份，这意味着，当协调机制只能使得上下游企业分红前的期望利润在区间 $\left(0,\pi_c^*\right)$ 上变化时，上游企业分红后的期望利润 $\overline{\Pi}_u=(1-\lambda)\overline{\pi}_u$ 不会超过 $(1-\lambda)\pi_c^*$，即 $\overline{\Pi}_u \leqslant (1-\lambda)\pi_c^*$。

2）另一方面，协调意味着，上游企业分红后的最优期望利润 Π_u^* 与下游企业分红后的最优期望利润 Π_d^* 之和（系统期望利润）得到了改进，即 $\Pi_u^*+\Pi_d^* < \overline{\Pi}_u+\overline{\Pi}_d=\pi_c^*$。在 $\overline{\Pi}_u \leqslant (1-\lambda)\pi_c^*$ 的约束条件下，供应链系统期望利润得到改进并不能保证上游企业分红后的期望利润 $\overline{\Pi}_u$ 得到改进，即可能会出现 $\overline{\Pi}_u < \Pi_u^*$ 的现象。

3.4.2 下游企业的持股决策

3.2 节和 3.3 节都是在给定的持股比例下开展研究的，本小节结合数值分析的方法对下游企业的最优持股决策进行探讨。假定：产品的市场需求服从期望值为 1 的指数分布（Wang et al.，2004；Abdel-Malek and Areeratchakul，2007），即市场需求的概率密度函数为 $f(x)=\mathrm{e}^{-x}$。由式（3-13）可知，当 $f(x)=\mathrm{e}^{-x}$ 时，分散化决策下，拉式供应链的最优产量为

$$q^*=\ln\frac{\left[\lambda^2c^2(\lambda)+4(1-\lambda)c(\lambda)\right]^{\frac{1}{2}}-\lambda c(\lambda)}{2(1-\lambda)c(\lambda)} \tag{3-29}$$

另外，类似于 2.4.2 小节的研究，进一步假定：持股成本 $\mu(\lambda)$ 与持股比例 λ 之间的函

数关系为$\mu(\lambda)=\lambda\kappa$，其中$\kappa$表示边际持股成本；生产成本$c(\lambda)$与持股比例$\lambda$之间的函数关系为$c(\lambda)=(1-\lambda\vartheta)c$，其中$\vartheta$刻画了持股导致产品生产成本降低的效率，并满足$\bar{\lambda}\vartheta<1$。将式(3-29)、$\mu(\lambda)=\lambda\kappa$以及$c(\lambda)=(1-\lambda\vartheta)c$分别代入式(3-16)，并分别令$c=0.5$、$\kappa=0.35$，可以得到下游企业分红后的最优期望利润$\Pi_d^*$，记为$\Pi_d\left(w^*,q^*\right)$。令$\bar{\lambda}$=0.49，借助Matlab数学软件，可以得到$\Pi_d\left(w^*,q^*\right)$在区间$\left[0,\bar{\lambda}\right]$上的图像，具体由图3-2和图3-3给出。

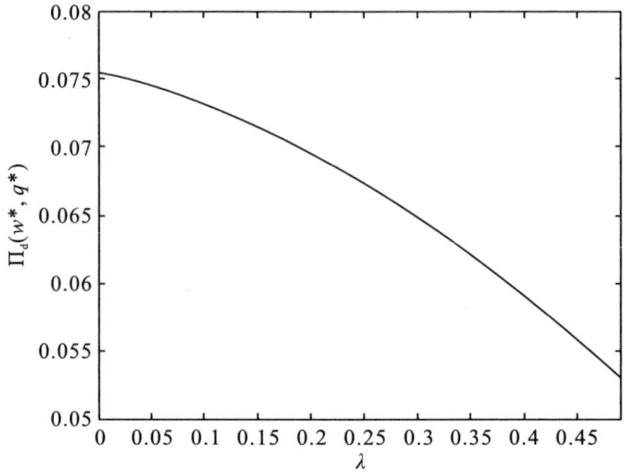

图3-2　下游企业分红后的最优期望利润($\vartheta=0.9$)

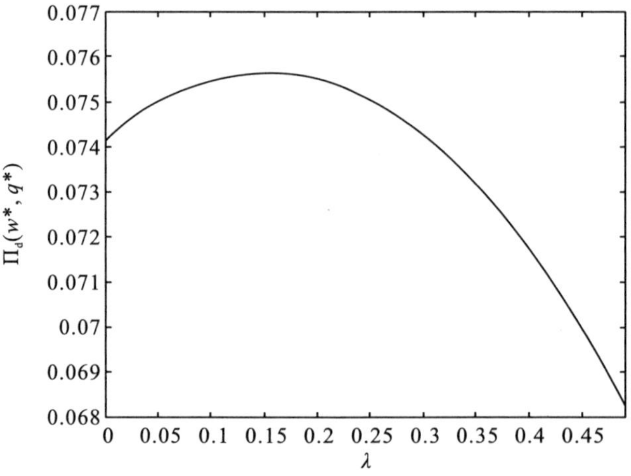

图3-3　下游企业分红后的最优期望利润($\vartheta=1$)

图3-2和图3-3分别给出了不同生产成本降低效率ϑ情形下的下游企业分红后的最优期望利润。由图3-2可知，当生产成本降低效率$\vartheta=0.9$时，下游企业分红后的最优期望利润的最大值点在$\lambda^*=0$处取得。这意味着，当$\vartheta=0.9$时，下游企业的最优持股策略是不持股。由图3-3可知，当生产成本降低效率$\vartheta=1$时，下游企业分红后的最优期望利润的最大值点在$\lambda^*=17.25\%$处取得。这意味着，当$\vartheta=1$时，下游企业的最优持股策略是持有

17.25%的股份。对比图 3-2 和图 3-3 可知：下游企业的最优持股策略 λ^* 与生产成本降低效率 ϑ 紧密相关，并且生产成本降低效率越高，下游企业越愿意持股上游企业。这一点不难理解，这是因为，当生产成本降低效率越高，整个供应链系统的运作成本也会因持股而变得越低。下游企业能从较低运作成本的供应链中获得更多的利益，从而也更愿意对上游企业进行持股。

另外，2.4.2 小节的研究指出，在推式供应链中，下游企业的最优持股策略要么是不持股（$\lambda^*=0$），要么是充分持股（$\lambda^*=\overline{\lambda}$）。然而，在拉式供应链中，下游企业的最优持股策略可能既不是不持股，也不是充分持股，而是部分持股（$0<\lambda^*<\overline{\lambda}$）。这一点可通过观察图 3-3 直接得到。

3.4.3　上下游企业交叉持股的情形

本章之前关于拉式供应链的研究只考虑了下游企业对上游企业的单向持股关系。本小节在 3.2 节的基础上，分析上下游企业交叉持股情形下的拉式供应链采购价格和产量决策问题。类似于 2.4.3 小节的研究，本小节假定上下游企业间的持股成本为沉没成本，只考虑“利润分红”因素的影响，并记上游企业对下游企业的持股比例为 λ_u，下游企业对上游企业的持股比例为 λ_d。

结合 3.1.1 小节的问题描述，可知在拉式供应链中，上游企业和下游企业分红之前各自的期望利润分别为

$$\pi_u = wE\left[\min(q,x)\right]-cq \tag{3-30}$$

$$\pi_d = E\left[\min(q,x)\right]-wE\left[\min(q,x)\right] \tag{3-31}$$

因此，上下游企业分红之后各自的实际期望利润分别为

$$\begin{aligned}\Pi_u &= (1-\lambda_d)\pi_u+\lambda_u\pi_d \\ &= \left[(1-\lambda_u-\lambda_d)w+\lambda_u\right]\int_0^q\left[1-F(x)\right]\mathrm{d}x-(1-\lambda_d)cq\end{aligned} \tag{3-32}$$

$$\begin{aligned}\Pi_d &= \lambda_d\pi_u+(1-\lambda_u)\pi_d \\ &= \left[(1-\lambda_u)-(1-\lambda_u-\lambda_d)w\right]\int_0^q\left[1-F(x)\right]\mathrm{d}x-\lambda_d cq\end{aligned} \tag{3-33}$$

由式(3-32)可知：对于下游企业任意给定的采购价格 w，上游企业的最优产量 $q^*(w)$ 为

$$q^*(w)=F^{-1}\left[\frac{(1-\lambda_d)(w-c)+\lambda_u(1-w)}{(1-\lambda_d)w+\lambda_u(1-w)}\right] \tag{3-34}$$

将式(3-34)代入式(3-33)，可以得到

$$\Pi_d = \left[(1-\lambda_u)-(1-\lambda_u-\lambda_d)w\right]\int_0^{q^*(w)}\left[1-F(x)\right]\mathrm{d}x-\lambda_d cq^*(w) \tag{3-35}$$

由式(3-34)还可知，$w=\dfrac{(1-\lambda_d)c}{(1-\lambda_u-\lambda_d)\left[1-F\left(q^*(w)\right)\right]}-\dfrac{\lambda_u}{1-\lambda_u-\lambda_d}$。这意味着，$w$ 与 $q^*(w)$ 之间是一一对应的。因此，决策一个 w 使得 Π_d 最大等价于决策一个相应的 $q^*(w)$ 使得 Π_d

最大。将 $w=\dfrac{(1-\lambda_d)c}{(1-\lambda_u-\lambda_d)\left[1-F\left(q^*(w)\right)\right]}-\dfrac{\lambda_u}{1-\lambda_u-\lambda_d}$ 代入式(3-35)，可将下游企业分红之后的实际期望利润改写为

$$\Pi_d=\left[1-\frac{(1-\lambda_u)c}{1-F\left(q^*(w)\right)}\right]\int_0^{q^*(w)}\left[1-F(x)\right]\mathrm{d}x-\lambda_d c q^*(w) \tag{3-36}$$

通过对式(3-36)进行分析，可以得到结论 3-1。

结论 3-1　在上游企业和下游企业相互交叉持股的拉式供应链中，若 $\dfrac{f\left(q^*(w)\right)\int_0^{q^*(w)}\left[1-F(x)\right]\mathrm{d}x}{\left[1-F\left(q^*(w)\right)\right]^2}$ 是 $q^*(w)$ 的单调递增函数，则下游企业分红后的期望利润 Π_d 是产量 $q^*(w)$ 先增后减的单峰函数。下游企业的最优采购价格 w^* 及上游企业的最优产量 q^* 分别由以下两式给出

$$w^*=\frac{(1-\lambda_d)c}{(1-\lambda_u-\lambda_d)\left[1-F\left(q^*\right)\right]}-\frac{\lambda_u}{1-\lambda_u-\lambda_d} \tag{3-37}$$

$$1-F\left(q^*\right)-(1-\lambda_d)c\frac{f\left(q^*\right)\int_0^{q^*}\left[1-F(x)\right]\mathrm{d}x}{\left[1-F\left(q^*\right)\right]^2}=c \tag{3-38}$$

证明：结论 3-1 的证明过程与定理 3-1 的证明过程类似，为节省篇幅在此不再赘述。

结论 3-1 给出了上下游企业交叉持股情形下拉式供应链的最优采购价格以及产量。通过对式(3-38)进行分析可知，在上下游企业交叉持股的拉式供应链中，上游企业的最优产量 q^* 随着下游企业对上游企业的持股比例 λ_d 增加而增加，但与上游企业对下游企业的持股比例 λ_u 无关。这意味着，下游企业持有上游企业股份带来的“利润分红”因素可以提升系统最优产量，但上游企业持有下游企业股份带来的“利润分红”因素对系统产量没有影响。因此，在上下游企业交叉持股的拉式供应链中，下游企业持有上游企业股份带来的“利润分红”因素可为供应链系统创造价值，但上游企业持有下游企业股份带来的“利润分红”因素对系统的价值创造没有影响。

3.5　本 章 小 结

本章在由一个弱势上游企业和一个强势下游企业构成的拉式供应链中，首先假定下游企业对上游企业的持股，一方面可使自己参与上游企业的利润分红，另一方面可使上游企业的生产成本得到降低；重点分析了下游企业持股上游企业以后，拉式供应链系统的采购价格和产量决策、协调问题；在此基础上，本章还开展了相关拓展性研究，得到的主要结论如下所示。

1) 下游企业对上游企业的持股可以提升上游企业的产量，进而可以提升拉式供应链系统的期望利润，为拉式供应链系统创造价值。这种价值创造源自持股导致的“成本降低”

和“利润分红”两个因素。

2）下游企业持股上游企业以后，拉式供应链系统中的上游企业的产量虽然能够得到提升，但仍低于集中化决策下的产量。通过引入由价格补贴策略和收益分享策略构成的组合策略，可以设计出使得上下游企业实现双赢的协调机制。

3）当上游企业的产品生产成本以及下游企业的持股成本都与下游企业的持股比例满足线性关系时，下游企业的最优持股策略可能既不是不持股，也不是充分持股。

4）当上下游企业进行纵向交叉持股战略以后，下游企业对上游企业的“利润分红”因素可以提升拉式供应链系统的产量和期望利润，因此，可以为拉式供应链系统创造价值。然而，上游企业对下游企业的“利润分红”因素对拉式供应链系统的产量和期望利润都没有影响，因此不能为拉式供应链系统创造价值。

第四章　纵向股权视角下多对一推式供应链价值共创

多对一供应链是指由多个上游企业和一个下游企业构成的供应链。现实中，多个上游企业间的关系主要包括“替代关系”和“互补关系”两类。当多个上游企业间的关系属于完全互补类时，这种多对一供应在学术界中被称为“组装供应链”(Blocher and Chhajed，2008)。本章以及接下来的第五章和第六章都是针对组装供应链开展研究的。

具体而言，本章在第二章的研究基础上，考虑由多个生产互补性零部件的上游企业和一个组装产品的下游企业构成的推式组装供应链。在推式组装供应链中，各零部件的库存风险完全是由下游企业承担，各上游企业不承担任何零部件的库存风险(Granot and Yin，2008)。本章首先研究下游企业持股上游企业情形下的推式组装供应链价值共创问题，然后分析上游企业持股下游企业情形下的推式组装供应链价值共创问题。本章假定持股企业的持股不仅能使持股企业参与被持股企业的利润分红，而且能使被持股企业的生产成本得到降低。

4.1　问题描述与集中化决策

4.1.1　问题描述

考虑由 m 个生产互补性零部件的上游企业和一个组装产品的下游企业构成的多对一推式组装供应链(Granot and Yin，2008)，其中每个上游企业都只生产一种零部件(当一个上游企业向下游企业提供多种零部件时，可将该上游企业提供的零部件看成一个模块)，下游企业将 m 种零部件组装成最终产品进行销售。不失一般性，假定各零部件的组装比例为1∶1∶…∶1 (Nagarajan and Sošić，2009；Sošić，2011)；产品的市场销售价格 p 是单位1(Zou and Huang，2015)；产品的市场需求是随机的，用随机变量 X 表示，其概率密度函数和概率分布函数分别为 $f(x)$ 与 $F(x)$， $x\in[0,+\infty)$。关于组装供应链的结构说明可以参见图 4-1。

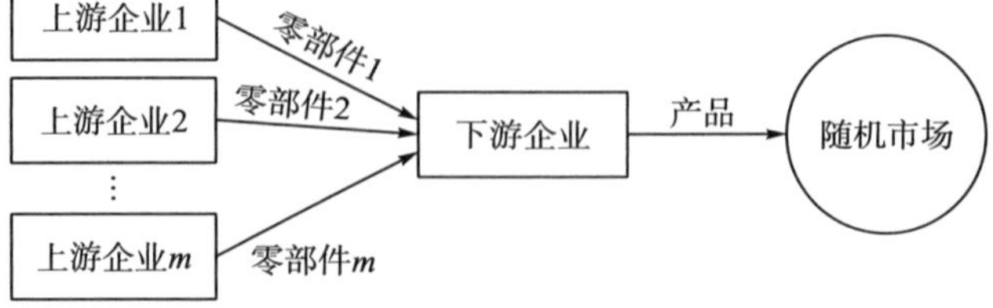

图 4-1　组装供应链的结构说明

在推式组装供应链中，零部件的订购及产品的组装都发生在市场需求之前。此时，上游企业处于主导地位，下游企业处于跟随地位，上游企业和下游企业通过进行以下两阶段 Stackelberg 博弈确定各自的最优决策。第一阶段：上游企业同时给出各自零部件的批发价格$\{w_i\}$，$i=1,2,\cdots,m$；第二阶段：下游企业结合零部件的批发价格以及预期的市场需求，确定各零部件的订货量$\{q_i\}$。由于各零部件的组装比例为1∶1∶…∶1，不能被匹配的零部件将没有机会被组装成最终产品，进而不能带来销售收益。因此，理性下游企业的订货量必然满足$q_1=q_2=\cdots=q_m$，记为q_I。当市场需求X发生时，若$x<q_I$，下游企业将承担q_I-x件产品库存；若$x>q_I$，下游企业将失去$x-q_I$件产品的销售机会。因此，在推式组装供应链中，产品的库存风险完全由下游企业承担，而上游企业不承担任何库存风险。关于推式组装供应链中各事件发生的顺序可以参见图 4-2。

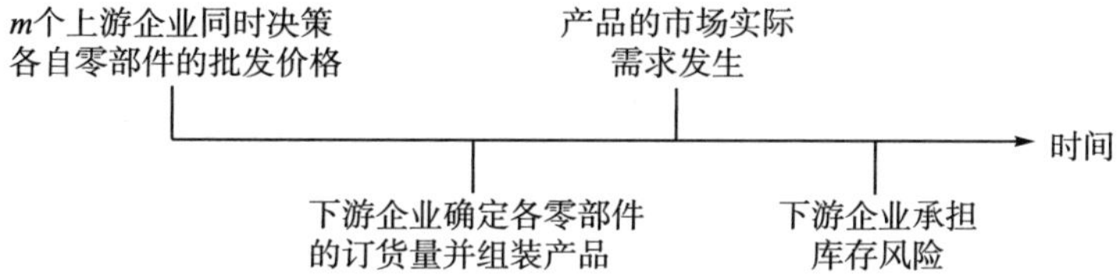

图 4-2　推式组装供应链中各事件发生的顺序

假定下游企业已经对上游企业进行了股权投资与上游企业结成了股权战略联盟。下游企业与上游企业结成股权战略联盟以后，一方面，被持股上游企业借助下游企业的股权投资实现了自己生产成本的降低；另一方面，下游企业可以根据持股比例参与被持股上游企业的利润分红(参见第二章的问题描述)。

记下游企业对上游企业i的持股比例为λ_i，$0\leqslant\lambda_i\leqslant\bar{\lambda}_i<50\%$，$\bar{\lambda}_i$表示下游企业对上游企业$i$的持股比例上限；$\lambda_I=\{\lambda_i\}$表示下游企业对一组上游企业的持股比例，$\lambda_I=0$表示下游企业没有对任一上游企业实施持股战略；$\lambda_I\neq0$表示$\lambda_i$不全为零，即下游企业至少对一个上游企业实施了持股战略。下游企业对上游企业i的股权投资成本(持股成本)为$\mu_i(\lambda_i)$，$\mu_i(\lambda_i)$是λ_i的单调递增函数，表示下游企业对上游企业i的持股比例越高，其持股成本也越高，当$\lambda_i=0$时，$\mu_i(\lambda_i)=0$，表示下游企业不持股上游企业i时，下游企业对上游企业i的持股成本为零；记$\mu_I(\lambda_I)=\sum_{i=1}^{m}\mu_i(\lambda_i)$，表示下游企业对上游企业的持股总成本。上游企业$i$的生产成本为$c_i(\lambda_i)$，而$c_i(\lambda_i)$是$\lambda_i$的单调递减函数，这是因为当下游企业对上游企业的持股比例越高，伴随下游企业持股而注入的新资本就越多，进而被持股上游企业的生产成本降低就越明显。当$\lambda_i=0$时，记$c_i(\lambda_i)=c_i$，表示上游企业i的初始生产成本；记$C_I(\lambda_I)=\sum_{i=1}^{m}c_i(\lambda_i)$，表示上游企业的生产总成本，当$\lambda_I=0$时，$C_I(\lambda_I)=\sum_{i=1}^{m}c_i$，记为$C_I$。

下游企业和各上游企业的决策目标都是最大化自己分红后的实际利润，其中下游企业的实际利润是由产品的销售利润(下游企业卖产品到市场上获得的销售利润)、下游企业对各上游企业的零部件销售利润(上游企业卖零部件给下游企业获得的销售利润)分红(对第i个上游企业的零部件销售利润分红比例为λ_i)以及持股成本三部分确定，第i个上游企业的实际利润仅来自零部件i销售利润的剩余分红(分红比例为$1-\lambda_i$)。

根据上述问题描述可知，分红之前，上游企业i的期望利润π_i和下游企业的期望利润π_a分别为

$$\pi_i = \left[w_i - c_i\left(\lambda_i\right)\right]q_I \tag{4-1}$$

式中，$w_i - c_i\left(\lambda_i\right)$表示上游企业$i$每销售一个零部件所获得的销售利润；$q_I$表示上游企业$i$销售零部件的数量。

$$\pi_a = E\left[\min\left(q_I, x\right)\right] - W_I q_I - \mu_I\left(\lambda_I\right) \tag{4-2}$$

式中，$E\left[\min\left(q_I, x\right)\right]$表示下游企业的期望销售收入；$W_I q_I$表示下游企业的零部件采购总成本；$\mu(\lambda)$表示下游企业的持股总成本。

分红之后，上游企业i的实际期望利润Π_i和下游企业的实际期望利润Π_a分别为

$$\begin{aligned}\Pi_i &= (1-\lambda_i)\pi_i \\ &= (1-\lambda_i)\left[w_i - c_i\left(\lambda_i\right)\right]q_I\end{aligned} \tag{4-3}$$

$$\begin{aligned}\Pi_a &= \pi_a + \sum_{i=1}^{m}\lambda_i\pi_i \\ &= \int_0^{q_I}\left[1-F\left(x\right)\right]\mathrm{d}x - W_I q_I - \mu_I\left(\lambda_I\right) + \sum_{i=1}^{m}\lambda_i\left[w_i - c_i\left(\lambda_i\right)\right]q_I\end{aligned} \tag{4-4}$$

其中，$W_I = \sum_{i=1}^{m} w_i$，表示零部件的批发总价格，即$W_I = \sum_{i=1}^{m} w_i$。

由于下游企业持有上游企业i的股份比例是λ_i，并且下游企业可以根据持股比例参与上游企业i的利润分红。因此，分红之后，上游企业i获得的实际期望利润由式(4-3)给出，下游企业获得的实际期望利润由式(4-4)给出。

为了确保各节点企业都能从参与销售零部件或者销售产品中获利，本章要求零部件的批发价格满足：$w_i > c_i\left(\lambda_i\right)$以及$W_I < p = 1$。

4.1.2　集中化决策

首先对集中化决策情形进行研究，目的是探讨推式组装供应链系统能够实现的最大期望利润，从而为分散化决策情形提供协调基准。另外，面对价格不敏感型随机需求，供应链系统可以实现的最大期望利润将由供应链系统的订货量唯一确定。这意味着，供应链的协调基准可等价转换为集中化决策下供应链系统的最优期望利润所对应的订货量。

由式(4-1)和式(4-2)，可将推式组装供应链系统的期望利润函数π_c表示为

$$\begin{aligned}\pi_c &= \pi_a + \sum_{i=1}^{m}\pi_i \\ &= \int_0^{q_I}\left[1-F\left(x\right)\right]\mathrm{d}x - C_I\left(\lambda_I\right)q_I - \mu_I\left(\lambda_I\right)\end{aligned} \tag{4-5}$$

式(4-5)表明，供应链系统的期望利润与各上游企业的批发价格无关。这是因为，批发价

格描述的是上游企业和下游企业之间的转移支付，属于供应链系统内部的转移支付。在探讨整个供应链系统的期望利润时，这些内部转移支付将会相互抵消。

由式(4-5)对 π_c 分别求 q_I 的一阶导数和二阶导数，可以得到

$$\frac{\mathrm{d}\pi_c}{\mathrm{d}q_I}=1-F\left(q_I\right)-C_I\left(\lambda_I\right) \tag{4-6}$$

$$\frac{\mathrm{d}^2\pi_c}{\mathrm{d}{q_I}^2}=-f\left(q_I\right) \tag{4-7}$$

由式(4-7)可知 $\frac{\mathrm{d}^2\pi_c}{\mathrm{d}{q_I}^2}<0$，这意味着 π_c 是 q_I 的凹函数。令 $\frac{\mathrm{d}\pi_c}{\mathrm{d}q_I}=0$，可以得到集中化决策下，供应链系统的最优订货量 q_c^* 为

$$q_c^*=F^{-1}\left[1-C_I\left(\lambda_I\right)\right] \tag{4-8}$$

将式(4-8)代入式(4-5)，可以得到集中化决策下，推式组装供应链系统的最优期望利润为

$$\pi_c^*=\int_0^{q_c^*}[1-F(x)]\mathrm{d}x-C_I\left(\lambda_I\right)q_c^*-\mu_I\left(\lambda_I\right) \tag{4-9}$$

供应链系统期望利润的凹函数性质隐含地表明：当供应链系统的订货量偏离集中化决策下的最优订货量 q_c^* 时，供应链系统的期望利润也将偏离 π_c^*。因此，判断供应链系统的期望利润有没有达到全局最优，只需判断供应链系统的订货量是否偏离了集中化决策下的最优订货量 q_c^*。接下来，对分散化决策下，上游企业和下游企业的最优运作决策问题进行研究。

4.2　推式组装供应链的订货量决策和批发价格决策

下游企业持股上游企业以后，由于持股比例 $\lambda_i<50\%$，上游企业和下游企业仍然都是独立的决策主体。在推式组装供应链中，上游企业和下游企业进行以上游企业为主导的两阶段 Stackelberg 博弈来确定零部件的最优批发价格以及最优订货量。处于主导地位的上游企业在确定自己的批发价格时，还需考虑处于跟随地位的下游企业对自己策略的反应。本节采用逆向归纳法对其进行分析，即首先研究第二阶段中下游企业的订货决策，然后再考虑第一阶段的批发价格决策。

4.2.1　下游企业的订货决策

在第二阶段中，面对上游企业给出的一组批发价格 $\{w_i\}$，下游企业的决策目标是，确定各零部件的订货量，使得自己分红后的期望利润最大。由式(4-4)，对 Π_a 分别求 q_I 的一阶导数和二阶导数，可以得到

$$\frac{\mathrm{d}\Pi_a}{\mathrm{d}q_I}=1-F\left(q_I\right)-\sum_{i=1}^{m}(1-\lambda_i)w_i-\sum_{i=1}^{m}\lambda_i c_i\left(\lambda_i\right) \tag{4-10}$$

$$\frac{\mathrm{d}^2\Pi_a}{\mathrm{d}{q_I}^2}=-f(q_I) \tag{4-11}$$

由式(4-11)可知$\frac{\mathrm{d}^2\Pi_a}{\mathrm{d}{q_I}^2}<0$，这意味着$\Pi_a$是$q_I$的凹函数。因此，对于上游企业给定的一组零部件批发价格$\{w_i\}$，下游企业的最优订货量满足一阶条件等式$\frac{\mathrm{d}\Pi_a}{\mathrm{d}q_I}=0$，即对于给定的一组批发价格$\{w_i\}$，下游企业的最优订货量$q_I^*$由式(4-12)给出

$$q_I^* = F^{-1}\left[1-\sum_{i=1}^{m}(1-\lambda_i)w_i-\sum_{i=1}^{m}\lambda_i c_i(\lambda_i)\right] \tag{4-12}$$

式(4-12)给出了下游企业的最优订货量q_I^*关于零部件批发价格$\{w_i\}$的反应函数。由式(4-12)，对q_I^*求w_i的一阶导数，可以得到

$$\frac{\mathrm{d}q_I^*}{\mathrm{d}w_i}=\frac{-(1-\lambda_i)}{f\left(q_I^*\right)}<0 \tag{4-13}$$

由式(4-13)可知$\frac{\mathrm{d}q_I^*}{\mathrm{d}w_i}<0$，这意味着，任一零部件的批发价格越高，下游企业的最优订货量都越低。这一点不难理解，这是因为，当零部件的批发价格越高，下游企业的单位采购成本也越高，承担较高单位采购成本且面对不确定需求市场的下游企业必然订购较少的零部件。更为重要的是，$\frac{\mathrm{d}q_I^*}{\mathrm{d}w_i}$随着$\lambda_i$增大而增大，这意味着，下游企业对上游企业$i$的持股比例越高，零部件$i$的批发价格对下游企业的最优订货量的影响越小，即持股导致的“利润分红”弱化了下游企业的最优订货量对零部件i的批发价格的反应。事实上，零部件的批发价格之所以能够影响下游企业的最优订货决策，是因为零部件的批发价格描述了下游企业的单位采购成本(下游企业对上游企业的转移支付)。当下游企业持有了上游企业的股份时，上游企业需要根据被持股比例对下游企业有个相应的转移支付。最终，上游企业根据被持股比例对下游企业的转移支付抵消了下游企业对上游企业的部分转移支付。因此，下游企业对上游企业的“利润分红”降低了下游企业的单位采购成本，进而降低了批发价格增加所导致的单位采购成本增加的幅度。这一点与2.2.1小节中的相关分析是类似的。

另外，由式(4-12)对q_I^*求λ_i的一阶导数，可以得到

$$\frac{\mathrm{d}q_I^*}{\mathrm{d}\lambda_i}=\frac{\left[w_i-c_i\left(\lambda_i\right)\right]+\lambda_i\left[-\frac{\mathrm{d}c_i\left(\lambda_i\right)}{\mathrm{d}\lambda_i}\right]}{f\left(q_I^*\right)}>0 \tag{4-14}$$

注意到生产成本$c_i\left(\lambda_i\right)$是$\lambda_i$的减函数$\left[\text{即}\frac{\mathrm{d}c_i\left(\lambda_i\right)}{\mathrm{d}\lambda_i}\leqslant 0\right]$，由式(4-14)可知：当零部件的批发价格给定时，下游企业对任一上游企业的持股比例越高，下游企业的最优订货量也越高。这是因为，当零部件的批发价格(单位采购成本)给定时，若下游企业对任一上游企业的持股比例越高，下游企业都可以获得更多的利润分红，即持股导致的“利润分红”可以增加自己的收益，因此，下游企业获得每单位收益的所付出的相对采购成本就得到了降低。当然，承担相对较低采购成本且面对不确定需求市场的下游企业必然订购相对较多的零部件。

4.2.2　上游企业的批发价格决策

在第一阶段中，各上游企业的决策问题是：在下游企业的订货量 q_I^* 与零部件的批发价格 $\{w_i\}$ 满足式(4-12)的前提下，通过完全信息静态博弈确定各自零部件的批发价格使得各自分红后的期望利润最大。

将式(4-12)代入式(4-3)，可将上游企业 i 的决策目标表述为

$$\max_{w_i}\Pi_i=(1-\lambda_i)\left[w_i-c_i(\lambda_i)\right]F^{-1}\left[1-\sum_{i=1}^{m}(1-\lambda_i)w_i-\sum_{i=1}^{m}\lambda_i c_i(\lambda_i)\right] \tag{4-15}$$

式(4-15)所描述的上游企业 i 分红后的期望利润已将下游企业的策略性反应纳入考虑。然而，直接根据式(4-15)来分析上游企业 i 的决策变量 w_i 与决策目标 Π_i 之间的逻辑关系，从技术层面考虑有一定的难度。事实上，由式(4-12)可知，当其他零部件的批发价格 $\{w_{i'},1\leqslant i'\leqslant m,i'\neq i\}$ 都给定时，零部件 i 的批发价格 w_i 与下游企业的策略性反应订货量 q_I^* 之间是一一对应的。因此，不难理解，上游企业 i 决策一个批发价格 w_i 使自己分红后的期望利润最大等价于决策一个相应的订货量 q_I^* 使自己分红后的期望利润最大。这意味着，上游企业 i 对批发价格 w_i 的决策可以间接地转换为对订货量 q_I^* 的决策。类似的决策转换可参见 2.2.2 小节的分析。

由式(4-12)可知

$$w_i=\frac{1-F\left(q_I^*\right)-\sum_{i'\neq i}(1-\lambda_{i'})w_{i'}-\sum_{i=1}^{m}\lambda_i c_i(\lambda_i)}{1-\lambda_i} \tag{4-16}$$

将式(4-16)代入式(4-15)，可将上游企业 i 的决策目标重新表述为

$$\max_{q_I^*}\Pi_i=\left[1-F\left(q_I^*\right)-\sum_{i'\neq i}(1-\lambda_{i'})w_{i'}-\sum_{i'\neq i}\lambda_{i'}c_{i'}(\lambda_{i'})-c_i(\lambda_i)\right]q_I^* \tag{4-17}$$

(1) 引理 4-1

通过对式(4-17)进行分析，可以得到引理 4-1。

引理 4-1 在下游企业持股上游企业的推式组装供应链中，若 $\dfrac{f\left(q_I^*\right)q_I^*}{1-F\left(q_I^*\right)}$ 是 q_I^* 的单调递增函数，那么对于其他上游企业给定的一组批发价格 $\{w_{i'},1\leqslant i'\leqslant m,i'\neq i\}$，上游企业 i 分红后的期望利润 Π_i 是 q_I^* 先增后减的单峰函数。

证明：由式(4-17)，对 Π_i 求 q_I^* 的一阶导数，可以得到

$$\begin{aligned}\frac{\mathrm{d}\Pi_i}{\mathrm{d}q_I^*}&=-f\left(q_I^*\right)q_I^*+\left[1-F\left(q_I^*\right)-\sum_{i'\neq i}(1-\lambda_{i'})w_{i'}-\sum_{i'\neq i}\lambda_{i'}c_{i'}(\lambda_{i'})-c_i(\lambda_i)\right]\\&=\left[1-F\left(q_I^*\right)\right]\left[1-\frac{f\left(q_I^*\right)q_I^*}{1-F\left(q_I^*\right)}\right]-\sum_{i'\neq i}(1-\lambda_{i'})w_{i'}-\sum_{i'\neq i}\lambda_{i'}c_{i'}(\lambda_{i'})-c_i(\lambda_i)\end{aligned}$$

接下来，结合$\dfrac{f\left(q_I^*\right)q_I^*}{1-F\left(q_I^*\right)}$是$q_I^*$的单调递增函数的性质，分两种情形来考察$\Pi_i$关于$q_I^*$的函数性质。情形一是指存在$\hat{q}$使得$\dfrac{f\left(\hat{q}\right)\hat{q}}{1-F\left(\hat{q}\right)}=1$，情形二是指不存在$\hat{q}$使得$\dfrac{f\left(\hat{q}\right)\hat{q}}{1-F\left(\hat{q}\right)}=1$。

1）情形一：一方面，由$\dfrac{f\left(q_I^*\right)q_I^*}{1-F\left(q_I^*\right)}$是$q_I^*$的单调递增函数可知，当$q_I^*\in\left[0,\hat{q}\right)$时，$\dfrac{f\left(q_I^*\right)q_I^*}{1-F\left(q_I^*\right)}<1$。因此，在区间$\left[0,\hat{q}\right)$上，$\dfrac{\mathrm{d}\Pi_i}{\mathrm{d}q_I^*}$是$q_I^*$的单调递减函数。另外，由$\dfrac{\mathrm{d}\Pi_i}{\mathrm{d}q_I^*}$的表达式可知$\lim\limits_{q_I^*\to 0}\dfrac{\mathrm{d}\Pi_i}{\mathrm{d}q_I^*}=1-\sum\limits_{i'\neq i}(1-\lambda_{i'})w_{i'}-\sum\limits_{i'\neq i}\lambda_{i'}c_{i'}\left(\lambda_{i'}\right)-c_i\left(\lambda_i\right)>0$及$\lim\limits_{q_I^*\to\hat{q}}\dfrac{\mathrm{d}\Pi_i}{\mathrm{d}q_I^*}<0$。这意味着在区间$\left[0,\hat{q}\right)$上，存在唯一的点使得$\dfrac{\mathrm{d}\Pi_i}{\mathrm{d}q_I^*}=0$，记该点为$q_i^*$，并且在区间$\left[0,q_i^*\right)$上，$\dfrac{\mathrm{d}\Pi_i}{\mathrm{d}q_I^*}>0$；在区间$\left(q_i^*,\hat{q}\right)$上，$\dfrac{\mathrm{d}\Pi_i}{\mathrm{d}q_I^*}<0$。另一方面，当$q_I^*\in\left[\hat{q},+\infty\right)$时，$\dfrac{f\left(q_I^*\right)q_I^*}{1-F\left(q_I^*\right)}\geqslant 1$，这意味着在区间$\left[\hat{q},+\infty\right)$上，$\dfrac{\mathrm{d}\Pi_i}{\mathrm{d}q_I^*}<0$。综上两方面可知：在区间$\left[0,q_i^*\right)$上，$\dfrac{\mathrm{d}\Pi_i}{\mathrm{d}q_I^*}>0$；在$\left(q_i^*,+\infty\right)$上，$\dfrac{\mathrm{d}\Pi_i}{\mathrm{d}q_I^*}<0$，即$\Pi_i$是$q_I^*$的先增后减的单峰函数。

2）情形二：由于$\dfrac{f\left(q_I^*\right)q_I^*}{1-F\left(q_I^*\right)}$是$q_I^*$的单调递增函数，若不存在$\hat{q}$使得$\dfrac{f\left(\hat{q}\right)\hat{q}}{1-F\left(\hat{q}\right)}=1$，那么对于任意$q_I^*\geqslant 0$，都有$\dfrac{f\left(q_I^*\right)q_I^*}{1-F\left(q_I^*\right)}<1$成立。因此，在区间$[0,+\infty)$上，$\dfrac{\mathrm{d}\Pi_i}{\mathrm{d}q_I^*}$是$q_I^*$的单调递减函数。另外，由$\dfrac{\mathrm{d}\Pi_i}{\mathrm{d}q_I^*}$的表达式可知$\lim\limits_{q_I^*\to 0}\dfrac{\mathrm{d}\Pi_i}{\mathrm{d}q_I^*}>0$及$\lim\limits_{q_I^*\to+\infty}\dfrac{\mathrm{d}\Pi_i}{\mathrm{d}q_I^*}<0$。这意味着在区间$[0,+\infty)$上存在唯一的$q_i^*$，使得：当$q_I^*\in\left[0,q_i^*\right)$时，$\dfrac{\mathrm{d}\Pi_i}{\mathrm{d}q_I^*}>0$；当$q_I^*\in\left(q_i^*,+\infty\right)$时，$\dfrac{\mathrm{d}\Pi_i}{\mathrm{d}q_I^*}<0$，即$\Pi_i$仍然是$q_I^*$的先增后减的单峰函数。证毕。

在引理 4-1 中，$\dfrac{f\left(q_I^*\right)q_I^*}{1-F\left(q_I^*\right)}$是$q_I^*$的单调递增函数是一个很弱的假设，很多常见的分布函数都具有该性质，具体可以参见第二章中引理 2-1 的讨论。

由于当其他上游企业的批发价格都给定时，下游企业的订货量是上游企业i的零部件批发价格的单调递减函数［这一点可由式(4-13)证实］，因此，引理 4-1 隐含地表明：给定其他上游企业的批发价格时，上游企业i分红后的期望利润也是自己零部件批发价格先增后减的单峰函数。

纳什均衡的存在性定理指出：在多人的完全信息静态博弈中，若每个参与者的策略空间都是欧式空间上的非空的、闭的、有界的凸集，支付函数是连续的且对策略是拟凹的，那么该博弈必然存在纯策略纳什均衡(张维迎，1996)。另外，由于先增后减的单峰函数是拟凹函数(郭文革和陈珽，1998)，因此，上游企业间关于零部件批发价格的完全信息静态博弈必然存在纯策略纳什均衡解，该均衡解可由 m 个上游企业的一阶条件等式 $\frac{\mathrm{d}\Pi_i}{\mathrm{d}w_i}=0$，$i=1,2,\cdots,m$ 构成的方程组来刻画。

(2) 定理 4-1

由引理 4-1，可以得到定理 4-1。

定理 4-1　在下游企业持股上游企业的推式组装供应链中，各零部件的最优批发价格 w_i^* 以及最优订货量 q^* 都是存在且唯一的，分别由以下两式给出。

$$w_i^*=\frac{q^*f\left(q^*\right)}{1-\lambda_i}+c_i\left(\lambda_i\right) \tag{4-18}$$

$$\left[1-F\left(q^*\right)\right]\left[1-\frac{mf\left(q^*\right)q^*}{1-F\left(q^*\right)}\right]=C_I\left(\lambda_I\right) \tag{4-19}$$

证明：

1) 将式(4-12)代入式(4-3)，并对 Π_i 求 w_i 的一阶导数，可以得到

$$\frac{\mathrm{d}\Pi_i}{\mathrm{d}w_i}=\left(1-\lambda_i\right)\left\{q_I^*+\left[w_i-c_i\left(\lambda_i\right)\right]\frac{\mathrm{d}q_I^*}{\mathrm{d}w_i}\right\}$$

将式(4-13)代入上式，可以得到

$$\frac{\mathrm{d}\Pi_i}{\mathrm{d}w_i}=\left(1-\lambda_i\right)\left\{q_I^*-\frac{\left(1-\lambda_i\right)\left[w_i-c_i\left(\lambda_i\right)\right]}{f\left(q_I^*\right)}\right\}$$

令 $\frac{\mathrm{d}\Pi_i}{\mathrm{d}w_i}=0$，可以得到式(4-18)。

2) 由式(4-18)可以得到

$$\left(1-\lambda_i\right)w_i^*=q^*f\left(q^*\right)+\left(1-\lambda_i\right)c_i\left(\lambda_i\right)$$

因此，有下式成立

$$\sum_{i=1}^{m}\left(1-\lambda_i\right)w_i^*=mq^*f\left(q^*\right)+\sum_{i=1}^{m}\left(1-\lambda_i\right)c_i\left(\lambda_i\right)$$

另外，由式(4-12)可知，上游企业的最优批发价格 $\left\{w_i^*\right\}$ 以及下游企业的最优订货量 q^* 必然满足

$$\sum_{i=1}^{m}(1-\lambda_i)w_i^*=1-F\left(q^*\right)-\sum_{i=1}^{m}\lambda_ic_i\left(\lambda_i\right)$$

由以上两式可知 $1-F\left(q^*\right)-mq^*f\left(q^*\right)=C_I\left(\lambda_I\right)$，式(4-19)成立。

综合 1)和 2)的分析可知，各参与者的最优决策必然满足式(4-18)和式(4-19)。这里需要指出的是，引理 4-1 只是表明，上游企业间关于批发价格的博弈存在纯策略纳什均衡解。关于均衡解的唯一性可以通过式(4-19)所刻画的 q^* 的唯一性体现，具体证明过程与引

理 4-1 的证明过程类似，为节省篇幅，在此不再赘述。证毕。

定理 4-1 给出了，下游企业持股上游企业以后，推式组装供应链中各上游企业和下游企业的最优批发价格和订货量决策。

(3) 推论 4-1

对比式(4-8)和式(4-19)可以得到推论 4-1。

推论 4-1 在下游企业持股上游企业的推式组装供应链中，下游企业的最优订货量小于集中化决策下的最优产量。

证明：反证法，不妨假定下游企业的最优订货量 q^* 大于或等于集中化决策下的最优产量 q_c^*，即 $q^* \geqslant q_c^*$。

一方面，由 $q^* \geqslant q_c^*$ 可知

$$1-F\left(q_c^*\right)>\left[1-F\left(q_c^*\right)\right]\left[1-\frac{mf\left(q_c^*\right)\left(q_c^*\right)}{1-F\left(q_c^*\right)}\right] \geqslant \left[1-F\left(q^*\right)\right]\left[1-\frac{mf\left(q^*\right)\left(q^*\right)}{1-F\left(q^*\right)}\right]$$

另一方面，由式(4-8)和式(4-19)可知

$$1-F\left(q_c^*\right)=C_I\left(\lambda_I\right)=\left[1-F\left(q^*\right)\right]\left[1-\frac{mf\left(q^*\right)q^*}{1-F\left(q^*\right)}\right]$$

显然，以上两式矛盾。因此，必然有 $q^* < q_c^*$ 成立。证毕。

结合推论 4-1 以及推式组装供应链系统期望利润的凹函数性质(参见 4.1.2 节的分析)可知：在下游企业持股上游企业的推式组装供应链中，分散化决策下的推式组装供应链系统期望利润低于集中化决策下的推式组装供应链期望利润。这意味着，分散化决策下的推式组装供应链系统期望利润仍然有改进的空间，这一点本章将在随后的 4.3 节中进行深入的研究。事实上，即便下游企业持有了上游企业的股份，但在非控股性持股下，上下游企业都有各自的决策目标，决策目标的不统一性导致的结果是：上下游企业所做的决策只是局部最优的。

(4) 推论 4-2

通过对式(4-19)进行进一步的分析，可以得到推论 4-2。

推论 4-2 在下游企业持股上游企业的推式组装供应链中：①下游企业的最优订货量随着下游企业对任一上游企业的持股比例增加而增加；②当零部件生产总成本 $C_I\left(\lambda_I\right)$ 给定时，下游企业的最优订货量与零部件生产总成本在上游企业之间的分布无关。

证明：①反证法，不妨假定，当 λ_i 增加时，下游企业的最优订货量不变或减小。一方面，当 λ_i 增加时，若 q^* 不变或减小，则式(4-19)的左边不变或增大；另一方面，当 λ_i 增加时，式(4-19)的右边减小。式(4-19)的左边和右边不相等，矛盾。推论 4-2 的前半部分得证。②通过观察式(4-19)可以直接得到推论 4-2 的后半部分。证毕。

在本章的模型中，下游企业的持股，一方面给下游企业带来了“利润分红”，另一方面给被持股上游企业带来了成本降低。因此，下游企业的持股对供应链系统运作的影响是通过“利润分红”和“成本降低”两个因素共同影响的。为了更清楚地理解下游企业对上

游企业的持股是如何影响下游企业的订货决策，接下来将分别考虑“利润分红”“成本降低”因素是如何影响下游企业的订货决策。在分析“利润分红”因素对下游企业的订货决策影响时，假定“成本降低”因素的影响可以忽略不计；另外，在分析“成本降低”因素对下游企业的订货决策影响时，假定“利润分红”因素的影响可以忽略不计。

1）“利润分红”因素对下游企业订货决策的影响分析

一方面，在给定的零部件批发价格下，“利润分红”因素增加了下游企业的收益，即下游企业获得一单位收益所承担的相对采购成本得到了降低。因此，“利润分红”因素对下游企业的订货有“积极影响”［这一点可由式(4-14)证实］。另一方面，“利润分红”因素弱化了下游企业的最优订货量对零部件批发价格的反应［参见式(4-13)下面的分析］。为此，作为主导者的上游企业从自身收益最大化角度考虑，会确定一个相对较高的批发价格，这又对下游企业的订货行为有“消极影响”。在均衡的时候，上述“积极影响”和“消极影响”正好抵消，导致的均衡结果是：最优订货量不受“利润分红”因素影响。这与一对一推式供应链中的相关结论是类似的，具体请参见推论 2-2 下面的相关分析。

2）“成本降低”因素对下游企业订货决策的影响分析

当上游企业的生产成本得到了降低，推式组装供应链系统的运作效率就得到了提升，运作效率更高的推式组装供应链系统将会生产出更多的产品(即下游企业将订购更多的零部件)。这与一对一推式供应链中的相关结论是类似的，具体请参见推论 2-2 下面的相关分析。

综合 1)和 2)的分析可知，在推式组装供应链中，下游企业的持股对下游企业订货决策的影响表面上是通过“利润分红”和“成本降低”两个因素共同影响的，但在均衡的时候，下游企业的最优订货决策只与“成本降低”因素有关，与“利润分红”因素无关。

另外，推论 4-2 中 1)是对 Granot 和 Yin(2008)中相关结论的支持和拓展。Granot 和 Yin(2008)没有考虑上游企业和下游企业之间的持股关系，并指出在推式组装供应链中，下游企业的最优订货量与零部件生产总成本在上游企业间的分布无关。推论 4-2 的 2)表明，Granot 和 Yin(2008)中相关结论同样适用于下游企业持股上游企业的推式组装供应链中。

推论 4-1 和推论 4-2 表明，下游企业持股上游企业以后，分散化决策下的推式组装供应链订货量将会增加，但仍低于集中化决策下的推式组装供应链订货量。结合供应链系统期望利润是订货量的凹函数性质，以及“利润分红”和“成本降低”因素对订货量的影响可知：下游企业对上游企业的持股为推式组装供应链系统所创造的价值仅仅来自“成本降低”因素。

将式(4-18)和式(4-19)，分别代入式(4-3)和式(4-4)，可以得到上游企业 i 和下游企业分红后的最优期望利润分别为

$$\Pi_i^* = \left(q^*\right)^2 f\left(q^*\right) \tag{4-20}$$

$$\Pi_a^* = \int_0^{q^*}\left[1-F(x)\right]\mathrm{d}x - m\left(q^*\right)^2 f\left(q^*\right) - C_I\left(\lambda_I\right)q^* - \mu_I\left(\lambda_I\right) \tag{4-21}$$

(5) 推论 4-3

由式(4-20)可以得到推论 4-3。

推论 4-3 在下游企业持股上游企业的推式组装供应链中：①各上游企业分红后的最优期望利润随着下游企业对任一上游企业的持股比例增加而增加；②各上游企业获得的最优期望利润相等。

证明：

1) 由式(4-19)可知

$$mf\left(q^*\right)q^*=1-F\left(q^*\right)-C_I\left(\lambda_I\right)$$

因此，再由式(4-20)可将上游企业 i 分红后的最优期望利润改写为

$$\Pi_i^*=\frac{\left[1-F\left(q^*\right)-C_I\left(\lambda_I\right)\right]q^*}{m}$$

由上式对 Π_i^* 分别求 λ_i 和 $\lambda_{i'}$ 的一阶导数，i、$i'=1,2,\cdots,m$，$i\neq i'$，经整理可以得到

$$\frac{\mathrm{d}\Pi_i^*}{\mathrm{d}\lambda_i}=\frac{(m-1)q^*f\left(q^*\right)\dfrac{\mathrm{d}q^*}{\mathrm{d}\lambda_i}+\left[-\dfrac{\mathrm{d}c_i\left(\lambda_i\right)}{\mathrm{d}\lambda_i}\dfrac{\mathrm{d}q^*}{\mathrm{d}\lambda_i}\right]}{m}$$

$$\frac{\mathrm{d}\Pi_i^*}{\mathrm{d}\lambda_{i'}}=\frac{(m-1)q^*f\left(q^*\right)\dfrac{\mathrm{d}q^*}{\mathrm{d}\lambda_{i'}}+\left[-\dfrac{\mathrm{d}c_{i'}\left(\lambda_{i'}\right)}{\mathrm{d}\lambda_{i'}}\dfrac{\mathrm{d}q^*}{\mathrm{d}\lambda_{i'}}\right]}{m}$$

由于 $\dfrac{\mathrm{d}c_i\left(\lambda_i\right)}{\mathrm{d}\lambda_i}\leqslant 0$、$\dfrac{\mathrm{d}c_{i'}\left(\lambda_{i'}\right)}{\mathrm{d}\lambda_{i'}}\leqslant 0$（零部件生产成本随着持股比例增加而减小）以及 $\dfrac{\mathrm{d}q^*}{\mathrm{d}\lambda_i}\geqslant 0$、$\dfrac{\mathrm{d}q^*}{\mathrm{d}\lambda_{i'}}\geqslant 0$（参见推论 4-2），可知 $\dfrac{\mathrm{d}\Pi_i^*}{\mathrm{d}\lambda_i}\geqslant 0$ 及 $\dfrac{\mathrm{d}\Pi_i^*}{\mathrm{d}\lambda_{i'}}\geqslant 0$。推论 4-3 的前半部分得证。

2) 由式(4-20)可知 $\Pi_i^*-\Pi_{i'}^*=0$，其中 i、$i'=1,2,\cdots,m$，$i\neq i'$，推论 4-3 的后半部分也得证。证毕。

推论 4-3 中①是对 Granot 和 Yin(2008)中的相关结论的支持和拓展。Granot 和 Yin(2008)指出，当下游企业不持股上游企业时，各上游企业获得的最优期望利润相等，这是因为各零部件都是由不同的上游企业垄断生产，各上游企业都有各自零部件的定价权，并且在组装最终产品时，各零部件缺一不可，同等重要。由式(4-18)可知 $(1-\lambda_i)\left[w_i^*-c_i\left(\lambda_i\right)\right]=q^*f\left(q^*\right)=(1-\lambda_{i'})\left[w_{i'}^*-c_{i'}\left(\lambda_{i'}\right)\right]$，且 $i\neq i'$。这意味着，即便下游企业对各上游企业的持股比例不相等，各上游企业分红后获得的实际边际利润仍然相等。再结合下游企业对各互补性零部件的订货量相等可知，在推式组装供应链中，当下游企业持股上游企业以后，各上游企业分红后的最优期望利润也相等。

为了更清楚地理解推论 4-3 中②，考虑一种特殊的情形：下游企业只对上游企业 1 实施了持股战略，没有对其他上游企业实施持股战略，并且持股战略对上游企业 1 的生产成本影响可以忽略不计，即 $\lambda_1\neq 0$，$\lambda_i=0$，$2\leqslant i\leqslant m$；$c_1\left(\lambda_1\right)=c_1$，$c_2\left(\lambda_2\right)=c_2$。在该特殊情形下，由式(4-18)可将各上游企业的最优批发价格改写为：$w_1^*=\dfrac{q^*f\left(q^*\right)}{1-\lambda_1}+c_1$、$w_i^*=q^*f\left(q^*\right)+c_i$。这表明：虽然下游企业对上游企业 1 实施了持股战略，但由于持股比

例小于 50%，上游企业 1 对零部件 1 仍然持有定价权，因此上游企业 1 从自身期望利润最大化的角度出发，将会提高零部件 1 的批发价格使得 $(1-\lambda_1)(w_1-c_1)=w_i-c_i$。再结合下游企业对各上游企业的订货量相等，可知各上游企业获得的相应期望利润也必然相等。

4.3　推式组装供应链协调

4.2 节的研究表明，下游企业持股上游企业以后，推式组装供应链的系统期望利润具有改进的空间(参见推论 4-1)。接下来，对下游企业持股上游企业以后的供应链协调机制进行研究，目的是克服分散化决策下的双重边际效应所导致的供应链系统期望利润的损失，从而实现供应链系统期望利润整体最优。

4.3.1　协调机制的设计

针对下游企业持股上游企业的推式组装供应链，考虑机制 $\{w_i,s_i,r_i\}$，该机制表示：分红之前，在批发价格 w_i 的基础上，一方面，上游企业 i 对下游企业未销售出去的产品给予每单位 s_i 的价格补贴(价格补贴策略)；另一方面，上游企业 i 要求参与分享下游企业销售收益，上游企业 i 对下游企业销售收益的分享比例为 r_i (收益分享策略)。这里需要指出的是：在传统的没有持股关系的供应链中，引入一种策略(如价格补贴策略、收益分享策略等)即可实现供应链协调，本小节同时引入两种策略的目的是增强所设计协调机制的利润分配能力，并且在有持股关系的供应链协调设计中，这种利润分配能增加是有必要的，具体可参见 2.4.1 小节以及 3.4.1 小节的讨论。

根据上述描述可知，在机制 $\{w_i,s_i,r_i\}$ 下，分红前，下游企业对上游企业 i 的转移支付为

$$T_i=w_iq_I-s_iE\left[q_I-\min(q_I,x)\right]+r_iE\left[\min(q_I,x)\right] \tag{4-22}$$

式中，w_iq_I 表示推式组装供应链系统本身采用推式契约交易所带来的期望转移支付，$s_iE\left[q_I-\min(q_I,x)\right]$ 表示价格补贴策略带来的期望转移支付；$r_iE\left[\min(q_I,x)\right]$ 表示收益分享策略带来的期望转移支付。

根据上述转移支付，可以得知上游企业 i 和下游企业分红之前的期望利润函数分别为

$$\overline{\pi}_i=\left[w_i-c_i(\lambda_i)\right]q_I-s_iE\left[q_I-\min(q_I,x)\right]+r_iE\left[\min(q_I,x)\right] \tag{4-23}$$

$$\begin{aligned}\overline{\pi}_a=&E\left[\min(q_I,x)\right]-W_Iq_I+\sum_{i=1}^{m}s_iE\left[q_I-\min(q_I,x)\right]\\&-\sum_{i=1}^{m}r_iE\left[\min(q_I,x)\right]-\mu_I(\lambda_I)\end{aligned} \tag{4-24}$$

因此，分红之后，上游企业 i 和下游企业的期望利润函数分别为

$$\begin{aligned}\overline{\Pi}_i&=(1-\lambda_i)\overline{\pi}_i\\&=(1-\lambda_i)\left[w_i+r_i-c_i(\lambda_i)\right]q_I-(1-\lambda_i)(s_i+r_i)\int_0^{q_I}F(x)dx\end{aligned} \tag{4-25}$$

$$\begin{aligned}\overline{\Pi}_a &= \overline{\pi}_a + \sum_{i=1}^{m} \lambda_i \overline{\pi}_i \\ &= \left[1 - \sum_{i=1}^{m}(1-\lambda_i)(w_i + r_i) - \sum_{i=1}^{m} \lambda_i c_i(\lambda_i)\right] q_I \\ &\quad - \left[1 - \sum_{i=1}^{m}(1-\lambda_i)(s_i + r_i)\right] \int_0^{q_I} F(x)\mathrm{d}x - \mu_I(\lambda_I)\end{aligned} \tag{4-26}$$

通过对式(4-25)和式(4-26)进行分析，可以得到定理 4-2。

定理 4-2 在下游企业持股上游企业的推式组装供应链中，若机制$\{w_i, s_i, r_i\}$中的参数(w_i, s_i, r_i)的设定满足

$$s_i = s_i(w_i) = \frac{\left[1-\lambda_i+\lambda_i C_I(\lambda_I)\right]\left[w_i - c_i(\lambda_i)\right]}{(1-\lambda_i)\left[1 - C_I(\lambda_I)\right]} \tag{4-27}$$

$$r_i = r_i(w_i) = \frac{\lambda_i\left[w_i - c_i(\lambda_i)\right]}{1-\lambda_i} \tag{4-28}$$

对于上游企业任意给定的批发价格$\{w_i\}$，$c_i(\lambda_i) < w_i$，$W_I < p = 1$，理性的下游企业都将订购q_c^*件零部件，其中$q_c^* = F^{-1}\left[1 - C_I(\lambda_I)\right]$，表示集中化决策下的推式组装供应链系统最优产量，具体由式(4-8)给出。

证明：由式(4-26)，对$\overline{\Pi}_a$分别求q_I的一阶导数和二阶导数，可以得到

$$\frac{\mathrm{d}\overline{\Pi}_a}{\mathrm{d}q_I} = \left[1 - \sum_{i=1}^{m}(1-\lambda_i)(w_i + r_i) - \sum_{i=1}^{m}\lambda_i c_i(\lambda_i)\right] - \left[1 - \sum_{i=1}^{m}(1-\lambda_i)(s_i + r_i)\right] F(q_I)$$

$$\frac{\mathrm{d}^2\overline{\Pi}_a}{\mathrm{d}q_I^{\ 2}} = -\left[1 - \sum_{i=1}^{m}(1-\lambda_i)(s_i + r_i)\right] f(q_I)$$

1) 由式(4-27)和式(4-28)可知，在机制$\{w_i, s_i(w_i), r_i(w_i)\}$下

$$(1-\lambda_i)(w_i + r_i) = w_i - \lambda_i c_i(\lambda_i)$$

$$(1-\lambda_i)(s_i + r_i) = \frac{w_i - c_i(\lambda_i)}{1 - C_I(\lambda_I)}$$

因此，可将$\dfrac{\mathrm{d}^2\overline{\Pi}_a}{\mathrm{d}q_I^{\ 2}}$化简为

$$\frac{\mathrm{d}^2\overline{\Pi}_a}{\mathrm{d}q_I^{\ 2}} = -\frac{1 - W_I}{1 - C_I(\lambda_I)} f(q_I).$$

这意味着，对于上游企业任意设定的批发价格$\{w_i\}$，$c_i(\lambda_i) < w_i$，$W_I < 1$时，总有$\dfrac{\mathrm{d}^2\overline{\Pi}_a}{\mathrm{d}q_I^{\ 2}} < 0$成立，即下游企业分红后的期望利润总是其订货量的凹函数。因此，下游企业的最优订货量由其一阶条件等式$\dfrac{\mathrm{d}\overline{\Pi}_a}{\mathrm{d}q_I} = 0$唯一确定。

2) 由式(4-27)和式(4-28)可知，在机制$\{w_i, s_i(w_i), r_i(w_i)\}$下

$$\frac{\mathrm{d}\overline{\Pi}_a}{\mathrm{d}q_I}=1-W_I-\frac{1-W_I}{1-C_I(\lambda_I)}F(q_I)$$
$$=\frac{1-W_I}{1-C_I(\lambda_I)}\left[1-C_I(\lambda_I)-F(q_I)\right]$$

显然，一阶条件等式 $\frac{\mathrm{d}\overline{\Pi}_a}{\mathrm{d}q_I}=0$ 的解为 $q_I=q_c^*=F^{-1}\left[1-C_I(\lambda_I)\right]$。证毕。

定理 4-2 给出了下游企业持股上游企业情形下，推式组装供应链的协调机制 $\{w_i,s_i(w_i),r_i(w_i)\}$。在该协调机制下，对于上游企业任意设定的批发价格 $\{w_i\}$，$c_i(\lambda_i)<w_i$，$W_I<p=1$，下游企业从自身分红后的期望利润最大化角度考虑，都将订购 q_c^* 件零部件，即供应链系统期望利润可以达到集中化决策下的供应链系统最优期望利润。由定理 4-2 可知：①各上游企业在设定协调机制时，无需单独设定协调机制中的批发价格 w_i、价格补贴 s_i 以及收益分享比例 r_i，只需设定批发价格 w_i，再由式(4-27)和式(4-28)确定相应的价格补贴 s_i 以及收益分享比例 r_i 即可。②零部件 i 的批发价格 w_i 越高，其价格补贴 s_i 也越高，这是因为引入价格补贴策略主要是为了让上游企业分担下游企业的库存风险，激励下游企业订货，当零部件的批发价格越高，下游企业承担的库存风险也越高，此时上游企业 i 需要提供更高的价格补贴来分担下游企业更多的库存风险。③持股比例 λ_i 越高，收益分享比例 r_i 也越高，这是因为引入收益分享策略主要是为了增加协调机制对被持股上游企业的利润分配能力。当下游企业对上游企业的持股比例越高，下游企业就可以参与上游企业更多的利润分红。从协调机制是否能够实现双赢的角度考虑，需要上游企业在被分红之前，通过协调机制中的收益分享策略给上游企业分配更多的收益。特别地，当 $\lambda_i=0$ 时，收益分享比例 $r_i=0$，这意味着若下游企业不持有上游企业 i 的股份时，单独引入价格补贴策略就可以实现供应链协调，这一点与以往关于没有考虑纵向持股关系的推式组装供应链协调机制设计得到的相关结论是类似的。

定理 4-2 是对 Gerchak 和 Wang(2004)中的协调机制的支持和拓展。Gerchak 和 Wang(2004)没有考虑下游企业对上游企业的持股，并指出在推式组装供应链中，若批发价格 w_i 与回购价格 b_i（回购价格 b_i 类似于本章的补贴价格 s_i，都是上游企业根据下游企业未销售出去的产品数量对下游企业进行转移支付）的设定满足

$$\frac{\sum_{i=1}^{m}w_i-\sum_{i=1}^{m}b_i}{1-\sum_{i=1}^{m}b_i}=C_I$$

推式组装供应链可以实现协调。事实上，当本章模型中的持股比例 $\lambda_I=0$ 时，协调机制 $\{w_i,s_i(w_i),r_i(w_i)\}$ 将退化为 $\{w_i,s_i(w_i)\}$，同样可以使得上式成立。接下来，对所设计协调机制 $\{w_i,s_i(w_i),r_i(w_i)\}$ 的可实施性进行探讨。

4.3.2　协调机制的可实施性

实践中，要使得所设计的协调机制能够得以实施，还需保证该协调机制有较强的利润

分配能力，可实现：上游企业和下游企业的既得利益都能得到改进。

将式(4-27)、式(4-28)以及 $q_I = q_c^*$ 分别代入式(4-25)和式(4-26)，经整理可以得到协调机制 $\{w_i, s_i(w_i), r_i(w_i)\}$ 下，上游企业 i 分红后的期望利润 $\overline{\Pi}_i$ 以及下游企业分红后的期望利润 $\overline{\Pi}_a$ 分别为

$$\overline{\Pi}_i = \frac{w_i - c_i(\lambda_i)}{1 - C_I(\lambda_I)}\left[\pi_c^* + \mu_I(\lambda_I)\right] \tag{4-29}$$

$$\overline{\Pi}_a = \frac{1 - W_I}{1 - C_I(\lambda_I)}\left[\pi_c^* + \mu_I(\lambda_I)\right] - \mu_I(\lambda_I) \tag{4-30}$$

其中，π_c^* 表示集中化决策下，推式组装供应链系统的最优期望利润，参见式(4-9)。

通过对式(4-29)以及式(4-30)进行分析，可以得到定理 4-3。

定理 4-3 在下游企业持股上游企业的推式组装供应链中，当采用协调机制 $\{w_i, s_i(w_i), r_i(w_i)\}$ 时，各上游企业分红后的期望利润随着各自零部件批发价格增加而增加，下游企业分红后的期望利润随着各零部件批发价格增加而减少。

证明：当注意到 π_c^* 和 $\mu_I(\lambda_I)$ 都是与 w_i 无关的常数，由式(4-29)和式(4-30)可知，$\overline{\Pi}_i$ 是 w_i 的单调递增函数，$\overline{\Pi}_a$ 是 w_i 的单调递减函数。证毕。

接下来，本章结合定理 4-3 以及协调机制 $\{w_i, s_i(w_i), r_i(w_i)\}$ 中参数 $\{w_i\}$ 的约束条件 $w_i > c_i(\lambda_i)$、$W_I < p = 1$（参见定理 4-2）来分析所设计协调机制的利润分配能力。一方面，由式(4-29)可知：当上游企业设定的一组批发价格 $\{w_i\} \to \{c_i(\lambda_i)\}$ 时，上游企业分红后的期望利润 $\{\overline{\Pi}_i\} \to \{0\}$；下游企业分红后的期望利润 $\overline{\Pi}_a \to \pi_c^*$。另一方面，当上游企业 i 设定的批发价格 $w_i \to 1 - \sum_{i' \neq i} c_{i'}(\lambda_{i'})$ 时（在批发价格 $W_I < p = 1$ 的约束下，$1 - \sum_{i' \neq i} c_{i'}(\lambda_{i'})$ 为上游企业 i 可以设定批发价格 w_i 的上限，此时还需其他上游企业设定 $w_{i'} \to c_{i'}(\lambda_{i'})$，$i' \neq i$），上游企业 i 分红后的期望利润 $\overline{\Pi}_i \to \pi_c^* + \mu_I(\lambda_I)$；下游企业分红后的期望利润 $\overline{\Pi}_a \to -\mu_I(\lambda_I)$。综合以上两方面的分析可知：通过调节协调机制中的参数 $\{w_i\}$ 可使上游企业 i 分红后的期望利润在区间 $\left[0, \pi_c^* + \mu_I(\lambda_I)\right]$ 上变化；下游企业分红后的期望利润在区间 $\left[-\mu_I(\lambda_I), \pi_c^*\right]$ 上变化。当然调节协调机制中的参数 $\{w_i\}$ 可使下游企业和各上游企业分红后的期望利润都在区间 $(0, \pi_c^*)$ 上变化。

另外，在协调机制 $\{w_i, s_i(w_i), r_i(w_i)\}$ 下，供应链系统的期望利润与集中化决策下供应链系统的最优期望利润一致，即 $\overline{\Pi}_a + \sum_{i=1}^{m} \overline{\Pi}_i = \pi_c^*$；在分散化决策下，供应链系统的最优期望利润要低于集中化决策下供应链系统的最优期望利润，即 $\Pi_a^* + \sum_{i=1}^{m} \Pi_i^* < \pi_c^*$。这意味着，有 $\overline{\Pi}_a + \sum_{i=1}^{m} \overline{\Pi}_i > \Pi_a^* + \sum_{i=1}^{m} \Pi_i^*$ 成立，即协调后，上游企业和下游企业的期望总利润得到了改进。因此，必然存在一组批发价格使得各上游企业和下游企业分红的期望利润都得到改进，即使得 $\overline{\Pi}_i > \Pi_i^*$ 和 $\overline{\Pi}_a > \Pi_a^*$ 同时成立，具体由推论 4-4 给出。

推论 4-4 在下游企业持股上游企业的推式组装供应链中，当采用协调机制 $\{w_i, s_i(w_i), r_i(w_i)\}$ 时，若批发价格 w_i 的设定满足

$$w_i > \frac{[1-C_I(\lambda_I)]\Pi_i^*}{\pi_c^* + \mu_I(\lambda_I)} + c_i(\lambda_i) \tag{4-31}$$

$$W_I < 1 - \frac{[1-C_I(\lambda_I)][\Pi_a^* + \mu_I(\lambda_I)]}{\pi_c^* + \mu_I(\lambda_I)} \tag{4-32}$$

则，下游企业和各上游企业分红后的期望利润都能够得到改进。

证明：由式(4-20)和式(4-29)，令 $\overline{\Pi}_i > \Pi_i^*$，可以求解得到式(4-31)；由式(4-21)和式(4-30)，令 $\overline{\Pi}_a > \Pi_a^*$，可以求解得到式(4-32)。证毕。

推论 4-4 给出了协调机制 $\{w_i, s_i(w_i), r_i(w_i)\}$ 中零部件批发价格 $\{w_i\}$ 的有效区间，在该有效区间内的任何取值，可以使得所有参与者都能够从参与协调中获利。推论 4-4 揭示了以下重要的管理启示：一方面，各上游企业都有动机提高各自零部件的批发价格［参见式(4-29)］，但下游企业参与协调机制的约束限定了零部件总批发价格的上限 $1 - \frac{[1-C_I(\lambda_I)][\Pi_a^* + \mu_I(\lambda_I)]}{\pi_c^* + \mu_I(\lambda_I)}$［参见式(4-32)］；另一方面，下游企业有动机要求各上游企业降低零部件的批发价格［参见式(4-30)］，但上游企业 i 参与协调机制的约束限定了批发价格 w_i 的下限 $\frac{[1-C_I(\lambda_I)]\Pi_i^*}{\pi_c^* + \mu_I(\lambda_I)} + c_i(\lambda_i)$［参见式(4-31)］。在实践中，批发价格在有效区间内的具体取值可以根据各上游企业和下游企业之间的讨价还价能力确定。

4.4 讨 论

4.2 节和 4.3 节对下游企业持股上游企业情形下的推式组装供应链的运作决策和协调机制开展了研究。本节一方面对推式组装供应链中的下游企业持股决策进行讨论，另一方面对上游企业持股下游企业情形下的推式组装供应链的运作决策进行分析。

4.4.1 下游企业的持股决策

根据式(4-21)，可将推式组装供应链中的下游企业的持股决策问题描述为

$$\max_{\lambda_1,\lambda_2,\cdots,\lambda_m} \Pi_a^* = \int_0^{q^*}[1-F(x)]\mathrm{d}x - m(q^*)^2 f(q^*) - \sum_{i=1}^m c_i(\lambda_i)q^* - \sum_{i=1}^m \mu_i(\lambda_i) \tag{4-33}$$

类似于本书 2.4.2 小节和 3.4.2 小节的研究，假定持股成本 $\mu_i(\lambda_i)$ 和生产成本 $c_i(\lambda_i)$ 都是持股比例 λ_i 的线性函数，具体为：$\mu_i(\lambda_i) = \lambda_i\kappa_i$ 和 $c_i(\lambda_i) = (1-\lambda_i\vartheta_i)c_i$，其中 κ_i 刻画了下游企业对上游企业 i 的边际持股成本，ϑ_i 刻画了下游企业持股所导致上游企业 i 生产成本降低的效率，并满足 $\overline{\lambda}_i\vartheta_i < 1$。另外假定，产品的市场需求服从区间 $[0, A]$ 上的均匀分布，即在区间 $[0, A]$ 上，随机需求的概率密度函数为 $f(x) = \frac{1}{A}$。

结论 4-1 当下游企业的持股成本为 $\mu_i(\lambda_i)=\lambda_i\kappa_i$，上游企业 i 的生产成本为 $c_i(\lambda_i)=(1-\lambda_i\vartheta_i)c_i$ 以及产品的市场需求服从区间 $[0,A]$ 上的均匀分布时，对于任意给定的持股比例 $\{\lambda_{i'},1\leqslant i'\leqslant m,i'\neq i\}$，下游企业的分红后的最优期望利润 Π_a^* 在区间 $\left[0,\overline{\lambda}_i\right]$ 上是 λ_i 的凸函数。

证明：首先将 $\mu_i(\lambda_i)=\lambda_i\kappa_i$、$c_i(\lambda_i)=(1-\lambda_i\vartheta_i)c_i$ 及 $f(x)=\dfrac{1}{A}$ 代入式(4-19)，可以得到分散化决策下，下游企业的最优订货量为 $q^*=\dfrac{A-A\sum\limits_{i=1}^{m}(1-\lambda_i\vartheta_i)c_i}{m+1}$。然后，对 Π_a^* 分别求 λ_i 的一阶导数和二阶导数，经整理可以得到

$$\frac{\mathrm{d}\Pi_a^*}{\mathrm{d}\lambda_i}=\frac{\vartheta_i c_i\left(A-q^*\right)}{m+1}-\frac{2m\vartheta_i c_i q^*}{m+1}+\vartheta_i c_i q^*-\frac{A\vartheta_i c_i\sum\limits_{i=1}^{m}(1-\lambda_i\vartheta_i)c_i}{m+1}$$

$$\frac{\mathrm{d}^2\Pi_a^*}{\mathrm{d}\lambda_i^2}=\frac{\vartheta_i^2 c_i A^2}{(m+1)^2}$$

显然，$\dfrac{\mathrm{d}^2\Pi_a^*}{\mathrm{d}\lambda_i^2}\geqslant 0$。证毕。

结论 4-1 表明：

$$\Pi_a^*=\Pi_a^*(\lambda_I)\leqslant\max\left\{\Pi_a^*(\lambda_1,\cdots,\lambda_{i-1},0,\lambda_{i+1},\cdots,\lambda_m),\quad \Pi_a^*\left(\lambda_1,\cdots,\lambda_{i-1},\overline{\lambda}_i,\lambda_{i+1},\cdots,\lambda_m\right)\right\}$$

这意味着，当下游企业对其他上游企业的持股策略都给定时，下游企业对上游企业 i 的最优持股策略要么是不持股 $\lambda_i^*=0$，要么是充分持股 $\lambda_i^*=\overline{\lambda}_i$。因此，下游企业的最优持股策略将会有 2^m 种可能。

4.4.2 上游企业持股下游企业的情形

本章之前的研究都是考虑下游企业持股上游企业的情形，本小节对上游企业持股下游企业的情形进行研究。本小节假定，各上游企业对下游企业进行股权投资，一方面降低下游企业的生产成本(制造成本)，另一方面参与下游企业的利润分红。记上游企业 i 对下游企业的股权投资成本为 $\mu_i(\lambda_i)$，其中 λ_i 表示上游企业 i 对下游企业的持股比例，满足 $\sum\limits_{i=1}^{m}\lambda_i<50\%$，$\lambda_I=\{\lambda_i\}$ 表示一组上游企业对下游企业的持股比例。下游企业的产品制造成本为 $c_0(\lambda_I)$，$c_0(\lambda_I)$ 随着任一 λ_i 增大而减小，具体参见 4.1 节的问题描述。这里需要指出的是本小节与本章之前研究不同的地方在于，持股方与被持股方发生了互换，另外，本小节考虑上游企业对下游企业进行成本降低型股权投资，因此新引入了下游企业的生产成本 $c_0(\lambda_I)$。

结合上述描述以及式(4-1)和式(4-2)可以得知，分红之后的上游企业 i 期望利润 Π_i 和下游企业期望利润 Π_a 分别为

$$\Pi_i=(w_i-c_i)q_I+\lambda_i\left\{\int_0^{q_I}[1-F(x)]\mathrm{d}x-[W_I+c_0(\lambda_I)]q_I\right\}-\mu_i(\lambda_i) \tag{4-34}$$

$$\Pi_a=\left(1-\sum_{i=1}^m\lambda_i\right)\left\{\int_0^{q_I}[1-F(x)]\mathrm{d}x-[W_I+c_0(\lambda_I)]q_I\right\} \tag{4-35}$$

其中，$W_I=\sum_{i=1}^m w_i$ 。

上下游企业进行以上游企业为主导者的两阶段 Stackelberg 博弈来确定各自的批发价格以及订货量。类似于 4.2 节的分析，这里同样采用逆向归纳法对博弈模型进行求解与分析。由式(4-35)可知，对于上游企业给定的一组批发价格，在 Stackelberg 博弈的第二阶段中，下游企业的最优订货量为

$$q_I^*=F^{-1}[1-W_I-c_0(\lambda_I)] \tag{4-36}$$

将式(4-36)代入式(4-34)，可将Π_i改写为

$$\Pi_i=(w_i-c_i)q_I^*+\lambda_i\left\{\int_0^{q_I^*}[1-F(x)]\mathrm{d}x-[W_I+c_0(\lambda_I)]q_I^*\right\}-\mu_i(\lambda_i) \tag{4-37}$$

接下来，对第一阶段中的批发价格决策进行分析。类似引理 4-1 的分析，可以证明式(4-37)中的Π_i是w_i拟凹函数，因此上游企业间关于批发价格的博弈均衡可由$\dfrac{\mathrm{d}\Pi_i}{\mathrm{d}w_i}=0$，$i=1,2,\cdots,m$ 所构成方程组的解来刻画，具体由结论 4-2 给出。

结论 4-2 在上游企业持股下游企业的推式组装供应链中，各零部件的最优批发价格w_i^*以及最优订货量q^*都是存在且唯一的，分别由式(4-38)和式(4-39)给出

$$w_i^*=(1-\lambda_i)q^*f(q^*)+c_i \tag{4-38}$$

$$[1-F(q^*)]\left[1-\frac{\left(m-\sum_{i=1}^m\lambda_i\right)f(q^*)q^*}{1-F(q^*)}\right]=C_I+c_0(\lambda_I) \tag{4-39}$$

其中，$C_I=\sum_{i=1}^m c_i$，其表示推式组装供应链中的零部件生产总成本。

证明：结论 4-2 的证明过程与定理 4-1 的证明过程类似，在此不再赘述。

由结论 4-2 可知，在推式组装供应链中，当上游企业对下游企业进行成本降低型股权投资时，持股导致的“利润分红”和“成本降低”两个因素都可以增加系统产量q^*。这意味着，持股导致的“利润分红”和“成本降低”两个因素都可以为供应链系统创造价值。另外，将式(4-38)和式(4-39)分别代入式(4-37)，可以直接观察得知，各上游企业分红后的期望利润往往是不等的，这一点与下游企业持股上游企业情形中的相关结论是不同的，具体请参见推论 4-3。

4.5 本章小结

本章假定上下游企业间的持股，一方面可使持股企业参与被持股企业的利润分红，另

一方面可使被持股企业的生产成本得到降低。本章分别研究了下游企业持股上游企业以及上游企业持股下游企业两种情形下的多对一推式组装供应链价值共创问题，得到的主要结论如下所示。

1) 一方面，下游企业的订货量随任一上游企业生产成本的降低而增加，但不受下游企业对任一上游企业的利润分红影响。这意味着，下游企业对任一上游企业持股所导致的“成本降低”因素都能为推式组装供应链系统创造价值，但“利润分红”因素不能为推式组装供应链系统创造价值。

2) 各上游企业都能从下游企业的持股中获利，并且各上游企业获得的实际利润是相等的。另外，只有当下游企业从上游企业的成本降低中得到的好处能够弥补其持股成本时，下游企业才会对上游企业进行持股战略。

3) 下游企业持股上游企业以后，下游企业的订货量虽然能够得到提升，但不能达到集中化决策下的订货水平。通过引入由价格补贴策略和收益分享策略构成的组合策略设计出的协调机制在分红前有足够的利润分配能力，从而使得上游企业和下游企业分红后的期望利润都得到改进。

4) 当被持股上游企业的生产成本以及下游企业的持股成本都与下游企业的持股比例满足线性关系时，下游企业对任一上游企业的最优持股决策要么是不持股，要么是充分持股。因此，在有 m 个上游企业参与的推式组装供应链中，下游企业的最优持股策略将会有 2^m 种可能。

5) 当上游企业持股下游企业时，下游企业的订货量不仅随任一上游企业生产成本的降低而增加，而且随着任一上游企业对下游企业的利润分红比例增加而增加。因此，各上游企业对下游企业持股导致的“利润分红”和“成本降低”两个因素都可以为推式组装供应链系统创造价值。

第五章　纵向股权视角下多对一拉式供应链价值共创

本章考虑的多对一拉式供应链是拉式组装供应链(Granot and Yin，2008)。在拉式组装供应链中，下游企业根据市场实际需求采购零部件，零部件的库存风险完全由上游企业承担，下游企业不承担任何零部件的库存风险。类似于第四章的研究，本章首先研究下游企业持股上游企业情形下的拉式组装供应链价值共创问题，然后分析上游企业持股下游企业情形下的拉式组装供应链价值共创问题。

5.1　问题描述与集中化决策

5.1.1　问题描述

考虑由n个生产互补性零部件的上游企业和一个组装产品的下游企业构成的拉式组装供应链，其中每个上游企业都只向下游企业提供一种零部件，并由下游企业将这些零部件组装成最终产品进行销售。假定各零部件的组装比例为$1:1:\cdots:1$；产品的销售价格$p=1$；产品的市场需求X是随机的，其概率密度函数和概率分布函数分别记为$f(x)$与$F(x)$，$x\in[0,+\infty)$(参见第四章的问题描述部分)。

在拉式组装供应链中，下游企业根据产品的实际需求对各零部件进行采购。此时，下游企业处于主导地位，上游企业处于跟随地位，下游企业和上游企业通过进行以下游企业为主导的两阶段 Stackelberg 博弈确定各自的最优运作决策。在第一阶段中：下游企业给出各零部件的采购价格$\{w_j\}$，$j=1,2,\cdots,n$；在第二阶段中：各上游企业结合下游企业提供的采购价格以及预期的市场需求，同时确定各自的零部件产量$\{q_j\}$。当市场需求X发生时，由于各零部件的组装比例是$1:1:\cdots:1$，不能被匹配的零部件没有机会被组装成最终产品进行销售，因此，理性的下游企业对各零部件的采购量都将为$\min(x,q_1,q_2,\cdots,q_n)$。另外，若$\min(x,q_1,q_2,\cdots,q_{j-1},q_{j+1},\cdots,q_n)>q_j$，上游企业$j$将失去一些零部件被下游企业采购的机会；类似地，若$\min(x,q_1,q_2,\cdots,q_{j-1},q_{j+1},\cdots,q_n)<q_j$，上游企业$j$将承担一些零部件的库存(Granot and Yin，2008)。因此，在拉式组装供应链中，零部件的库存风险完全是由上游企业承担。关于拉式组装供应链中各事件发生的顺序可以参见图 5-1。

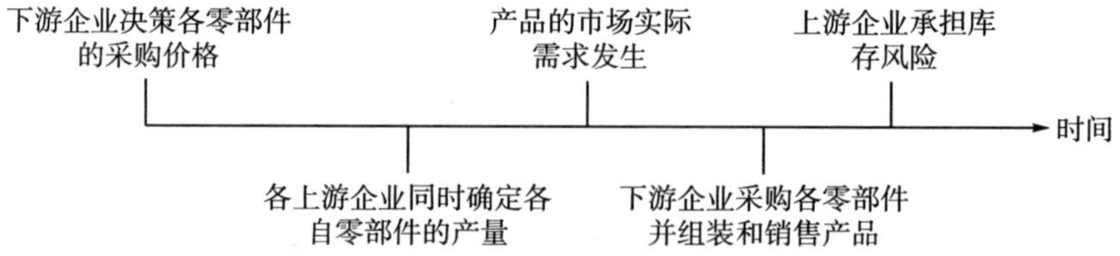

图 5-1　拉式组装供应链中各事件发生的顺序

假定下游企业已经对上游企业进行股权投资与上游企业结成了战略联盟。在所建立的股权战略联盟中，下游企业可以根据持股比例参与被持股上游企业的利润分红；另一方面，被持股上游企业借助下游企业的股权投资实现了自己生产成本的降低。下游企业对上游企业 j 的持股比例为 λ_j，$0 \leqslant \lambda_j \leqslant \overline{\lambda}_j < 50\%$，$\overline{\lambda}_j$ 表示下游企业对上游企业 j 的持股比例上限。$\lambda_J = \left\{\lambda_j\right\}$ 表示下游企业对一组上游企业的持股比例，$\lambda_J = 0$ 表示下游企业不持有任一上游企业的股份；$\lambda_J \neq 0$ 表示 λ_j 不全为零，即下游企业至少持有一个上游企业的股份。下游企业对上游企业 j 的持股成本为 $\mu_j\left(\lambda_j\right)$，$\mu_j\left(\lambda_j\right)$ 是 λ_j 的单调递增函数，表示下游企业对上游企业 j 的持股比例越高，其持股成本也越高，当 $\lambda_j = 0$ 时，$\mu_j\left(\lambda_j\right) = 0$，表示下游企业不持有上游企业 j 的股份时，下游企业对上游企业 j 的持股成本为零；记 $\mu_J\left(\lambda_J\right) = \sum_{j=1}^{n} \mu_j\left(\lambda_j\right)$，表示下游企业的持股总成本。上游企业 j 的生产成本记为 $c_j\left(\lambda_j\right)$，$c_j\left(\lambda_j\right)$ 是 λ_j 的单调递减函数，表示下游企业对上游企业 j 的持股比例越高，上游企业 j 的生产成本越低(参见第二章的问题描述部分)；当 $\lambda_j = 0$ 时，记 $c_j\left(\lambda_j\right) = c_j$，表示下游企业没有持股上游企业 j 时，上游企业 j 的生产成本；记 $C_J\left(\lambda_J\right) = \sum_{j=1}^{n} c_j\left(\lambda_j\right)$，表示上游企业的生产总成本，当 $\lambda_J = 0$，$C_J\left(\lambda_J\right) = \sum_{j=1}^{n} c_j$，记为 C_J。

持股以后，各上游企业和下游企业的决策目标都是最大化自己分红后的期望利润，其中下游企业的最终期望利润由产品的销售利润、下游企业对被持股上游企业的销售利润分红以及持股成本三部分构成，被持股上游企业只能获得下游企业分红后的零部件销售利润的剩余分红。

本章中的一些符号定义如下：θ_j 为零部件 j 的生产成本的比例，即 $\theta_j = \dfrac{c_j\left(\lambda_j\right)}{C_J\left(\lambda_J\right)}$；$W_J$ 为零部件的采购总价格，即 $W_J = \sum_{j=1}^{n} w_j$；q_J 为零部件产量的最小值，即 $q_J = \min\left\{q_j, 1 \leqslant j \leqslant n\right\}$；$q_{Jj}$ 为除零部件 j 外其他零部件产量的最小值，即 $q_{Jj} = \min\left\{q_{j'}, 1 \leqslant j' \leqslant n, j' \neq j\right\}$。

根据上述问题描述可知，在拉式组装供应链中，分红之前，上游企业 j 和下游企业的期望利润分别为

$$\pi_j = w_j E\left[\min\left(q_J, x\right)\right] - c_j\left(\lambda_j\right) q_j \tag{5-1}$$

$$\pi_a = E\left[\min\left(q_J, x\right)\right] - W_J E\left[\min\left(q_J, x\right)\right] - \mu_J\left(\lambda_J\right) \tag{5-2}$$

分红之后，上游企业 j 和下游企业的期望利润分别为

$$\begin{aligned} \Pi_j &= \left(1-\lambda_j\right)\pi_j \\ &= \begin{cases} \left(1-\lambda_j\right)\left\{w_j \int_0^{q_j}\left[1-F(x)\right]dx - c_j\left(\lambda_j\right)q_j\right\}, & q_j < q_{Jj} \\ \left(1-\lambda_j\right)\left\{w_j \int_0^{q_{Jj}}\left[1-F(x)\right]dx - c_j\left(\lambda_j\right)q_j\right\}, & q_j \geqslant q_{Jj} \end{cases} \end{aligned} \tag{5-3}$$

$$\begin{aligned} \Pi_a &= \pi_a + \sum_{j=1}^{n}\lambda_j \pi_j \\ &= \begin{cases} \left[1-\sum_{j=1}^{n}\left(1-\lambda_j\right)w_j\right]\int_0^{q_j}\left[1-F(x)\right]dx - \sum_{j=1}^{n}\lambda_j c_j\left(\lambda_j\right)q_j - \mu_J\left(\lambda_J\right), & q_j < q_{Jj} \\ \left[1-\sum_{j=1}^{n}\left(1-\lambda_j\right)w_j\right]\int_0^{q_{Jj}}\left[1-F(x)\right]dx - \sum_{j=1}^{n}\lambda_j c_j\left(\lambda_j\right)q_j - \mu_J\left(\lambda_J\right), & q_j \geqslant q_{Jj} \end{cases} \end{aligned} \tag{5-4}$$

类似于第四章的研究，在本章中，零部件的采购价格满足：$w_j > c_j\left(\lambda_j\right)$ 及 $W_J < p = 1$。

5.1.2 集中化决策

首先给出集中化决策下，拉式组装供应链系统的最优期望利润，为分散化决策研究提供协调基准。

由于各零部件是互补的，不难理解，在集中化决策下，从全局最优角度考虑，供应链系统的产量必然满足 $q_1 = q_2 =, \cdots, = q_n = q_J$。结合式(5-1)和式(5-2)，可将拉式组装供应链系统的期望利润函数 π_c 表示为

$$\begin{aligned} \pi_c &= \pi_a + \sum_{j=1}^{n}\pi_j \\ &= \int_0^{q_J}\left[1-F(x)\right]\mathrm{d}x - C_J\left(\lambda_J\right)q_J - \mu_J\left(\lambda_J\right) \end{aligned} \tag{5-5}$$

式(5-5)表明，在集中化决策下，拉式组装供应链系统的期望利润与下游企业的采购价格无关。这是因为采购价格描述的是下游企业和上游企业之间的转移支付，属于供应链系统内部的转移支付，在研究拉式组装供应链系统的整体绩效时，内部转移支付将会相互抵消，这一点与推式组装供应链中的集中化决策情形是一致的。

类似于 4.1.2 节的分析，可知在集中化决策下，拉式组装供应链系统的期望利润 π_c 是产量 q_J 的凹函数，因此，供应链系统的最优产量将由一阶条件等式 $\frac{\mathrm{d}\pi_c}{\mathrm{d}q_J} = 0$ 唯一确定，通过求解可以得到，拉式组装供应链系统的最优产量为

$$q_c^* = F^{-1}\left[1 - C_J\left(\lambda_J\right)\right] \tag{5-6}$$

由式(4-8)和式(5-6)，对比集中化决策下的推式组装供应链系统的最优产量 $F^{-1}\left[1-C_I\left(\lambda_I\right)\right]$ 与拉式组装供应链系统的最优产量 $F^{-1}\left[1-C_J\left(\lambda_J\right)\right]$ 可以发现，当两种系统

的零部件生产总成本相等时，相应的最优产量也相等。这是因为，集中化决策是一种理想的决策情形，该情形下的最优产量是从整个供应链系统角度进行的决策，最优产量决策与供应链系统内部的上下游企业间的合作形式无关。

将式(5-6)代入式(5-5)，可以得到集中化决策下，拉式组装供应链系统的最优期望利润为

$$\pi_c^* = \int_0^{q_c^*}[1-F(x)]\mathrm{d}x - C_J(\lambda_J)q_c^* - \mu_J(\lambda_J) \tag{5-7}$$

供应链系统期望利润的凹函数性质意味着，当产量偏离了集中化决策下的最优产量 q_c^* 时，相应的供应链系统期望利润也不是整体最优的。以集中化决策下的供应链系统最优期望利润(或最优产量)为协调基准，接下来，本章对分散化拉式组装供应链展开研究。

5.2　拉式组装供应链的产量决策和采购价格决策

在分散化决策下，上游企业和下游企业都是独立的决策主体。此时，上游企业和下游企业进行以下游企业为主导的两阶段 Stackelberg 博弈来确定各自的最优决策。本节采用逆向归纳法来求解上游企业和下游企业的博弈模型，首先分析第二阶段的产量决策，然后再考虑第一阶段的采购价格决策。

5.2.1　上游企业的产量决策

面对下游企业给定的一组采购价格，为了得到上游企业的最优产量，首先根据式(5-3)给出引理 5-1。

引理 5-1 对于下游企业给定的一组采购价格 $\{w_j\}$ 以及其他上游企业给定的产量 q_{Jj}，上游企业 j 分红后的期望利润 Π_j 在区间 $[0,q_j^*]$ 上为产量 q_j 的单调递增函数，在区间 $[q_j^*,+\infty)$ 上为产量 q_j 的单调递减函数，其中

$$q_j^* = \min\left\{q_{Jj}, F^{-1}\left[\frac{w_j - c_j(\lambda_j)}{w_j}\right]\right\} \tag{5-8}$$

证明：由式(5-3)，对 Π_j 求 q_j 的一阶导数，可以得到

$$\frac{\mathrm{d}\Pi_j}{\mathrm{d}q_j} = \begin{cases} (1-\lambda_j)\{w_j[1-F(q_j)] - c_j(\lambda_j)\}, & q_j < q_{Jj} \\ -(1-\lambda_j)c_j(\lambda_j), & q_j > q_{Jj} \end{cases}$$

通过对上式进行分析可知：①当且仅当 $q_j = F^{-1}\left[\frac{w_j - c_j(\lambda_j)}{w_j}\right]$ 时，$(1-\lambda_j)\{w_j[1-F(q_j)] - c_j(\lambda_j)\} = 0$；②当 $q_j = 0$ 时，$\frac{\mathrm{d}\Pi_j}{\mathrm{d}q_j} > 0$，并且 $\frac{\mathrm{d}\Pi_j}{\mathrm{d}q_j}$ 在区间 $[0,q_{Jj})$ 上为 q_j 的单调递减函数；③ Π_j 在区间 $(q_{Jj},+\infty)$ 上为 q_j 的单调递减函数。综合①、②及③的分析，

可知：当 $q_{Jj} \geqslant F^{-1}\left[\dfrac{w_j - c_j(\lambda_j)}{w_j}\right]$ 时，Π_j 在区间 $\left[0, F^{-1}\left[\dfrac{w_j - c_j(\lambda_j)}{w_j}\right]\right]$ 上为 q_j 的单调递增函数，在区间 $\left[F^{-1}\left[\dfrac{w_j - c_j(\lambda_j)}{w_j}\right], +\infty\right)$ 上为 q_j 的单调递减函数；当 $q_{Jj} < F^{-1}\left[\dfrac{w_j - c_j(\lambda_j)}{w_j}\right]$ 时，Π_j 在区间 $[0, q_{Jj}]$ 上为 q_j 的单调递增函数，在区间 $[q_{Jj}, +\infty)$ 上为 q_j 的单调递减函数。这意味着上游企业 j 分红后的最优期望利润 Π_j 所对应的产量总可以表示为 $q_j^* = \min\left\{q_{Jj}, F^{-1}\left[\dfrac{w_j - c_j(\lambda_j)}{w_j}\right]\right\}$，并且 Π_j 在区间 $[0, q_j^*]$ 上为 q_j 的单调递增函数，在区间 $[q_j^*, +\infty)$ 上为 q_j 的单调递减函数。证毕。

引理 5-1 表明，当下游企业的采购价格决策 $\{w_j\}$ 以及其他上游企业的产量 q_{Jj} 都给定时，理性的上游企业 j 将会根据式(5-8)来确定自己的产量为 q_j^*（产量 q_j^* 描述了上游企业 j 对其他上游企业产量以及下游企业采购价格的策略性反应）。由引理 5-1 可知：①零部件 j 的最优产量决策受其采购价格的影响。事实上，式(5-8)中的 $F^{-1}\left[\dfrac{w_j - c_j(\lambda_j)}{w_j}\right]$ 可理解为不考虑零部件互补性时，上游企业 j 直接面对一个销售价格为 w_j 的随机需求市场所作出的产量决策，此时上游企业 j 类似于经典报童模型中的报童。当然，报童所面对的随机需求市场的产品价格越高，其最优订货量也越高。②零部件 j 的最优产量受其他零部件产量的影响，即不会超过其他任一零部件的产量。这一点不难理解，这是由于零部件之间的互补性使得不能被匹配的零部件没有机会被下游企业采购，即不能被匹配的零部件只会给上游企业带来生产成本却不能带来任何收益。

引理 5-1 还表明，上游企业 j 对其他所有参与者的策略性反应与下游企业对上游企业的利润分红无关。这是因为，上游企业 j 分红前的期望利润 π_j 与分红后的期望利润 $(1-\lambda_j)\pi_j$ 之间存在的是一个常数倍的关系，当其他参与者的决策都给定时，上游企业 j 在最大化自己分红前的期望利润与最大化自己分红后的期望利润所做的决策必然是一致的。通过对引理 5-1 进行进一步分析，可以得到引理 5-2。

引理 5-2 对于下游企业给定的一组采购价格 $\{w_j\}$，所有上游企业的最优产量都为

$$q_J^* = \min\left\{F^{-1}\left[\frac{w_j - c_j(\lambda_j)}{w_j}\right], 1 \leqslant j \leqslant n\right\} \tag{5-9}$$

证明：对于给定的采购价格 $\{w_j\}$，一方面，由引理 5-1 中 Π_j 的单峰性［Π_j 在区间 $[0, q_j^*]$ 上为 q_j 的单调递增函数，在区间 $[q_j^*, +\infty)$ 上为 q_j 的单调递减函数］以及式(5-9)中 q_J^* 的表达形式可知，对于区间 $[0, q_J^*]$ 上的任意一个产量 q 都是上游企业产量决策博弈的均衡产量（每个理性上游企业的产量都不会单独地偏离该点，否则分红后的期望利

润将会受损），并且 q_J^* 为帕累托最优点。另一方面，可以证明区间 $\left(q_J^*,+\infty\right)$ 上的任意一个产量 q 都不是上游企业的均衡产量，具体证明过程如下：不失一般性，假定 $\min\left\{F^{-1}\left[\frac{w_j-c_j\left(\lambda_j\right)}{w_j}\right],1\leqslant j\leqslant n\right\}=F^{-1}\left[1-\frac{c_{j'}\left(\lambda_{j'}\right)}{w_{j'}}\right]$，其中 $1\leqslant j'\leqslant n$，则由式(5-9)可知 $q_J^*=F^{-1}\left[1-\frac{c_{j'}\left(\lambda_{j'}\right)}{w_{j'}}\right]$。当所有上游企业都生产 $q>q_J^*$ 时，由式(5-8)可知，上游企业 j' 能从降低产量 $q>q_J^*$ 到 $q=q_J^*$ 的过程中获利。因此，区间 $\left(q_J^*,+\infty\right)$ 上的任意一个产量 q 都不是上游企业的均衡产量。综上两方面可知，理性的上游企业都将生产 q_J^* 个零部件。证毕。

引理 5-2 给出了所有上游企业对下游企业采购价格的策略性反应。事实上，在一对一拉式供应链中，下游企业可以通过提高采购价格来引导上游企业生产更多的产品［参见第三章中关于式(3-10)的分析］。然而拉式组装供应链中，由引理 5-2 可知，下游企业若想通过提高采购价格来引导上游企业生产更多的零部件就需同时提高所有零部件的采购价格。否则，采购价格未被提升的上游企业将会按原计划生产，采购价格得到提升的上游企业从零部件的互补性角度考虑也不会提高产量。这意味着下游企业若只提高部分零部件的采购价格，只会让零部件采购价格得到提升的上游企业赚取更多的边际利润，不能激励他们多生产。

5.2.2　下游企业的采购价格决策

下游企业的决策问题是：在上游企业产量 q_J^* 与自己设定的采购价格 $\left\{w_j\right\}$ 满足式(5-9)的前提下，如何确定一组采购价格使得自己分红后的期望利润最大。将式(5-9)代入式(5-4)，可将下游企业分红后的期望利润函数改写为

$$\Pi_a=\left[1-\sum_{j=1}^{n}\left(1-\lambda_j\right)w_j\right]\int_0^{q_J^*}\left[1-F(x)\right]\mathrm{d}x-\sum_{j=1}^{n}\lambda_j c_j\left(\lambda_j\right)q_J^*-\mu_J\left(\lambda_J\right)\tag{5-10}$$

显然下游企业的决策问题是一个 n 元优化问题，通过对式(5-9)和式(5-10)进行分析可以发现，下游企业的最优采购价格决策需满足一个必要条件，该必要条件以引理 5-3 的形式给出。

(1) 引理 5-3

引理 5-3 下游企业从分红后自身期望利润最大化角度考虑，将会设定采购价格 $\left\{w_j\right\}$ 使得式(5-11)成立

$$F^{-1}\left[\frac{w_1-c_1\left(\lambda_1\right)}{w_1}\right]=F^{-1}\left[\frac{w_2-c_2\left(\lambda_2\right)}{w_2}\right]=\cdots=F^{-1}\left[\frac{w_n-c_n\left(\lambda_n\right)}{w_n}\right]\tag{5-11}$$

证明：采用反证法。不妨假定下游企业所设定的采购价格 $\left\{w_j\right\}$ 不满足式(5-11)，那么必然存在采购价格 w_j 和采购价格 $w_{j'}$，$1\leqslant j\leqslant n$，$1\leqslant j'\leqslant n$，$j\neq j'$，使得下式成立

$$F^{-1}\left[1-\frac{c_j(\lambda_j)}{w_j}\right]>F^{-1}\left[1-\frac{c_{j'}(\lambda_{j'})}{w_{j'}}\right]$$

接下来，结合式(5-9)和式(5-10)考察下游企业在降低采购价格 w_j 直到使得 $F^{-1}\left[1-\frac{c_j(\lambda_j)}{w_j}\right]=F^{-1}\left[1-\frac{c_{j'}(\lambda_{j'})}{w_{j'}}\right]$ 的过程中，下游企业分红后的期望利润 Π_a 的变化情况。首先，式(5-10)中的 $1-\sum_{j=1}^{n}(1-\lambda_j)w_j$ 将会在下游企业的上述降价过程中增大；其次，式(5-9)中所有上游企业的策略性反应 q_J^* 在下游企业的上述降价过程中不变。因此，由式(5-10)可知下游企业在上述降价过程中，自己分红后的期望利润将会增加。这意味着理性的下游企业从自身收益最大化角度考虑，将会设定采购价格 w_j 和采购价格 $w_{j'}$，$1\leqslant j\leqslant n$，$1\leqslant j'\leqslant n$，$j\neq j'$，使其满足

$$F^{-1}\left[1-\frac{c_j(\lambda_j)}{w_j}\right]=F^{-1}\left[1-\frac{c_{j'}(\lambda_{j'})}{w_{j'}}\right]$$

证毕。

引理 5-3 表明，理性的下游企业将会依据零部件的生产成本来确定各零部件的采购价格，具体为 $\frac{c_1(\lambda_1)}{w_1}=\frac{c_2(\lambda_2)}{w_2}=\cdots=\frac{c_n(\lambda_n)}{w_n}$，即 $w_j=\frac{w_{j'}c_j(\lambda_j)}{c_{j'}(\lambda_{j'})}$。因此，下游企业对一组零部件采购价格 $\{w_j\}$ 的决策可简化为对其中一个零部件采购价格(如 w_1)的决策，然后再根据 $w_j=\frac{w_1c_j(\lambda_j)}{c_1(\lambda_1)}$ 确定其他零部件的采购价格即可。

将式(5-9)和式(5-11)代入式(5-10)，可将下游企业分红后的期望利润函数进一步改写为

$$\begin{aligned}\Pi_a=&\left[1-\frac{w_1}{c_1(\lambda_1)}\sum_{j=1}^{n}(1-\lambda_j)c_j(\lambda_j)\right]\int_0^{F^{-1}\left[1-\frac{c_1(\lambda_1)}{w_1}\right]}[1-F(x)]\mathrm{d}x\\&-\sum_{j=1}^{n}\lambda_jc_j(\lambda_j)F^{-1}\left[1-\frac{c_1(\lambda_1)}{w_1}\right]-\mu_J(\lambda_J)\end{aligned}\tag{5-12}$$

根据下游企业最优决策满足的必要条件(即式(5-11))，将下游企业分红后的期望利润函数式(5-10)等价地转化为式(5-12)，这种转化将下游企业的多元优化问题等价地转换为一元优化问题。当然，在一定程度上方便了分析下游企业目标函数的性质，但通过分析式(5-12)来确定 w_1 的最优取值仍然有一定的难度。

事实上，由式(5-9)和式(5-11)还可知

$$q_J^*=F^{-1}\left[\frac{w_1-c_1(\lambda_1)}{w_1}\right]=F^{-1}\left[\frac{w_2-c_2(\lambda_2)}{w_2}\right]=\cdots=F^{-1}\left[\frac{w_n-c_n(\lambda_n)}{w_n}\right]\tag{5-13}$$

这意味着，从下游企业的决策最优性角度考虑，任一零部件的采购价格 w_j 与所有上

游企业的策略性反应产量 q_J^* 都是一一对应的。因此，下游企业决策 w_j 使自己分红后的期望利润最大等价于间接地决策一个相应的 q_J^* 使自己分红后的期望利润最大，具体为：根据上游企业的策略性反应产量 $q_J^* = F^{-1}\left[\dfrac{w_j - c_j(\lambda_j)}{w_j}\right]$，通过设定零部件的采购价格 w_j 来引导上游企业生产使下游企业分红后期望利润最大的 q_J^*。

将式(5-13)代入式(5-12)，可将下游企业分红后的期望利润函数转换为

$$\Pi_a = \left[1 - \frac{\sum_{j=1}^{n}(1-\lambda_j)c_j(\lambda_j)}{1-F(q_J^*)}\right]\int_0^{q_J^*}[1-F(x)]\mathrm{d}x - \sum_{j=1}^{n}\lambda_j c_j(\lambda_j) q_J^* - \mu_J(\lambda_J) \tag{5-14}$$

(2) 定理 5-1

由式(5-14)，可以得到定理 5-1。

定理 5-1 在下游企业持股上游企业的拉式组装供应链中，若 $\dfrac{f(q_J^*)\int_0^{q_J^*}[1-F(x)]\mathrm{d}x}{\left[1-F(q_J^*)\right]^2}$ 为 q_J^* 的单调递增函数，各零部件的最优产量 q^* 及采购价格 w_j^* 都是存在且唯一的，分别由式(5-15)和式(5-16)给出

$$1-F(q^*) - \frac{f(q^*)\int_0^{q^*}[1-F(x)]\mathrm{d}x}{\left[1-F(q^*)\right]^2} \times \sum_{j=1}^{n}(1-\lambda_j)c_j(\lambda_j) = C_J(\lambda_J) \tag{5-15}$$

$$w_j^* = \frac{c_j(\lambda_j)}{1-F(q^*)} \tag{5-16}$$

证明：由式(5-14)，对 Π_a 求 q_J^* 的一阶导数，经整理可以得到

$$\frac{\mathrm{d}\Pi_a}{\mathrm{d}q_J^*} = 1-F(q_J^*) - C_J(\lambda_J) - \frac{f(q_J^*)\int_0^{q_J^*}[1-F(x)]\mathrm{d}x}{\left[1-F(q_J^*)\right]^2} \times \sum_{j=1}^{n}(1-\lambda_j)c_j(\lambda_j)$$

一方面，由于 $\dfrac{f(q_J^*)\int_0^{q_J^*}[1-F(x)]\mathrm{d}x}{\left[1-F(q_J^*)\right]^2}$ 为 q_J^* 的单调递增函数，则 $\dfrac{\mathrm{d}\Pi_a}{\mathrm{d}q_J^*}$ 为 q_J^* 的单调递减函数；另一方面，容易验证 $\lim\limits_{q_J^*\to 0}\dfrac{\mathrm{d}\Pi_a}{\mathrm{d}q_J^*} = 1 - C_J(\lambda_J) > 0$ 及 $\lim\limits_{q_J^*\to +\infty}\dfrac{\mathrm{d}\Pi_a}{\mathrm{d}q_J^*} < 0$。由以上两方面的分析可知，存在唯一的 q^* 使得：Π_a 在区间 $[0,q^*)$ 上为 q_J^* 的单调递增函数；Π_a 在区间 $(q^*,+\infty)$ 上为 q_J^* 的单调递减函数。这意味着，Π_a 在区间 $[0,+\infty)$ 上为 q_J^* 的先增后减的单峰函数。令 $\dfrac{\mathrm{d}\Pi_a}{\mathrm{d}q_J^*} = 0$，可以求解得到式(5-15)，将 q^* 代入式(5-13)可以得到式(5-16)。证毕。

在定理 5-1 中，本章假设 $\dfrac{f\left(q_J^*\right)\int_0^{q_J^*}\left[1-F(x)\right]\mathrm{d}x}{\left[1-F\left(q_J^*\right)\right]^2}$ 是 q_J^* 的单调递增函数。该假设是一个较弱的假设，常见的很多分布函数都满足该假设，具体请参见第三章中定理 3-1 关于该假设的说明或者 Gerchak 和 Wang(2004)。

直接观察式(5-15)可知，在拉式组装供应链中，当下游企业对上游企业持股以后，各上游企业最优产量决策都可能与持股比例有关。

(3)两个推论

通过进一步的分析，可以得到以下两个推论。

1)**推论** 5-1　在下游企业持股上游企业的拉式组装供应链中，随着下游企业对任一上游企业的持股比例 λ_j 增加，各零部件的最优产量 q^* 都将增加。

证明：采用反证法。不妨假设随着 λ_j 的增加，q^* 减小或者不变。由 $\dfrac{f\left(q_J^*\right)\int_0^{q_J^*}\left[1-F(x)\right]\mathrm{d}x}{\left[1-F\left(q_J^*\right)\right]^2}$ 随着 q_J^* 增加而增加，可知 $\dfrac{f\left(q_J^*\right)\int_0^{q_J^*}\left[1-F(x)\right]\mathrm{d}x}{\left[1-F\left(q_J^*\right)\right]^2}$ 随着 q_J^* 减小而减小。因此，不难验证当 λ_j 增加时，式(5-15)的左边增加；式(5-15)的右边 $C_J\left(\lambda_J\right)$ 减小，等式不成立，矛盾。因此，随着 λ_j 增加 q^* 也增加。证毕。

对比推论 5-1 和推论 4-2 可知，无论是在推式组装供应链中还是在拉式组装供应链中，下游企业对上游企业的持股都能够提高供应链系统的产量，但通过下面的分析可以看出两种供应链系统产量增加的最终原因还是有差异的：类似于推论 4-2 的分析，这里在考察下游企业对上游企业的持股是如何影响上游企业的产量决策时，将分别考虑持股导致的“利润分红”和“成本降低”两个因素是如何影响上游企业的产量决策。在分析“利润分红”因素对上游企业的产量决策影响时，假定“成本降低”因素的影响可以忽略不计；在分析“成本降低”因素对上游企业的产量决策影响时，假定“利润分红”因素的影响可以忽略不计。

①“利润分红”因素对上游企业产量决策的影响分析。一方面，对于下游企业任意给定的采购价格，作为跟随者的上游企业在最大化各自分红前和分红后的期望利润所做的决策必然是一致的，导致的结果是所有上游企业的产量决策反应都不受“利润分红”因素影响［这一点可以被引理 5-2 证实：当 $c_j\left(\lambda_j\right)=c_j$ 时，q_J^* 与下游企业的持股比例无关］。另一方面，对于给定的一组采购价格(采购成本)，“利润分红”因素增加了下游企业的收益。这意味着，“利润分红”因素实际上降低了下游企业获得一个单位收益的相对成本。因此，在均衡的时候，下游企业从自身收益最大化角度考虑，将会设定较高的采购价格引导被持股上游企业生产更多的零部件。另外，从零部件的互补性角度考虑，下游企业也会提高其他零部件的采购价格，刺激其他上游企业生产［这一点可以被定理 5-1 证实：当 $c_j\left(\lambda_j\right)=c_j$

时，q^*随着持股比例λ_j增加而增加］。

②“成本降低”因素对上游企业产量决策的影响分析。上游企业的生产成本越低，整个供应链系统的生产效率就越高，在生产效率更高的供应链系统中，所有上游企业(包括生产成本未得到降低的上游企业)都将生产更多的零部件。

综合①与②的分析可知，持股导致的“利润分红”因素及“成本降低”因素都可以提升拉式组装供应链系统的产量。该结论与推式组装供应链系统的产量只与持股导致的“成本降低”因素有关不同。

2)**推论 5-2** 在下游企业持股上游企业的拉式组装供应链中，对于给定的持股比例$\{\lambda_j\}$以及零部件生产总成本$C_J(\lambda_J)$：①若$\lambda_j\theta_j+\sum_{j'\neq j}\lambda_{j'}\theta_{j'}$随着零部件$j$的成本比例$\theta_j$增加而增加时，各零部件的最优产量$q^*$也随着成本比例$\theta_j$增加而增加；②若$\lambda_1=\lambda_2=,\cdots,=\lambda_n$时，各零部件的最优产量$q^*$不受零部件生产总成本在上游企业间的分布影响。

证明：

①反证法，假设对于给定的持股比例$\{\lambda_j\}$及零部件生产总成本$C_J(\lambda_J)$，$\lambda_j\theta_j+\sum_{j'\neq j}\lambda_{j'}\theta_{j'}$随着成本比例$\theta_j$增加时，各零部件的最优产量$q^*$随着成本比例$\theta_j$增加而减小或不变。

一方面，当$\{\lambda_j\}$和$C_J(\lambda_J)$都给定时，若$\lambda_j\theta_j+\sum_{j'\neq j}\lambda_{j'}\theta_{j'}$随着$\theta_j$增加而增加，则$\lambda_j c_j(\lambda_j)+\sum_{j'\neq j}\lambda_{j'}c_{j'}(\lambda_{j'})=\left(\lambda_j\theta_j+\sum_{j'\neq j}\lambda_{j'}\theta_{j'}\right)C_J(\lambda_J)$也随着$\theta_j$增加而增加，因此$\sum_{j=1}^{n}(1-\lambda_j)c_j(\lambda_j)=C_J(\lambda_J)-\left[\lambda_j c_j(\lambda_j)+\sum_{j'\neq j}\lambda_{j'}c_{j'}(\lambda_{j'})\right]$随着$\theta_j$增加而减小。另一方面，由于$\lambda_j\theta_j+\sum_{j'\neq j}\lambda_{j'}\theta_{j'}$随着$\theta_j$增加而增加时，各零部件的最优产量$q^*$随着$\theta_j$增加而减小或不变。综上可知：式(5-15)的左边将会随着成本比例θ_j增加而增加，而右边为常数$C_J(\lambda_J)$不变。式(5-15)的左边和右边不相等，矛盾。因此，若$\lambda_j\theta_j+\sum_{j'\neq j}\lambda_{j'}\theta_{j'}$随着$\theta_j$增加而增加时，$q^*$也随着$\theta_j$增加而增加。

②若$\lambda_1=\lambda_2=\cdots=\lambda_n$时，则式(5-15)可以简化为

$$1-F(q^*)-\frac{f(q^*)\int_0^{q^*}[1-F(x)]\mathrm{d}x}{[1-F(q^*)]^2}(1-\lambda_1)C_J(\lambda_J)=C_J(\lambda_J)$$

显然，q^*与$C_J(\lambda_J)$在上游企业间的分布无关。证毕。

推论 5-2 表明，当下游企业对上游企业的持股比例$\{\lambda_j\}$、零部件生产总成本$C_J(\lambda_J)$都给定时，各零部件的最优产量q^*可能会受生产总成本在零部件间的分布影响。为了更清楚地理解推论 5-2 的前半部分，考虑一种特殊的情形：供应链中只存在两个上游企业。在该情形下，推论 5-2 的前半部分意味着：若$\lambda_1\theta_1+\lambda_2(1-\theta_1)$随着$\theta_1$增加而增加时(即$\lambda_1>\lambda_2$

时)，各零部件的最优产量也随着θ_1增加而增加，即被持股比例较高上游企业的生产成本比例越高，那么各零部件的最优产量也越高。由式(5-15)可知，对于给定的持股比例$\{\lambda_j\}$及生产总成本$C_J(\lambda_J)$，生产总成本在零部件之间的分布对各零部件最优产量的影响主要是通过参数$\sum_{j=1}^{n}(1-\lambda_j)c_j(\lambda_j)$进行的。显然，持股比例$\{\lambda_j\}$及生产总成本$C_J(\lambda_J)$都给定时，"较小"的系数$1-\lambda_j$所对应的生产成本$c_j(\lambda_j)$越大，$\sum_{j=1}^{n}(1-\lambda_j)c_j(\lambda_j)$就越小，进而各零部件的最优产量也越高。事实上，当零部件的生产总成本$C_J(\lambda_J)$给定时，下游企业的持股对系统产量的影响是由"利润分红"因素影响的："利润分红"因素降低下游企业的相对采购成本，当然，被持股比例较高上游企业的生产成本比例越高，这种相对采购成本降低的就越明显。特别地，当$\lambda_1=\lambda_2=,\cdots,=\lambda_n$时，"利润分红"因素导致的相对采购成本的降低与生产总成本在零部件之间的分布无关，进而各零部件的最优产量与生产总成本在零部件之间的分布也无关。

推论 5-2 是对 Granot 和 Yin(2008)中的相关结论的支持和拓展。Granot 和 Yin(2008)未考虑下游企业对上游企业的持股关系，并指出在拉式组装供应链中，当零部件的生产总成本一定时，各零部件的最优产量都与零部件生产总成本在零部件之间的分布无关。然而，本章的研究结果表明，在拉式组装供应链中，当下游企业对上游企业的持股比例不等时，各零部件的最优产量与被持股比例"较高"企业的成本比例正相关。

(4) 推论 5-3

对比式(5-6)和式(5-15)，可以得到推论 5-3。

推论 5-3　在下游企业持股上游企业的拉式组装供应链中，各零部件的最优产量小于集中化决策下的最优产量。

证明：反证法，不妨假设$q^*\geqslant q_c^*$，则有

$$1-F(q_c^*)\geqslant 1-F(q^*)>1-F(q^*)-\frac{f(q^*)\int_0^{q^*}[1-F(x)]\mathrm{d}x}{[1-F(q^*)]^2}\times\sum_{j=1}^{n}(1-\lambda_j)c_j(\lambda_j)$$

再由式(5-6)和式(5-15)可以得到

$$1-F(q_c^*)=C_J(\lambda_J)=1-F(q^*)-\frac{f(q^*)\int_0^{q^*}[1-F(x)]\mathrm{d}x}{[1-F(q^*)]^2}\times\sum_{j=1}^{n}(1-\lambda_j)c_j(\lambda_j)$$

显然，以上两个不等式矛盾。因此，必然有$q^*<q_c^*$成立。证毕。

推论 5-3 表明，在下游企业持股上游企业的拉式组装供应链中，供应链系统的期望利润仍然有改进的空间。这一点不难理解，这是因为，在本章的模型中，虽然下游企业持有了上游企业的股份，但下游企业并不影响上游企业的决策，即上游企业仍然是独立的决策主体。因此，上下游企业在优化各自的目标函数时，所做的决策往往只是局部最优而不是整体最优。关于如何改进分散化决策下拉式组装供应链系统的期望利润，将在随后的 5.3 节中进行研究。

推论 5-1 和推论 5-3 表明，下游企业持股上游企业以后，分散化决策下的系统产量将会增加，但低于集中化决策下的系统产量。结合系统期望利润是产量的凹函数性质及“利润分红”和“成本降低”因素对产量的影响可知：下游企业对上游企业的持股行为为拉式组装供应链系统所创造的价值来自“利润分红”和“成本降低”两个因素。这与推式组装供应链中的相关结论是不同的。

将式(5-15)和式(5-16)分别代入式(5-3)和式(5-4)，可以得到上游企业 j 分红后的最优期望利润及下游企业分红后的最优期望利润分别为

$$\Pi_j^* = (1-\lambda_j)\left\{\frac{c_j(\lambda_j)}{1-F(q^*)}\int_0^{q^*}[1-F(x)]\mathrm{d}x - c_j(\lambda_j)q^*\right\} \tag{5-17}$$

$$\Pi_a^* = \left[1-\frac{\sum_{j=1}^{n}(1-\lambda_j)c_j(\lambda_j)}{1-F(q^*)}\right]\int_0^{q^*}[1-F(x)]\mathrm{d}x - \sum_{j=1}^{n}\lambda_j c_j(\lambda_j)q^* - \mu_J(\lambda_J) \tag{5-18}$$

(5) 推论 5-4

由式(5-17)可以得到推论 5-4。

推论 5-4 在下游企业持股上游企业的拉式组装供应链中，对于给定的持股比例 $\{\lambda_j\}$ 及零部件的生产成本 $\{c_j(\lambda_j)\}$，各上游企业分红后的最优期望利润呈现一定的比例关系；若 $(1-\lambda_j)c_j(\lambda_j)\neq(1-\lambda_{j'})c_{j'}(\lambda_{j'})$，$1\leqslant j'\leqslant n$，$j\neq j'$，上游企业 j 与上游企业 j' 分红后的最优期望利润不等。

证明：由式(5-17)，可以直接得到

$$\frac{\Pi_j^*}{\Pi_{j'}^*} = \frac{(1-\lambda_j)c_j(\lambda_j)}{(1-\lambda_{j'})c_{j'}(\lambda_{j'})}$$

显然，若 $(1-\lambda_j)c_j(\lambda_j)\neq(1-\lambda_{j'})c_{j'}(\lambda_{j'})$，则 $\Pi_j^*\neq\Pi_{j'}^*$。证毕。

在推式组装供应链中，当下游企业持股上游企业以后，即便下游企业对各上游企业的持股比例不相等，各上游企业的生产成本也不相等，分红后各上游企业仍然会获得相同的最优期望利润［参见推论 4-3 的 2)］。推论 5-4 表明，在拉式组装供应链中，即便各上游企业的生产成本相等，分红后，各上游企业获得的最优期望利润也未必相等。这主要是因为，在推式组装供应链中，各上游企业是主导者，对自己零部件的有定价权，被下游企业持股较多的上游企业可以通过设定更高的零部件批发价格，使得自己与其他上游企业获得相同的实际(分红后的)边际利润，进而使得自己与其他上游企业获得相同的实际利润。在拉式组装供应链中，零部件的定价权在下游企业手上，上游企业只是跟随者，没有零部件的定价权。下游企业对某个上游企业的持股比例相对越高(相对于其他被持股上游企业)，被持股上游企业分红后的最优期望利润就相对越少(相对于其他被持股上游企业分红后的最优期望利润)。

(6) 推论 5-5

由式(5-17)和式(5-18)可以得到推论 5-5。

推论 5-5 在下游企业持股上游企业的拉式组装供应链中，①上游企业 j' 可以从下游企业对上游企业 j 持股中获利，$j \neq j'$；②当下游企业的持股成本可以忽略不计时，下游企业可以从对任一上游企业的持股中获利。

证明：

①由式(5-17)，对 $\Pi_{j'}^*$ 求 λ_j 的一阶导数，可以得到

$$\frac{\mathrm{d}\Pi_{j'}^*}{\mathrm{d}\lambda_j}=\frac{(1-\lambda_{j'})c_{j'}(\lambda_{j'})f(q^*)\int_0^{q^*}[1-F(x)]\mathrm{d}x}{[1-F(q^*)]^2}\times\frac{\mathrm{d}q^*}{\mathrm{d}\lambda_j}$$

由推论 5-1 可知 $\frac{\mathrm{d}q^*}{\mathrm{d}\lambda_j}>0$，因此 $\frac{\mathrm{d}\Pi_{j'}^*}{\mathrm{d}\lambda_j}>0$，推论 5-5 的前半部分得证。

②当下游企业的持股成本可以忽略不计时，即 $\mu_J(\lambda_J)=0$，由式(5-18)，对 Π_a^* 求 λ_j 的一阶导数，经整理可以得到

$$\frac{\mathrm{d}\Pi_a^*}{\mathrm{d}\lambda_j}=\left\{1-F(q^*)-\frac{f(q^*)\int_0^{q^*}[1-F(x)]\mathrm{d}x}{[1-F(q^*)]^2}\times\sum_{j=1}^{n}(1-\lambda_j)c_j(\lambda_j)-C_J(\lambda_J)\right\}\times\frac{\mathrm{d}q^*}{\mathrm{d}\lambda_j}$$
$$+c_j(\lambda_j)\left\{\frac{\int_0^{q^*}[1-F(x)]\mathrm{d}x}{1-F(q^*)}-q^*\right\}-\lambda_j\frac{\mathrm{d}c_j(\lambda_j)}{\mathrm{d}\lambda_j}-(1-\lambda_j)\frac{\mathrm{d}c_j(\lambda_j)}{\mathrm{d}\lambda_j}\frac{\int_0^{q^*}[1-F(x)]\mathrm{d}x}{1-F(q^*)}$$

结合式(5-15)，可将上式进一步化简为

$$\frac{\mathrm{d}\Pi_a^*}{\mathrm{d}\lambda_j}=c_j(\lambda_j)\left\{\frac{\int_0^{q^*}[1-F(x)]\mathrm{d}x}{1-F(q^*)}-q^*\right\}+\lambda_j\left[\frac{-\mathrm{d}c_j(\lambda_j)}{\mathrm{d}\lambda_j}\right]+$$
$$(1-\lambda_j)\left[\frac{-\mathrm{d}c_j(\lambda_j)}{\mathrm{d}\lambda_j}\right]\frac{\int_0^{q^*}[1-F(x)]\mathrm{d}x}{1-F(q^*)}$$

由于在区间 $[0,q^*]$ 上，$F(x)\leqslant F(q^*)$，则 $\frac{\int_0^{q^*}[1-F(x)]\mathrm{d}x}{1-F(q^*)}-q^*\geqslant 0$；另外，上游企业 j 的生产成本总是随着 λ_j 增大而减小，即 $\frac{\mathrm{d}c_j(\lambda_j)}{\mathrm{d}\lambda_j}\leqslant 0$。因此 $\frac{\mathrm{d}\Pi_a^*}{\mathrm{d}\lambda_j}\geqslant 0$。推论 5-5 的后半部分也得证。证毕。

推论 5-5 不难理解，这是因为，下游企业的持股对上游企业最终期望利润的影响最终由持股导致的“利润分红”和“成本降低”两个因素决定；而下游企业的持股对下游企业自己最终期望利润的影响由持股导致的“利润分红”和“成本降低”及“持股成本”三个因素决定。当下游企业对其他上游企业进行持股时，上游企业 j 将会从其他上游企业成本

降低导致的供应链系统运作效率提升中获利。对于下游企业而言，当持股成本可以忽略不计时，下游企业总是能从“利润分红”因素［由推论 5-5 的证明可知，当 $\frac{\mathrm{d}c_j\left(\lambda_j\right)}{\mathrm{d}\lambda_j}=0$ 时，也有 $\frac{\mathrm{d}\Pi_a^*}{\mathrm{d}\lambda_j}\geqslant 0$ 成立，即“利润分红”因素可以提升下游企业的最终期望利润］及上游企业生产成本降低中获利。因此，在拉式组装供应链中，只有当“利润分红”及“成本降低”因素给下游企业带来的“好处”占优于“持股成本”时，下游企业才会对上游企业进行持股。

另外，在拉式组装供应链中，只有当被持股上游企业从自己的“成本降低”因素中获得的“好处”占优于下游企业的“利润分红”因素带来的“坏处”时(本章随后的算例 5-1 表明，“利润分红”因素对被持股上游企业是不利的)，被持股上游企业才能从下游企业对自己的持股中获利，这一点与推式组装供应链中得到的相关结论不同(参见推论 4-3 后面的分析)。导致这些结论差异的主要原因是：在推式组装供应链中，被持股上游企业可以通过提高零部件批发价格消除“利润分红”因素的影响；在拉式组装供应链中，虽然“利润分红”因素会使下游企业提高零部件的采购价格(参见推论 5-1 后面的分析)，但对于被持股上游企业而言，因采购价格的提升所带来的利润增加是不足以弥补因下游企业的利润分红所带来的利润损失，即在拉式组装供应链中，“利润分红”因素对被持股上游企业往往是不利的。

(7) 算例 5-1

算例 5-1 假定上游企业个数 $n=2$，零部件生产成本 $c_1\left(\lambda_1\right)=c_1=0.3$，$c_2\left(\lambda_2\right)=c_2=0.3$；产品的市场需求满足指数分布，且需求分布的期望值为 1，即市场需求的密度函数为 $f(x)=e^{-x}$，分布函数为 $F(x)=1-e^{-x}$。这里需要说明的是：进行本算例的目的是分析下游企业的利润分红对被持股上游企业最终期望利润的影响，因此，这里假定上游企业的生产成本降低可以忽略不计；另外，容易验证指数分布满足定理 5-1 中 $\frac{f\left(q_J^*\right)\int_0^{q_J^*}\left[1-F(x)\right]\mathrm{d}x}{\left[1-F\left(q_J^*\right)\right]^2}$ 为 q_J^* 的单调递增函数假设；此外，采用指数分布进行算例分析是因为它具有一定的代表性，具体可参见 Wang 等(2004)、Abdel-Malek 和 Areeratchakul(2007)。

考察两种情形，①第一种情形：$\lambda_1=\lambda_2=0$，下游企业不持有任何一个上游企业的股份；②第二种情形，$\lambda_1=10\%$，$\lambda_2=0$，下游企业只持有上游企业 1 的股份。首先借助 Matlab 软件，由式(5-15)可以得到第一种情形和第二种情形下的最优产量 q^* 分别为 0.2554 和 0.2612；再将 q^* 代入式(5-17)可以得到第一种情形和第二种情形下，上游企业 1 分红后的最优期望利润 Π_1^* 分别为 0.0107 和 0.0101，其中 0.0107>0.0101。这表明，下游企业对上游企业的利润分红给上游企业的最终期望利润带来了损失。

5.3　拉式组装供应链的协调机制

上一节给出了，下游企业持股上游企业以后，下游企业的最优采购价格决策及各上游企业的最优产量决策。研究结果表明，在拉式组装供应链中，下游企业对上游企业的持股，虽然可以增加供应链系统产量，但仍然低于集中化决策下的最优产量。本节将对下游企业持股以后，供应链的协调机制进行研究，即设计协调机制使得分散化决策下的拉式组装供应链系统期望利润和集中化决策下的拉式组装供应链系统期望利润一致。

5.3.1　协调机制的设计

在下游企业持股上游企业的拉式组装供应链中，考虑机制$\left\{w_j,s_j,r_j\right\}$。该机制表示：分红之前，在采购价格$w_j$的基础上，一方面，下游企业对未采购的零部件$j$给予上游企业$j$每单位$s_j$的价格补贴(价格补贴策略)；另一方面，下游企业让上游企业j分享自己的销售收益，上游企业j对下游企业销售收益的分享比例为r_j(收益分享策略)。这里需要指出的是，在传统的没有纵向持股关系的拉式组装供应链中，引入一种协调策略(如价格补贴策略)就可以设计出理想的协调机制。本章之所以引入两种协调策略构成的组合策略来设计机制，目的是增强所设计机制的利润分配能力，并且这种利润分配能力的增强是有必要的，具体原因可参见本书 2.4.1 小节和 3.4.1 小节的讨论。

根据上述描述可知，在机制$\left\{w_j,s_j,r_j\right\}$下，分红之前，下游企业对上游企业$j$的期望转移支付为

$$T_j = w_jE\left[\min\left(q_J,x\right)\right]+s_jE\left[q_j-\min\left(q_J,x\right)\right]+r_jE\left[\min\left(q_J,x\right)\right] \tag{5-19}$$

式中，$w_jE\left[\min\left(q_J,x\right)\right]$表示拉式组装供应链系统本身采用拉式契约交易所带来的转移支付；$s_jE\left[q_j-\min\left(q_J,x\right)\right]$和$r_jE\left[\min\left(q_J,x\right)\right]$分别表示价格补贴策略和收益分享策略带来的转移支付。

根据上述转移支付可知，上游企业j分红之前的期望利润以及下游企业分红之前的期望利润分别为

$$\overline{\pi}_j = w_jE\left[\min\left(q_J,x\right)\right]+s_jE\left[q_j-\min\left(q_J,x\right)\right]+r_jE\left[\min\left(q_J,x\right)\right]-c_j\left(\lambda_j\right)q_j \tag{5-20}$$

$$\begin{aligned}\overline{\pi}_a = {} & E\left[\min\left(q_J,x\right)\right]-\sum_{j=1}^{n}w_jE\left[\min\left(q_J,x\right)\right]-\sum_{j=1}^{n}s_jE\left[q_j-\min\left(q_J,x\right)\right] \\ & -\sum_{j=1}^{n}r_jE\left[\min\left(q_J,x\right)\right]-\mu_J\left(\lambda_J\right)\end{aligned} \tag{5-21}$$

因此，上游企业j分红之后的期望利润以及下游企业分红之后的期望利润分别为

$$\overline{\Pi}_j=\left(1-\lambda_j\right)\overline{\pi}_j$$
$$=\begin{cases}\left(1-\lambda_j\right)\left\{\left(w_j+r_j-s_j\right)\int_0^{q_j}[1-F(x)]\mathrm{d}x+\left[s_j-c_j\left(\lambda_j\right)\right]q_j\right\}, & q_j<q_{Jj}\\ \left(1-\lambda_j\right)\left\{\left(w_j+r_j-s_j\right)\int_0^{q_{Jj}}[1-F(x)]\mathrm{d}x+\left[s_j-c_j\left(\lambda_j\right)\right]q_j\right\}, & q_j\geqslant q_{Jj}\end{cases}\tag{5-22}$$

$$\overline{\Pi}_a=\overline{\pi}_a+\sum_{j=1}^{n}\lambda_j\overline{\pi}_j$$
$$=\begin{cases}\left[1-\sum_{j=1}^{n}\left(1-\lambda_j\right)\left(w_j+r_j-s_j\right)\right]\int_0^{q_j}[1-F(x)]\mathrm{d}x\\ -\sum_{j=1}^{n}\left(1-\lambda_j\right)s_jq_j-\sum_{j=1}^{n}\lambda_jc_j\left(\lambda_j\right)q_j-\mu_J\left(\lambda_J\right), & q_j<q_{Jj}\\ \left[1-\sum_{j=1}^{n}\left(1-\lambda_j\right)\left(w_j+r_j-s_j\right)\right]\int_0^{q_{Jj}}[1-F(x)]\mathrm{d}x\\ -\sum_{j=1}^{n}\left(1-\lambda_j\right)s_jq_j-\sum_{j=1}^{n}\lambda_jc_j\left(\lambda_j\right)q_j-\mu_J\left(\lambda_J\right), & q_j\geqslant q_{Jj}\end{cases}\tag{5-23}$$

通过对式(5-22)和式(5-23)进行分析，可以得到定理 5-2。

定理 5-2 在下游企业持股上游企业的拉式组装供应链中，若机制$\left\{w_j,s_j,r_j\right\}$中的参数$\left(w_j,s_j,r_j\right)$的设定满足

$$s_j=s_j\left(w_j\right)=\frac{\left[1-\lambda_j+\lambda_jC_J\left(\lambda_J\right)\right]c_j\left(\lambda_j\right)-C_J\left(\lambda_J\right)w_j}{\left(1-\lambda_j\right)\left[1-C_J\left(\lambda_J\right)\right]}\tag{5-24}$$

$$r_j=r_j\left(w_j\right)=\frac{\lambda_j\left[w_j-c_j\left(\lambda_j\right)\right]}{1-\lambda_j}\tag{5-25}$$

对于下游企业任意给定的采购价格$\left\{w_j\right\}$，$c_j<w_j$，$W_J<p=1$，理性的上游企业都将生产q_c^*件零部件，其中q_c^*表示集中化决策下拉式组装供应链系统的最优产量，参见式(5-6)。

证明：类似于 5.2.1 节的分析，这里首先分析在机制$\left\{w_j,s_j,r_j\right\}$下，上游企业$j$对其他上游企业的产量决策$q_{Jj}$以及下游企业的采购价格决策$\left\{w_j\right\}$的反应。

一方面，由式(5-22)，对$\overline{\Pi}_j$求q_j的一阶导数，可以得到

$$\frac{\mathrm{d}\overline{\Pi}_j}{\mathrm{d}q_j}=\begin{cases}\left(1-\lambda_j\right)\left\{\left(w_j+r_j-s_j\right)\left[1-F(q_j)\right]+s_j-c_j\left(\lambda_j\right)\right\}, & q_j<q_{Jj}\\ \left(1-\lambda_j\right)\left[s_j-c_j\left(\lambda_j\right)\right], & q_j\geqslant q_{Jj}\end{cases}$$

另一方面，由式(5-24)和式(5-25)可知

$$w_j+r_j-s_j=\frac{w_j-c_j\left(\lambda_j\right)}{\left(1-\lambda_j\right)\left[1-C_J\left(\lambda_J\right)\right]}$$

$$s_j-c_j=\frac{-C_J\left(\lambda_J\right)\left[w_j-c_j\left(\lambda_j\right)\right]}{\left(1-\lambda_j\right)\left[1-C_J\left(\lambda_J\right)\right]}$$

综上两方面可以得到

$$\frac{\mathrm{d}\overline{\Pi}_j}{\mathrm{d}q_j}=\begin{cases}\dfrac{\left[w_j-c_j\left(\lambda_j\right)\right]\left[1-F(q_j)-C_J\left(\lambda_J\right)\right]}{1-C_J\left(\lambda_J\right)}, & q_j<q_{Jj}\\ \dfrac{-C_J\left(\lambda_J\right)\left[w_j-c_j\left(\lambda_j\right)\right]}{1-C_J\left(\lambda_J\right)}, & q_j\geqslant q_{Jj}\end{cases}$$

由上式可知：①当且仅当 $q_j=q_c^*$ 时，$\dfrac{\left(w_j-c_j\right)\left[1-F(q_j)-C_J\left(\lambda_J\right)\right]}{1-C_J\left(\lambda_J\right)}=0$；②当 $q_j=0$ 时，$\dfrac{\mathrm{d}\overline{\Pi}_j}{\mathrm{d}q_j}>0$，并且 $\dfrac{\mathrm{d}\overline{\Pi}_j}{\mathrm{d}q_j}$ 在区间 $\left[0,q_{Jj}\right)$ 上为 q_j 的单调递减函数；③ $\overline{\Pi}_j$ 在区间 $\left(q_{Jj},+\infty\right)$ 上为 q_j 的单调递减函数。综合①、②及③的分析可知：当 $q_{Jj}\geqslant q_c^*$ 时，$\overline{\Pi}_j$ 在区间 $\left[0,q_c^*\right]$ 上为 q_j 的单调递增函数，在区间 $\left[q_c^*,+\infty\right)$ 上为 q_j 的单调递减函数；当 $q_{Jj}<q_c^*$ 时，$\overline{\Pi}_j$ 在区间 $\left[0,q_{Jj}\right]$ 上为 q_j 的单调递增函数，在区间 $\left[q_{Jj},+\infty\right)$ 上为 q_j 的单调递减函数。因此，对于下游企业给定的采购价格 $\left\{w_j\right\}$ 及其他上游企业给定的产量 q_{Jj}，上游企业 j 分红后的期望利润 $\overline{\Pi}_j$ 在区间 $\left[0,q_{jc}^*\right]$ 上为产量 q_j 的单调递增函数，在区间 $\left[q_{jc}^*,+\infty\right)$ 上为产量 q_j 的单调递减函数，其中

$$q_{jc}^*=\min\left(q_{Jj},q_c^*\right)$$

q_{jc}^* 给出了机制 $\left\{w_j,s_j,r_j\right\}$ 下，上游企业 j 对采购价格 $\left\{w_j\right\}$ 及产量 q_{Jj} 的最优反应。不难发现 q_{jc}^* 与下游企业的采购价格决策无关，q_{jc}^* 只依赖于集中化决策下的最优产量 q_c^* 以及其他上游企业的产量 q_{Jj}。

结合上游企业 j 的策略性反应 q_{jc}^* 可以知道：区间 $\left[0,q_c^*\right]$ 上的任意一个产量都是上游企业的均衡产量，并且 q_c^* 为帕累托最优点；区间 $\left(q_c^*,+\infty\right)$ 上的任意一个产量都不是上游企业的均衡产量(证明思路与引理 5-2 的证明思路完全一致，限于篇幅，在此不再赘述)。综上所述可知，理性的上游企业都将生产 q_c^* 件零部件。证毕。

定理 5-2 给出了下游企业持股上游企业情形下，拉式组装供应链的协调机制 $\left\{w_j,s_j\left(w_j\right),r_j\left(w_j\right)\right\}$。通过对定理 5-2 分析可知：①下游企业在设定协调机制时，不需要单独确定采购价格 w_j、补贴价格 s_j 及收益分享比例 r_j，只需确定采购价格 w_j，然后根据式(5-24)和式(5-25)确定相应的补贴价格 s_j 和收益分享比例 r_j 即可。②零部件 j 的采购价格 w_j 越高，其价格补贴越低，这是因为引入价格补贴策略是为了让下游企业分担上游企业的库存风险，激励上游企业生产。当零部件的采购价格已经很高，从上游企业的收益和风险角度考虑，上游企业承担的库存风险已经伴随了较高的收益(采购价格)，此时下游企业只需额外提供较低的价格补贴即可。③持股比例 λ_j 越高，收益分享比例 r_j 也越高，这是因为引入收益分享策略主要是为了增加协调机制对被持股上游企业的利润分配能力。当下游企业对上游企业的持股比例越高，下游企业就可以参与上游企业更多的利润分红。从

协调机制是否能够实现双赢的角度考虑，需要上游企业在被分红之前，通过协调机制中的收益分享策略向上游企业分配更多的收益。另外，当持股比例 $\lambda_j = 0$ 时，收益分享比例 $r_j = 0$，这意味着若下游企业不持有上游企业 j 的股份时，单独引入价格补贴策略就可以实现供应链协调，这一点与以往相关研究的结论是一致的。

定理 5-2 事实上是对 Gerchak 和 Wang(2004) 中的价格补贴契约的支持和拓展。Gerchak 和 Wang(2004) 没有考虑下游企业和上游企业之间的股权关系，并指出，在拉式组装供应链中，若价格补贴 s_j 和采购价格 w_j 的设定满足：$s_j = \dfrac{c_j - C_J w_j}{1 - C_J}$，则供应链可以实现协调。事实上，由式(5-24)和式(5-25)可以发现，当 $\lambda_J = 0$ 时，定理 5-2 给出的协调机制 $\left\{w_j, s_j\left(w_j\right), r_j\left(w_j\right)\right\}$ 将退化成 Gerchak 和 Wang(2004) 中的价格补贴契约。

5.3.2　协调机制的可实施性

现实中，一个可以被实施的协调机制需要：在不降低其他所有参与者的既得利益(协调前获得的利益)的前提下，至少可以改进一个参与者的既得利益。本节对所设计协调机制的可实施性进行研究。

将 $s_j = s_j\left(w_j\right)$、$r_j = r_j\left(w_j\right)$ 及 $q_1 = q_2 =, \cdots, = q_n = q_c^*$ 代入式(5-22)和式(5-23)，经整理可以得到协调机制 $\left\{w_j, s_j\left(w_j\right), r_j\left(w_j\right)\right\}$ 下，上游企业 j 分红后的期望利润 $\overline{\Pi}_j$ 及下游企业分红后的期望利润 $\overline{\Pi}_a$ 分别为

$$\overline{\Pi}_j = \frac{w_j - c_j\left(\lambda_j\right)}{1 - C_J\left(\lambda_J\right)}\left[\pi_c^* + \mu_J\left(\lambda_J\right)\right] \tag{5-26}$$

$$\overline{\Pi}_a = \frac{1 - W_J}{1 - C_J\left(\lambda_J\right)}\left[\pi_c^* + \mu_J\left(\lambda_J\right)\right] - \mu_J\left(\lambda_J\right) \tag{5-27}$$

其中，π_c^* 表示集中化决策下拉式组装供应链系统的最优期望利润，参见式(5-7)。

由式(5-26)和式(5-27)可以得到定理 5-3。

定理 5-3　在下游企业持股上游企业的拉式组装供应链中，当采用协调机制 $\left\{w_j, s_j\left(w_j\right), r_j\left(w_j\right)\right\}$ 时，各上游企业分红后的期望利润随着各自零部件采购价格增加而增加，下游企业分红后的期望利润随着各零部件采购价格增加而减少。

证明：注意到 π_c^* 和 $\mu_J\left(\lambda_J\right)$ 都是与 w_j 无关的常数，由式(5-26)和式(5-27)可知，$\overline{\Pi}_j$ 是 w_j 的单调递增函数，$\overline{\Pi}_a$ 是 w_j 的单调递减函数。证毕。

接下来，结合定理5-3以及协调机制 $\left\{w_j, s_j\left(w_j\right), r_j\left(w_j\right)\right\}$ 中参数 $\left\{w_j\right\}$ 的约束条件 $c_j < w_j$，$W_J < p = 1$ (参见定理 5-2)分析所设计协调机制的利润分配能力。一方面，由式(5-26)可知：$\lim\limits_{w_j \to 1 - \sum_{j' \neq j} c_{j'}\left(\lambda_{j'}\right)} \overline{\Pi}_j = \pi_c^* + \mu_J\left(\lambda_J\right)$ (在采购价格 $W_J < p = 1$ 的约束下，$1 - \sum\limits_{j' \neq j} c_{j'}\left(\lambda_{j'}\right)$ 是下游企业可为上游企业 j 提供采购价格 w_j 的上限)、$\lim\limits_{w_j \to c_j\left(\lambda_j\right)} \overline{\Pi}_j = 0$，由式(5-27)可知 $\lim\limits_{W_J \to C_J} \overline{\Pi}_a = \pi_c^*$、

$\lim\limits_{W_J \to 1} \overline{\Pi}_a = -\mu_J(\lambda_J)$；另一方面，结合定理 5-3 中各参与者利润函数的单调性可知：通过调节协调机制中的参数 $\{w_j\}$ 可使上游企业 j 分红后的期望利润在区间 $[0, \pi_c^* + \mu_I(\lambda_I)]$ 上变化，下游企业分红后的期望利润在区间 $[-\mu_J(\lambda_J), \pi_c^*]$ 上变化。这意味着，调节协调机制中的参数 $\{w_i\}$ 必然可使下游企业和各上游企业分红后的期望利润都在区间 $(0, \pi_c^*)$ 上变化。另外，由于在协调机制下，供应链系统的期望利润(各上游企业与下游企业的期望总利润)要比协调之前高，即有 $\Pi_a^* + \sum_{j=1}^{n} \Pi_j^* < \overline{\Pi}_a + \sum_{j=1}^{n} \overline{\Pi}_j = \pi_c^*$ 成立。因此，必然存在一组采购价格使得下游企业和各上游企业分红后的期望利润都得到改进，即使得 $\Pi_j^* < \overline{\Pi}_j$ 与 $\Pi_a^* < \overline{\Pi}_a$ 同时成立，具体由推论 5-6 给出。

推论 5-6 在下游企业持股上游企业的拉式组装供应链中，当采用协调机制 $\{w_j, s_j(w_j), r_j(w_j)\}$ 时，若采购价格 w_j 的设定满足

$$w_j > \frac{[1 - C_J(\lambda_J)]\Pi_j^*}{\pi_c^* + \mu_J(\lambda_J)} + c_j(\lambda_j) \tag{5-28}$$

$$W_J < 1 - \frac{[1 - C_J(\lambda_J)][\Pi_a^* + \mu_J(\lambda_J)]}{\pi_c^* + \mu_J(\lambda_J)} \tag{5-29}$$

则，各上游企业和下游企业分红后的期望利润都能得到改进。

证明：由式(5-17)和式(5-26)，令 $\overline{\Pi}_j > \Pi_j^*$，可以求解得到式(5-28)；由式(5-18)和式(5-27)，令 $\overline{\Pi}_a > \Pi_a^*$，可以求解得到式(5-29)。证毕。

推论 5-6 给出了协调机制 $\{w_j, s_j(w_j), r_j(w_j)\}$ 中零部件采购价格 $\{w_j\}$ 的有效区间，并揭示了以下管理启示：在协调机制 $\{w_j, s_j(w_j), r_j(w_j)\}$ 下，各上游企业都有动机要求下游企业提供一个较高的采购价格［参见式(5-26)］，但下游企业的参与约束限定了采购总价格的上限［参见式(5-29)］；另一方面，下游企业有动机降低各零部件的采购价格［参见式(5-27)］，但各上游企业的参与约束限定了采购价格的下限［参见式(5-28)］。现实中，采购价格在有效区间的具体取值可根据下游企业和各上游企业之间的讨价还价能力来设定。

5.4 讨 论

类似于 4.4 节的研究，本节一方面讨论下游企业的持股决策，另一方面对上游企业持股下游企业的情形进行研究。

5.4.1 下游企业的持股决策

在推式组装供应链中，所有上游企业都能从下游企业对自己的持股中获利，但是在拉式组装供应链中，被持股上游企业却未必能从下游企业对自己的持股中获利(参见推论 5-5

后面的分析)。这意味着，在拉式组装供应链中，分析下游企业的持股决策时，需要将上游企业的被持股意愿纳入考虑。因此，在拉式组装供应链中，下游企业的持股问题将会是一个有约束的多元优化问题。

根据式(5-17)、式(5-18)以及推论 5-5 后面的分析，可将拉式组装供应链中下游企业的持股问题描述为

$$\max_{\lambda_1,\lambda_2,\cdots,\lambda_n}\Pi_a^*=\left[1-\frac{\sum_{j=1}^{n}\left(1-\lambda_j\right)c_j\left(\lambda_j\right)}{1-F\left(q^*\right)}\right]\int_0^{q^*}\left[1-F\left(x\right)\right]\mathrm{d}x$$

$$-\sum_{j=1}^{n}\lambda_j c_j\left(\lambda_j\right)q^*-\sum_{j=1}^{n}\mu_j\left(\lambda_j\right) \tag{5-30}$$

$$\text{s.t.}\begin{cases}\left(1-\lambda_j\right)c_j\left(\lambda_j\right)\left[\dfrac{\int_0^{q^*}\left[1-F\left(x\right)\right]\mathrm{d}x}{1-F\left(q^*\right)}-q^*\right]\geqslant c_j\left[\dfrac{\int_0^{q^*|_{\lambda_j=0}}\left[1-F\left(x\right)\right]\mathrm{d}x}{1-F\left(q^*|_{\lambda_j=0}\right)}-q^*|_{\lambda_j=0}\right]\\ j=1,2,\cdots,n.\end{cases}$$

式中，约束条件表示上游企业被持股以后获得的最终期望利润不低于其被持股之前获得的最终期望利润；$q^*|_{\lambda_j=0}$ 表示上游企业 j 未被持股时供应链系统的最优产量，该产量可由式(5-15)令 $\lambda_j=0$ 求解得到。

式(5-30)的分析过程可能很复杂，具体可尝试结合优化理论中的库恩-塔克等方法开展进一步的讨论。当理论分析遇到困难时，可能还需要通过算法设计等途径来探讨下游企业最优持股决策的性质。由于本书的侧重点是持股以后的供应链运作管理问题，针对持股阶段的决策问题，本章不做进一步的讨论。

5.4.2　上游企业持股下游企业的情形

本章之前的研究都是考虑下游企业持股上游企业的情形，本小节对上游企业持股下游企业的情形进行研究。本小节假定，各上游企业对下游企业进行股权投资，一方面降低下游企业的生产成本(制造成本)，另一方面上游企业参与下游企业的利润分红。记上游企业 j 对下游企业的股权投资成本为 $\mu_j\left(\lambda_j\right)$，其中 λ_j 表示上游企业 j 对下游企业的持股比例，满足 $\sum_{j=1}^{n}\lambda_j<50\%$，$\lambda_J=\left\{\lambda_j\right\}$ 表示一组上游企业对下游企业的持股比例。下游企业的产品制造成本为 $c_0\left(\lambda_J\right)$，$c_0\left(\lambda_J\right)$ 随着任一 λ_j 增大而减小。这里需要指出的是本小节与 5.1 节不同的地方在于，持股方与被持股方发生了互换；另外，本小节考虑上游企业对下游企业进行成本降低型股权投资，因此新引入了下游企业的生产成本 $c_0\left(\lambda_J\right)$。

结合上述描述以及式(5-1)和式(5-2)可知，分红之后的上游企业 j 期望利润 Π_j 及下游企业期望利润 Π_a 分别为

$$\Pi_j=\left\{w_j+\lambda_j\left[1-W_J-c_0\left(\lambda_J\right)\right]\right\}\int_0^{q_J}\left[1-F\left(x\right)\right]\mathrm{d}x-c_jq_j-\mu_j\left(\lambda_j\right) \tag{5-31}$$

$$\Pi_a=\left(1-\sum_{j=1}^{n}\lambda_j\right)\left[1-W_J-c_0\left(\lambda_J\right)\right]\int_0^{q_J}\left[1-F\left(x\right)\right]\mathrm{d}x \tag{5-32}$$

其中，$W_J=\sum_{j=1}^{n}w_j$；$q_J=\min\left\{q_j,1\leqslant j\leqslant n\right\}$。

上下游企业进行以下游企业为主导者的 Stackelberg 博弈来确定各自的采购价格以及产量。采用逆向归纳法对博弈模型进行求解与分析。由式(5-31)可知，对于给定的一组采购价格，在博弈的第二阶段中，各上游企业的最优产量都为

$$q_J^*=\min\left\{F^{-1}\left[1-\frac{c_j}{\lambda_j\left[1-W_J-c_0\left(\lambda_J\right)\right]+w_j}\right],1\leqslant j\leqslant n\right\} \tag{5-33}$$

证明：式(5-33)的证明过程与引理 5-2 的证明过程类似，在此不再赘述。

接下来，对第一阶段中的采购价格决策进行分析。结合式(5-32)、式(5-33)以及 5.2.2 小节的分析思路，可以得知：最优采购价格需要满足以下必要条件

$$\frac{c_1}{\lambda_1\left[1-W_J-c_0\left(\lambda_J\right)\right]+w_1}=\ldots=\frac{c_n}{\lambda_n\left[1-W_J-c_0\left(\lambda_J\right)\right]+w_n} \tag{5-34}$$

式(5-34)表明，采购价格的设定需要满足一定的关系，在该关系约束下，下游企业对一组零部件采购价格的决策可以转换为对某一个零部件采购价格或者所有零部件采购总价格的决策。即由式(5-34)，可将下游企业对一组零部件采购价格决策的多元优化问题转换为对所有零部件采购总价格决策的一元优化问题。另外，结合式(5-33)，可以分析得知零部件采购总价格和产量之间存在一一对应的关系，因此，下游企业对零部件采购总价格的决策可以进一步转化为对零部件产量的决策。这里需要说明的是，对零部件产量的决策并不是指下游企业真的决策产量，而是通过设定相应的采购价格引导上游企业生产自己希望的产量。

结合式(5-33)和式(5-34)，可以分析得知最优采购总价格 W_J 与最优产量 q_J^* 满足以下必要条件

$$W_J=\frac{C_J}{\left[1-\sum_{j=1}^{n}\lambda_j\right]\left[1-F\left(q_J^*\right)\right]}-\frac{\left(1-c_0\left(\lambda_J\right)\right)\sum_{j=1}^{n}\lambda_j}{1-\sum_{j=1}^{n}\lambda_j} \tag{5-35}$$

其中，$C_J=\sum_{j=1}^{n}c_j$，表示拉式组装供应链中的零部件生产总成本。

将式(5-35)代入式(5-32)，可将 Π_a 改写为

$$\Pi_a=\left[1-c_0\left(\lambda_J\right)-\frac{C_J}{1-F\left(q_J^*\right)}\right]\int_0^{q_J^*}\left[1-F\left(x\right)\right]\mathrm{d}x \tag{5-36}$$

由式(5-36)可以得到结论 5-1。

结论 5-1 在上游企业持股下游企业的拉式组装供应链中，各零部件的最优产量存在且

唯一，具体由式(5-37)给出

$$\left[1-c_0\left(\lambda_J\right)\right]\left[1-F\left(q^*\right)\right]-\left\{1+\frac{f\left(q^*\right)\int_0^{q^*}\left[1-F(x)\right]\mathrm{d}x}{\left[1-F\left(q^*\right)\right]^2}\right\}C_J=0 \tag{5-37}$$

证明：结论 5-1 的证明过程与定理 3-1 的证明过程类似，在此不再赘述。

通过对结论 5-1 进行分析可知，q^* 随着 $c_0\left(\lambda_J\right)$ 减小而增大。因此，在拉式组装供应链中，当上游企业对下游企业进行成本降低型股权投资时，持股导致的“成本降低”因素可以增加系统产量，但持股导致的“利润分红”因素对系统产量没有影响。这意味着，持股导致的“成本降低”因素可以为供应链系统创造价值，但持股导致的“利润分红”因素不能为供应链系统创造价值。

5.5 本 章 小 结

本章重点研究了下游企业持股上游企业情形下的拉式组装供应链价值共创问题。在此基础上，本章分析了上游企业持股下游企业情形下的拉式组装供应链价值共创问题，得到的主要结论如下所示。

1) 由于下游企业对任一上游企业的利润分红及任一上游企业的生产成本降低都能提高各上游企业的最优产量。因此，下游企业持股上游企业以后，各上游企业的最优产量都将增加。这意味着，下游企业对任一上游企业持股所导致的“成本降低”和“利润分红”因素都可以为拉式组装供应链系统创造价值。

2) 各上游企业都能从下游企业对其他上游企业的持股中获利；对于被持股上游企业而言，只有当自己生产成本降低带来的“好处”占优于下游企业的利润分红带来的“坏处”时，被持股上游企业才能从下游企业对自己的持股中获利；对下游企业而言，只有当下游企业从上游企业生产成本降低及利润分红中得到的“好处”之和占优于持股成本时，下游企业才会对上游企业进行持股。

3) 当零部件的生产总成本一定时，被持股比例较高上游企业的生产成本比例越高，供应链系统的最优产量和期望利润都越高。

4) 各上游企业分红后的最优期望利润呈现一定的比例关系，该比例与下游企业对各上游企业的持股比例有关。

5) 在分散化决策下，虽然供应链系统的最优产量和期望利润随着下游企业对任一上游企业的持股比例增加而增加，但仍达不到集中化决策下，供应链系统的最优产量和期望利润。通过引入由价格补贴策略和收益分享策略构成的组合策略可以实现供应链协调，并使得上游企业和下游企业实现双赢。

6) 当上游企业持股下游企业时，各上游企业的产量随下游企业的生产成本降低而增加，但不受“利润分红”因素影响。因此，上游企业对下游企业持股导致的“成本降低”因素可以为系统创造价值，但持股导致的“利润分红”因素不能为系统创造价值。

第六章 纵向股权视角下多对一推拉混合式供应链价值共创

本章在第四章和第五章的基础上，重点研究下游企业持股上游企业以后，推拉混合式组装供应链的运作决策和相应的协调机制设计。与推式组装供应链及拉式组装供应链都不同，在推拉混合式组装供应链中，下游企业在市场需求发生之前只通过推式契约采购一些种类的零部件；另一些种类的零部件将通过拉式契约在市场需求发生之后进行采购。推拉混合式采购模式被现实中很多企业采用，如国际商业机器公司或万国商业机器公司(International Business Machines Corporation，IBM)(Ettl et al.，2012)、戴尔公司(Simchi-Levi and Simchi-Levi，2002)等。

本章首先构建并求解由推式上游企业(与下游企业通过推式契约进行交易的上游企业)、下游企业及拉式上游企业(与下游企业通过拉式契约进行交易的上游企业)构成的三阶段 Stackelberg 博弈模型，得到了各推式上游企业、下游企业及各拉式上游企业的最优运作决策；然后，分析了推拉混合式组装供应链系统中的一些外生变量对内生变量的影响；最后，通过引入由多种协调策略构成的组合策略设计了协调机制，并对所设计协调机制的可实施性进行了说明。与第四章和第五章不同的是，鉴于推拉混合式组装供应链模型的复杂性以及与推式组装供应链、拉式组装供应链的相似性，本章不再讨论上游企业持股下游企业情形下推拉混合式组装供应链的价值共创问题。

6.1 问题描述与集中化决策

6.1.1 问题描述

考虑由 $m+n$ 个上游企业和一个下游企业构成的推拉混合式组装供应链，其中每个上游企业都只向下游企业提供一种互补性零部件，再由下游企业将这些零部件组装成最终产品并以固定价格 p 进行销售。不失一般性，假定各零部件的组装比例为$1:1:\cdots:1$；产品的市场销售价格 $p=1$；产品的市场需求 X 是随机的，其概率密度函数和概率分布函数分别为 $f(x)$ 与 $F(x), x\in[0,+\infty)$ (参见第四章或第五章的问题描述)。

在推拉混合式组装供应链中，下游企业与一些上游企业采用推式契约进行交易，与另一些上游企业采用拉式契约进行交易。为表述方便，将“与下游企业通过推式契约进行交易的上游企业”称为“推式上游企业”，“推式上游企业提供的零部件”称为“推式零部件”；将“与下游企业通过拉式契约进行交易的上游企业”称为“拉式上游企业”，“拉式上游企业提供的零部件”称为“拉式零部件”。假定组装供应链系统中的 $m+n$ 个上游

企业有 m 个是推式上游企业，其余 n 个上游企业是拉式上游企业。推式上游企业、下游企业及拉式上游企业通过进行以下三阶段 Stackelberg 博弈来确定最优运作决策(Fu et al., 2017)：①第一阶段：推式上游企业同时给出各自零部件的批发价格$\{w_i\}$，$i=1,2,\cdots,m$；②第二阶段：下游企业一方面确定推式零部件的订购数量$\{q_i\}$，另一方面为拉式零部件提供一组采购价格$\{w_j\}$，且 $j=m+1,m+2,\cdots,m+n$；③第三阶段：拉式上游企业同时确定各自零部件的产量$\{q_j\}$。

在推拉混合式组装供应链中，下游企业对零部件采购过程如下：在市场需求发生之前，将推式零部件订购储备好；在市场需求发生时，根据市场的实际需求以及提前储备的推式零部件情况，确定各拉式零部件的采购量。由于各零部件是互补的，不能被匹配的零部件不能给下游企业带来收益，只会增加下游企业的采购成本，下游企业将会订购 $q_1=q_2=\cdots=q_m$；另外，零部件间的互补性使得，在市场需求 X 发生时，下游企业对各拉式零部件的采购量为$\min\left(x,\{q_i\},\{q_j\}\right)$。因此，当$x<\min\left(x,\{q_i\}\right)$时，下游企业承担所有推式零部件的库存成本；类似地，当$\min\left(x,\{q_i\}\right)<q_j$时，拉式上游企业 j 承担拉式零部件 j 的库存成本。关于推拉混合式组装供应链中各事件发生的顺序可以参见图 6-1。

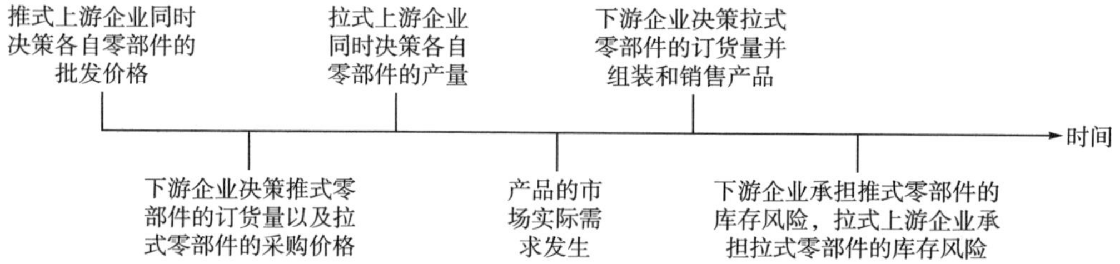

图 6-1　推拉混合式组装供应链中各事件发生的顺序

假定下游企业已经通过股权投资与上游企业结成了股权战略联盟。结盟以后，一方面，下游企业可以根据持股比例参与被持股上游企业的利润分红；另一方面，被持股上游企业可以借助下游企业的股权投资降低自己的生产成本(参见第二章的相关问题描述)。下游企业对推式上游企业 i 和拉式上游企业 j 的持股比例分别为 λ_i 和 λ_j，其中 $0\leqslant\lambda_i\leqslant\overline{\lambda}_i<50\%$，$0\leqslant\lambda_j\leqslant\overline{\lambda}_j<50\%$。这种少量持股不影响被持股上游企业的独立性，即下游企业和各上游企业仍然是独立的决策主体，都是以最大化各自分红后的期望利润为决策目标。记 $\lambda_I=\{\lambda_i\}$ 及 $\lambda_J=\{\lambda_j\}$ 分别表示下游企业对一组推式上游企业和一组拉式上游企业的持股比例，$\lambda_I=0$ 和 $\lambda_J=0$ 分别表示下游企业没有对任一推式上游企业和任一拉式上游企业实施持股战略。

下游企业对推式上游企业 i 和拉式上游企业 j 的持股成本分别为 $\mu_i(\lambda_i)$ 和 $\mu_j(\lambda_j)$，当 $\lambda_i=0$ 时，$\mu_i(\lambda_i)=0$；当 $\lambda_j=0$ 时，$\mu_j(\lambda_j)=0$，表示下游企业不持股上游企业时，下游企业的持股成本为零。记 $\mu_I(\lambda_I)=\sum_{i=1}^{m}\mu_i(\lambda_i)$ 及 $\mu_J(\lambda_J)=\sum_{j=m+1}^{m+n}\mu_j(\lambda_j)$，分别表示下游企业对

推式上游企业的持股总成本和对拉式上游企业的持股总成本。推式上游企业 i 和拉式上游企业 j 的生产成本分别为 $c_i(\lambda_i)$ 和 $c_j(\lambda_j)$。$c_i(\lambda_i)$ 和 $c_j(\lambda_j)$ 分别是持股比例 λ_i 和 λ_j 的减函数，当 $\lambda_i=0$ 时，$c_i(\lambda_i)=c_i$；当 $\lambda_j=0$ 时，$c_j(\lambda_j)=c_j$，c_i 和 c_j 分别表示推式上游企业 i 和拉式上游企业 j 未被持股时的生产成本。记 $C_I(\lambda_I)=\sum_{i=1}^{m}c_i(\lambda_i)$ 及 $C_J(\lambda_J)=\sum_{j=m+1}^{m+n}c_j(\lambda_j)$，分别表示推式零部件的生产总成本和拉式零部件的生产总成本。当 $\lambda_I=0$ 时，记 $C_I(\lambda_I)=\sum_{i=1}^{m}c_i=C_I$；当 $\lambda_J=0$ 时，记 $C_J(\lambda_J)=\sum_{j=m+1}^{m+n}c_j=C_J$。

本章中的一些符号定义如下：①α 为推式零部件的生产成本比例，即 $\alpha=\dfrac{C_I(\lambda_I)}{C_I(\lambda_I)+C_J(\lambda_J)}$；②$W_I$ 为推式零部件的批发总价格，即 $W_I=\sum_{i=1}^{m}w_i$；③W_J 为拉式零部件的采购总价格，即 $W_J=\sum_{j=m+1}^{m+n}w_j$；④$q_I$ 为推式零部件订货量的最小值，即 $q_I=\min\{q_i,1\leqslant i\leqslant m\}$；⑤$q_J$ 为拉式零部件产量的最小值，即 $q_J=\min\{q_j,m+1\leqslant j\leqslant m+n\}$；⑥$q_{Jj}$ 为除去拉式零部件 j 以外其他所有拉式零部件产量的最小值，即 $q_{Jj}=\min\{q_{j'},m+1\leqslant j'\leqslant m+n,j'\neq j\}$。

根据上述问题描述可知，分红之前，推式上游企业 i、下游企业及拉式上游企业 j 的期望利润分别为

$$\pi_i=\left[w_i-c_i(\lambda_i)\right]q_I \tag{6-1}$$

$$\pi_a=E\left[\min(q_I,q_J,x)\right]-W_Iq_I-W_JE\left[\min(q_I,q_J,x)\right]-\mu_I(\lambda_I)-\mu_J(\lambda_J) \tag{6-2}$$

$$\pi_j=w_jE\left[\min(q_I,q_J,x)\right]-c_j(\lambda_j)q_j \tag{6-3}$$

式(6-2)中，$E\left[\min(q_I,q_J,x)\right]$ 表示产品的期望销售收益；W_Iq_I 表示推式零部件的采购总成本；$W_JE\left[\min(q_I,q_J,x)\right]$ 表示拉式零部件的采购总成本；$\mu_I(\lambda_I)$ 和 $\mu_J(\lambda_J)$ 分别表示下游企业对推式上游企业和对拉式上游企业的持股总成本。

分红之后，推式上游企业 i、下游企业及拉式上游企业 j 的期望利润分别为

$$\Pi_i=(1-\lambda_i)\left[w_i-c_i(\lambda_i)\right]q_I \tag{6-4}$$

$$\begin{aligned}\Pi_a&=\pi_a+\sum_{i=1}^{m}\lambda_i\pi_i+\sum_{j=m+1}^{m+n}\lambda_j\pi_j\\&=\left[1-\sum_{j=m+1}^{m+n}(1-\lambda_j)w_j\right]E\left[\min(q_I,q_J,x)\right]-\sum_{i=1}^{m}\left[(1-\lambda_i)w_i+\lambda_ic_i(\lambda_i)\right]q_I\\&\quad-\sum_{j=m+1}^{m+n}\lambda_jc_j(\lambda_j)q_j-\mu_I(\lambda_I)-\mu_J(\lambda_J)\end{aligned} \tag{6-5}$$

$$\Pi_j=(1-\lambda_j)\left\{w_jE\left[\min(q_I,q_J,x)\right]-c_j(\lambda_j)q_j\right\} \tag{6-6}$$

式(6-5)中，$\sum_{i=1}^{m}\lambda_i\pi_i$ 表示下游企业对推式上游企业的利润分红；$\sum_{j=m+1}^{m+n}\lambda_j\pi_j$ 表示下游企业对

拉式上游企业的利润分红。

另外，为了确保各企业都能从销售零部件或者产品中获利，本章假定零部件的批发价格和采购价格满足：$c_i(\lambda_i)<w_i$、$c_j(\lambda_j)<w_j$和$W_I+W_J<p=1$。

6.1.2 集中化决策

集中化决策是一种理想的决策情形，此时上游企业和下游企业进行联合决策来最大化供应链系统的期望利润。研究集中化决策是为了探讨推拉混合式组装供应链可以实现的最大期望利润，从而为后文的分散化决策提供协调基准。

在集中化决策下，零部件之间的互补性使得供应链系统的最优产量必然满足$q_1=q_2=\cdots=q_{m+n}$，记为q。结合式(6-1)、式(6-2)及式(6-3)，可将供应链系统的期望利润表述为

$$\begin{aligned}\pi_c&=\pi_a+\sum_{i=1}^{m}\pi_i+\sum_{j=m+1}^{m+n}\pi_j\\&=\int_0^q\left[1-F(x)\right]\mathrm{d}x-\left[C_I(\lambda_I)+C_J(\lambda_J)\right]q-\mu_I(\lambda_I)-\mu_J(\lambda_J)\end{aligned}\tag{6-7}$$

类似于第二章、第三章、第四章、第五章的分析，可知在集中化决策下，推拉混合式组装供应链系统的期望利润是其产量的凹函数，供应链系统的最优产量将由系统期望利润的一阶条件等式唯一确定。通过求解不难得到集中化决策下，推拉混合式组装供应链系统的最优产量q_c^*为

$$q_c^*=F^{-1}\left[1-C_I(\lambda_I)-C_J(\lambda_J)\right]\tag{6-8}$$

将q_c^*代入式(6-7)可以得到集中化决策下，供应链系统的最优期望利润为

$$\pi_c^*=\int_0^{q_c^*}[1-F(x)]\mathrm{d}x-\left[C_I(\lambda_I)+C_J(\lambda_J)\right]q_c^*-\mu_I(\lambda_I)-\mu_J(\lambda_J)\tag{6-9}$$

接下来，对分散化决策下，各推式上游企业、下游企业及各拉式上游企业的最优运作决策问题进行研究。

6.2 推拉混合式组装供应链的运作决策

在分散化决策下，推式上游企业、下游企业及拉式上游企业的决策目标都是最大化自己分红后的期望利润。本节将通过三阶段 Stackelberg 博弈模型来分析各参与者的最优运作决策问题，并采用逆向归纳法对其进行求解。

6.2.1 拉式上游企业的产量决策

在第三阶段中，n个拉式上游企业的决策问题是：在给定的推式上游企业的批发价格$\{w_i\}$，下游企业的订货量q_I及采购价格$\{w_j\}$的前提下，通过完全信息静态博弈确定各自的产量$\{q_j\}$，使得自己分红后的期望利润最大。

由式(6-6)可将上游企业 j 分红后的期望利润改写为

$$\Pi_j=\begin{cases}(1-\lambda_j)\left\{w_j\int_0^{q_j}\left[1-F(x)\right]\mathrm{d}x-c_j(\lambda_j)q_j\right\}, & q_j\leqslant\min(q_I,q_{Jj})\\(1-\lambda_j)\left\{w_j\int_0^{\min(q_I,q_{Jj})}\left[1-F(x)\right]\mathrm{d}x-c_j(\lambda_j)q_j\right\}, & q_j>\min(q_I,q_{Jj})\end{cases}\tag{6-10}$$

由式(6-10)可以得到引理 6-1。

引理 6-1　对于给定的批发价格 $\{w_i\}$、订货量 q_I、采购价格 $\{w_j\}$ 及其他拉式上游企业的产量 q_{Jj}，拉式上游企业 j 的最优产量为

$$q_j^*=\min\left\{q_I,q_{Jj},F^{-1}\left[1-\frac{c_j(\lambda_j)}{w_j}\right]\right\}\tag{6-11}$$

证明：由式(6-10)，对 Π_j 求 q_j 的一阶导数，可以得到

$$\frac{\mathrm{d}\Pi_j}{\mathrm{d}q_j}=\begin{cases}(1-\lambda_j)\left\{w_j\left[1-F(q_j)\right]-c_j(\lambda_j)\right\}, & q_j<\min(q_I,q_{Jj})\\-(1-\lambda_j)c_j(\lambda_j), & q_j>\min(q_I,q_{Jj})\end{cases}$$

一方面，由 $(1-\lambda_j)\left\{w_j\left[1-F(q_j)\right]-c_j(\lambda_j)\right\}$ 是 q_j 的单调递减函数及 $-(1-\lambda_j)c_j(\lambda_j)<0$ 可知：Π_j 在区间 $\left[0,\min(q_I,q_{Jj})\right)$ 上是 q_j 的凹函数，在区间 $\left(\min(q_I,q_{Jj}),+\infty\right)$ 上是 q_j 的单调递减函数。另一方面，由 $\frac{\mathrm{d}\Pi_j}{\mathrm{d}q_j}$ 的表达式可验证：当 $q_j=0$ 时，$\frac{\mathrm{d}\Pi_j}{\mathrm{d}q_j}>0$；当 $q_j=F^{-1}\left[1-\frac{c_j(\lambda_j)}{w_j}\right]$ 时，$(1-\lambda_j)\left\{w_j\left[1-F(q_j)\right]-c_j(\lambda_j)\right\}=0$。综合以上两方面的分析可知：当 $F^{-1}\left[1-\frac{c_j(\lambda_j)}{w_j}\right]\leqslant\min(q_I,q_{Jj})$ 时，Π_j 在区间 $\left[0,F^{-1}\left[1-\frac{c_j(\lambda_j)}{w_j}\right]\right]$ 上是 q_j 的单调递增函数，在区间 $\left[F^{-1}\left[1-\frac{c_j(\lambda_j)}{w_j}\right],+\infty\right)$ 上是 q_j 的单调递减函数；当 $F^{-1}\left[1-\frac{c_j(\lambda_j)}{w_j}\right]>\min(q_I,q_{Jj})$ 时，Π_j 在区间 $\left[0,\min(q_I,q_{Jj})\right]$ 上是 q_j 的单调递增函数，在区间 $\left[\min(q_I,q_{Jj}),+\infty\right)$ 上是 q_j 的单调递减函数。这意味着，给定其他所有参与者的决策时，上游企业 j 的最优产量决策总是可以表示为 $q_j^*=\min\left\{q_I,q_{Jj},F^{-1}\left[1-\frac{c_j(\lambda_j)}{w_j}\right]\right\}$。证毕。

引理 6-1 给出了，拉式上游企业 j 的最优产量 q_j^* 关于推式零部件的批发价格、推式零部件的订货量、拉式零部件的采购价格及其他拉式零部件的产量的反应函数。通过对式(6-11)分析可知：①推式零部件的订货量或其他拉式零部件的产量越低，拉式零部件 j 的最优产量也越低，这一点不难理解，这是因为，各零部件是互补的，不能被匹配的零部件都没有机会被下游企业采购；②拉式零部件 j 的采购价格越低，其最优产量也越低，

这是因为即便生产出来的零部件 j 都有机会被匹配，但若零部件的采购价格很低，上游企业 j 也没有动机生产很多零部件(此时，上游企业 j 类似于经典报童模型中的报童，零部件的生产成本类似于报童的订货成本，零部件的采购价格类似于报纸的市场价格)；③推式零部件的批发价格没有直接影响拉式零部件 j 的最优产量，但这并不意味拉式上游企业 j 的最优产量决策不受推式上游企业批发价格决策的影响，这是因为从随后的分析中可以看出，推式上游企业的批发价格将直接影响下游企业的订货量 q_I，从而间接地影响拉式上游企业的产量；④当下游企业的持股对拉式上游企业 j 的生产成本降低可以忽略不计时，拉式上游企业 j 对其他参与者的策略性反应与下游企业的持股比例无关(或利润分红无关)，这是因为，当其他参与者的决策都给定时，拉式上游企业 j 在最大化自己分红前的期望利润与最大化自己分红后的期望利润所做的决策是一致的(拉式上游企业 j 分红前的期望利润和分红后的期望利润之间存在的是一个常数倍关系)。通过对引理 6-1 进一步分析，可以得到引理 6-2。

引理 6-2 对于给定的批发价格 $\{w_i\}$，订货量 q_I、采购价格 $\{w_j\}$，所有拉式上游企业的最优产量都为

$$q_J^* = \min\left\{q_I, F^{-1}\left[1-\frac{c_j(\lambda_j)}{w_j}\right], m+1 \leqslant j \leqslant m+n\right\} \tag{6-12}$$

证明：由引理 6-1 可知，对于任意给定的其他拉式上游企业的产量 q_{Jj}，拉式上游企业 j 的产量不会超过 q_{Jj}。因此，理性的拉式上游企业必将生产同样数量的零部件。

另外，一方面，对于任意给定的其他拉式上游企业的产量 $q_{Jj} \in [0, q_J^*]$，由式(6-11)可知，拉式上游企业 j 都将生产 q_{Jj} 件零部件。这意味着区间 $[0, q_J^*]$ 上的产量都是拉式上游企业的均衡产量。结合拉式上游企业 j 分红后期望利润函数的单峰性(参见引理 6-1 的证明)可知在区间 $[0, q_J^*]$ 上，q_J^* 为帕累托最优点。另一方面，可以证明对于任意的产量 $q \in (q_J^*, +\infty)$ 都不是拉式上游企业的均衡产量，具体证明如下：不妨假定

$$\min\left\{F^{-1}\left[1-\frac{c_j(\lambda_j)}{w_j}\right], m+1 \leqslant j \leqslant m+n\right\} = F^{-1}\left[1-\frac{c_{j'}(\lambda_{j'})}{w_{j'}}\right]$$

其中，$m+1 \leqslant j' \leqslant m+n$。

由式(6-12)可知

$$q_J^* = \min\left\{q_I, F^{-1}\left[1-\frac{c_{j'}(\lambda_{j'})}{w_{j'}}\right]\right\}$$

当所有拉式上游企业都生产 $q > q_J^*$ 时，由式(6-11)可知，至少拉式上游企业 j' 可以从降低产量 $q > q_J^*$ 到 $q = q_J^*$ 的过程中获利。因此，任意的产量 $q > q_J^*$ 都不是拉式上游企业的均衡产量。综上两方面可以得到引理 6-2。证毕。

引理 6-2 给出了所有拉式上游企业的最优产量关于下游企业的订货量及下游企业的采购价格的反应函数。由引理 6-2 可知，下游企业若想提高拉式上游企业的产量，除了提高

自己从推式上游企业那订购的零部件数量，还要提高所有拉式上游企业的采购价格。这是因为，若下游企业在市场需求发生之前从推式上游企业那订购的零部件不是很多，即便给所有拉式上游企业承诺的采购价格都很高，拉式上游企业从拉式零部件和推式零部件之间的互补性角度考虑也不会生产很多。另外，若下游企业在市场需求之前从推式上游企业那订购的零部件很多，但为拉式上游企业提供的零部件采购价格不是很高，拉式上游企业也不会生产很多，这是因为，即便拉式零部件都能被推式零部件匹配，较低的采购价格意味着较低的零部件销售价格，面对较低零部件销售价格且承担零部件库存风险的拉式上游企业不会生产很多零部件。

直觉上，零部件之间的互补性应当会使下游企业从推式上游企业那订购的零部件数量等于拉式上游企业的零部件产量。即对于给定的推式零部件订货量 q_I，理性的下游企业将会设定零部件采购价格来引导所有拉式上游企业都生产 q_I 件拉式零部件。更进一步，由式(6-12)可知，下游企业将会设定拉式零部件采购价格使得 $F^{-1}\left[1-\dfrac{c_j(\lambda_j)}{w_j}\right]=q_I$，这一点将会由随后的引理 6-3 证实。接下来，对第二阶段中的下游企业采购价格决策及订货决策进行研究。

6.2.2　下游企业的采购价格决策和订货量决策

在第二阶段中，下游企业的决策问题是：在拉式上游企业的零部件产量满足式(6-12)的前提下，决策推式零部件的订货量 q_I 以及拉式零部件的采购价格 $\{w_j\}$ 使得自己分红后的期望利润最大。

将式(6-12)代入式(6-5)，可将下游企业分红后的期望利润函数改写为

$$\begin{aligned}\Pi_a=&\left[1-\sum_{j=m+1}^{m+n}(1-\lambda_j)w_j\right]E\left[\min(q_I,q_J^*,x)\right]-\sum_{i=1}^{m}\left[(1-\lambda_i)w_i+\lambda_i c_i(\lambda_i)\right]q_I\\&-\sum_{j=m+1}^{m+n}\lambda_j c_j(\lambda_j)q_J^*-\mu_I(\lambda_I)-\mu_J(\lambda_J)\end{aligned}\tag{6-13}$$

显然，下游企业面临的是一个关于 q_I 和 $\{w_i\}$ 的 $n+1$ 元优化问题，为了得到下游企业的最优采购价格决策和订货决策，本章以引理 6-3 的形式给出下游企业最优决策所需满足的一个必要条件。

引理 6-3　对于给定的的批发价格 $\{w_i\}$，理性的下游企业将会决策订货量 q_I 与采购价格 $\{w_j\}$ 使其满足

$$q_I=F^{-1}\left[1-\frac{c_{m+1}(\lambda_{m+1})}{w_{m+1}}\right]=F^{-1}\left[1-\frac{c_{m+2}(\lambda_{m+2})}{w_{m+2}}\right]=\cdots=F^{-1}\left[1-\frac{c_{m+n}(\lambda_{m+n})}{w_{m+n}}\right]\tag{6-14}$$

证明：

①首先证明对于任意给定的订货量 q_I，理性的下游企业将会决策 $\{w_j\}$ 使下式成立

$$F^{-1}\left[1-\frac{c_{m+1}\left(\lambda_{m+1}\right)}{w_{m+1}}\right]=F^{-1}\left[1-\frac{c_{m+2}\left(\lambda_{m+2}\right)}{w_{m+2}}\right]=\cdots=F^{-1}\left[1-\frac{c_{m+n}\left(\lambda_{m+n}\right)}{w_{m+n}}\right]$$

反证法，不妨假定下游企业所设定的采购价格$\{w_j\}$不满足上式，那么必然存在w_j和$w_{j'}$，$m+1\leqslant j\leqslant m+n$，$m+1\leqslant j'\leqslant m+n$，$j\neq j'$，使得

$$F^{-1}\left[1-\frac{c_j\left(\lambda_j\right)}{w_j}\right]>F^{-1}\left[1-\frac{c_{j'}\left(\lambda_{j'}\right)}{w_{j'}}\right]$$

结合式(6-12)和式(6-13)考察下游企业在降低采购价格w_j直到使得$F^{-1}\left[1-\frac{c_j\left(\lambda_j\right)}{w_j}\right]=F^{-1}\left[1-\frac{c_{j'}\left(\lambda_{j'}\right)}{w_{j'}}\right]$的过程中，下游企业分红后的期望利润$\Pi_a$的变化情况。一方面，由式(6-12)可知拉式上游企业的最优产量q_J^*在上述降价过程中不变；另一方面，$1-\sum_{j=m+1}^{m+n}\left(1-\lambda_j\right)w_j$在上述降价过程中增大。综合以上两方面，由式(6-13)可知，下游企业在上述降价过程中，自己分红后的期望利润将会增加。这意味着，下游企业设定的w_j和$w_{j'}$必然满足

$$F^{-1}\left[1-\frac{c_{m+1}\left(\lambda_{m+1}\right)}{w_{m+1}}\right]=F^{-1}\left[1-\frac{c_{m+2}\left(\lambda_{m+2}\right)}{w_{m+2}}\right]=\cdots=F^{-1}\left[1-\frac{c_{m+n}\left(\lambda_{m+n}\right)}{w_{m+n}}\right]$$

②基于①的分析可知：为了证明引理 6-3，只需证明下游企业的采购价格w_{m+1}和订货量q_I满足$q_I=F^{-1}\left[1-\frac{c_{m+1}\left(\lambda_{m+1}\right)}{w_{m+1}}\right]$即可。

一方面，当$q_I>F^{-1}\left[1-\frac{c_{m+1}\left(\lambda_{m+1}\right)}{w_{m+1}}\right]$时，由式(6-13)可知，下游企业分红后的期望利润函数为

$$\Pi_a=\left[1-\sum_{j=m+1}^{m+n}\frac{\left(1-\lambda_j\right)w_{m+1}c_j\left(\lambda_j\right)}{c_{m+1}\left(\lambda_{m+1}\right)}\right]E\left[\min\left\{F^{-1}\left[1-\frac{c_{m+1}\left(\lambda_{m+1}\right)}{w_{m+1}}\right],x\right\}\right]-\mu_I\left(\lambda_I\right)-\mu_J\left(\lambda_J\right)$$
$$-\sum_{i=1}^{m}\left[\left(1-\lambda_i\right)w_i+\lambda_i c_i\left(\lambda_i\right)\right]q_I-\sum_{j=m+1}^{m+n}\lambda_j c_j\left(\lambda_j\right)F^{-1}\left[1-\frac{c_{m+1}\left(\lambda_{m+1}\right)}{w_{m+1}}\right]$$

显然，由上式可知，下游企业在降低订货量q_I直到使得$q_I=F^{-1}\left[1-\frac{c_{m+1}\left(\lambda_{m+1}\right)}{w_{m+1}}\right]$的过程中，下游企业分红后的期望利润$\Pi_a$将会增加。

另一方面，当$F^{-1}\left[1-\frac{c_{m+1}\left(\lambda_{m+1}\right)}{w_{m+1}}\right]>q_I$时，由式(6-13)可知，下游企业分红后的期望利润函数为

$$\Pi_a=\left[1-\sum_{j=m+1}^{m+n}\frac{(1-\lambda_j)w_{m+1}c_j(\lambda_j)}{c_{m+1}(\lambda_{m+1})}\right]E\left[\min(q_I,x)\right]-\sum_{i=1}^{m}\left[(1-\lambda_i)w_i+\lambda_i c_i(\lambda_i)\right]q_I$$
$$-\sum_{j=m+1}^{m+n}\lambda_j c_j(\lambda_j)q_I-\mu_I(\lambda_I)-\mu_J(\lambda_J)$$

显然，由上式可知，下游企业在降低采购价格 w_{m+1} 直到使得 $F^{-1}\left[1-\frac{c_{m+1}(\lambda_{m+1})}{w_{m+1}}\right]=q_I$ 的过程中，下游企业分红后的期望利润 Π_a 将会增加。因此，下游企业将设定采购价格 w_{m+1} 和订货量 q_I 使它们满足 $q_I=F^{-1}\left[1-\frac{c_{m+1}(\lambda_{m+1})}{w_{m+1}}\right]$。综合①和②的分析，可以得到引理 6-3。

证毕。

引理 6-3 证实了之前的经济直觉：下游企业从零部件的互补性角度考虑，将会设定一组采购价格引导所有拉式上游企业都生产 q_I，即 $q_j=q_J^*=q_I$（参见引理 6-2 后面的分析）。引理 6-3 给出了下游企业最优决策的一个重要的必要条件。根据引理 6-3，可以将下游企业的 $n+1$ 元优化问题转化为一元优化问题。

将式(6-14)代入式(6-13)，可将下游企业分红后的期望利润函数转化为

$$\Pi_a=\left[1-\frac{\sum_{j=m+1}^{m+n}(1-\lambda_j)c_j(\lambda_j)}{1-F(q_I)}\right]\int_0^{q_I}\left[1-F(x)\right]\mathrm{d}x-\sum_{i=1}^{m}\left[(1-\lambda_i)w_i+\lambda_i c_i(\lambda_i)\right]q_I$$
$$-\sum_{j=m+1}^{m+n}\lambda_j c_j(\lambda_j)q_I-\mu_I(\lambda_I)-\mu_J(\lambda_J) \tag{6-15}$$

由式(6-15)可以得到引理 6-4。

引理 6-4 对于给定的批发价格 $\{w_i\}$，若 $h(q_I)$ 为 q_I 的单调递增函数，下游企业分红后的期望利润 Π_a 是其订货量 q_I 的单峰函数，最优订货量 q_I^* 由下式唯一确定

$$1-F(q_I^*)-\sum_{j=m+1}^{m+n}(1-\lambda_j)c_j(\lambda_j)h(q_I^*)=\sum_{i=1}^{m}(1-\lambda_i)w_i+\sum_{i=1}^{m}\lambda_i c_i(\lambda_i)+C_J(\lambda_J) \tag{6-16}$$

式中，$h(q_I)=\frac{f(q_I)\int_0^{q_I}\left[1-F(x)\right]\mathrm{d}x}{\left[1-F(q_I)\right]^2}$。

证明：由式(6-15)，对 Π_a 求 q_I 的一阶导数，经整理可以得到

$$\frac{\mathrm{d}\Pi_a}{\mathrm{d}q_I}=1-F(q_I)-\sum_{j=m+1}^{m+n}(1-\lambda_j)c_j(\lambda_j)h(q_I^*)-\sum_{i=1}^{m}(1-\lambda_i)w_i-\sum_{i=1}^{m}\lambda_i c_i(\lambda_i)-C_J(\lambda_J)$$

由于 $h(q_I)$ 为 q_I 的单调递增函数，则 $\frac{\mathrm{d}\Pi_a}{\mathrm{d}q_I}$ 为 q_I 的单调递减函数；另外，容易验证 $\lim_{q_I\to 0}\frac{\mathrm{d}\Pi_a}{\mathrm{d}q_I}=1-\sum_{i=1}^{m}(1-\lambda_i)w_i-\sum_{i=1}^{m}\lambda_i c_i(\lambda_i)-C_J(\lambda_J)>0$ 及 $\lim_{q_I\to+\infty}\frac{\mathrm{d}\Pi_a}{\mathrm{d}q_I}<0$。因此，在区间 $[0,+\infty)$ 上必然存在唯一的 q_I^* 使得：Π_a 在区间 $\left[0,q_I^*\right)$ 上为 q_I 的单调递增函数；在区间 $\left(q_I^*,+\infty\right)$ 上为 q_I

的单调递减函数。这意味着，Π_a 在区间 $[0,+\infty)$ 上为 q_I 的先增后减的单峰函数，令 $\dfrac{\mathrm{d}\Pi_a}{\mathrm{d}q_I}=0$，可以得到式(6-16)。证毕。

引理 6-4 中 $h(q_I)$ 为 q_I 的递增函数假设是一个很弱的假设，很多分布函数都满足该假设，具体可以参见第三章中定理 3-1 的相关说明或 Gerchak 和 Wang(2004)。

由引理 6-4 可知，当其他推式零部件的批发价格都给定时，推式零部件 i 的批发价格 w_i 和下游企业的订货量 q_I^* 之间存在一一对应的关系，具体为

$$w_i=\frac{1}{1-\lambda_i}\begin{bmatrix}1-F\left(q_I^*\right)-\sum\limits_{j=m+1}^{m+n}\left(1-\lambda_j\right)c_j\left(\lambda_j\right)h\left(q_I^*\right)\\-\sum\limits_{i=1}^{m}\lambda_i c_i\left(\lambda_i\right)-C_J\left(\lambda_J\right)-\sum\limits_{l=1,l\neq i}^{m}\left(1-\lambda_l\right)w_l\end{bmatrix}\tag{6-17}$$

由式(6-17)可知，在推拉混合式组装供应链中，推式上游企业和拉式上游企业之间是如何相互作用的：一方面，当拉式上游企业的零部件生产成本给定时，任一推式上游企业的批发价格增加都会导致下游企业的订货量减少，进而引导下游企业设定相对较低的采购价格让所有拉式上游企业在市场需求发生之前储备相对较少的零部件(推式上游企业作用拉式上游企业)；另一方面，当推式上游企业的批发价格给定时，下游企业从推式上游企业那的订货量随着任一拉式上游企业生产成本的增加而减小(拉式上游企业作用推式上游企业)。因此，推式上游企业在进行批发价格决策时，需要将拉式上游企业的生产成本纳入考虑。

6.2.3　推式上游企业的批发价格决策

在第一阶段中，多个推式上游企业的决策问题是：在下游企业的采购价格与订货量满足式(6-14)、下游企业的订货量与零部件的批发价格满足式(6-16)的前提下，通过完全信息静态博弈确定各自的最优批发价格。另外，由于在给定其他推式上游企业的零部件批发价格时，推式上游企业 i 的零部件批发价格 w_i 和下游企业的订货量 q_I^* 之间存在一一对应关系，因此推式上游企业 i 通过决策一个 w_i 使得自己分红后的期望利润最大，等价于决策一个相应的 q_I^* 使得自己分红后的期望利润最大(上游企业 i 通过决策 w_i 引导下游企业决策相应的 q_I^* 使得上游企业 i 分红后的期望利润最大)。这意味着，上游企业 i 对 w_i 的决策可以间接地转换为对 q_I^* 的决策。这种决策转换不会影响问题的本质，只是为了方便分析上游企业 i 分红后的期望利润的函数性质，类似的决策转换可参见第二章或第四章。

将式(6-16)中的 q_I^* 以及式(6-17)中的 w_i 代入式(6-4)，可以将上游企业 i 分红后的期望利润函数改写为

$$\Pi_i=\left\{\begin{matrix}1-F\left(q_I^*\right)-\sum\limits_{j=m+1}^{m+n}\left(1-\lambda_j\right)c_j\left(\lambda_j\right)h\left(q_I^*\right)-C_J\left(\lambda_J\right)\\-c_i\left(\lambda_i\right)-\sum\limits_{l=1,l\neq i}^{m}\left[\left(1-\lambda_l\right)w_l+\lambda_l c_l\left(\lambda_l\right)\right]\end{matrix}\right\}q_I^*\tag{6-18}$$

（1）引理 6-5

通过对式(6-18)进行分析，可以得到引理 6-5。

引理 6-5　对于给定的其他零部件批发价格$\{w_l,1\leqslant l\leqslant m,l\neq i\}$，若① $h\left(q_I^*\right)$为q_I^*的单调递增函数，② $g\left(q_I^*\right)$为q_I^*的单调递增函数，③ $\frac{q_I^*}{f\left(q_I^*\right)}\frac{\mathrm{d}f\left(q_I^*\right)}{\mathrm{d}q_I^*}+2g\left(q_I^*\right)$为$q_I^*$的单调递增函数，那么上游企业$i$分红后的期望利润$\Pi_i$是下游企业订货量$q_I^*$先增后减的单峰函数，其中$g\left(q_I^*\right)=\frac{f\left(q_I^*\right)q_I^*}{1-F\left(q_I^*\right)}$。

证明：由式(6-18)，对Π_i求q_I^*的一阶导数，经整理可以得到

$$\begin{aligned}\frac{\mathrm{d}\Pi_i}{\mathrm{d}q_I^*}=&\left[1-F\left(q_I^*\right)\right]\left[1-g\left(q_I^*\right)\right]-C_J\left(\lambda_J\right)-c_i\left(\lambda_i\right)-\sum_{l=1,l\neq i}^{m}\left[\left(1-\lambda_l\right)w_l+\lambda_l c_l\left(\lambda_l\right)\right]\\&-\sum_{j=m+1}^{m+n}\left(1-\lambda_j\right)c_j\left(\lambda_j\right)\left\{g\left(q_I^*\right)+h\left(q_I^*\right)\left[1+\frac{q_I^*}{f\left(q_I^*\right)}\frac{\mathrm{d}f\left(q_I^*\right)}{\mathrm{d}q_I^*}+2g\left(q_I^*\right)\right]\right\}\end{aligned}$$

结合$g\left(q_I^*\right)$是q_I^*的单调递增函数的性质，分两种情形来考察Π_i关于q_I^*的函数性质。情形一是指存在$\hat{q}$使得$g\left(\hat{q}\right)=1$，情形二是指不存在$\hat{q}$使得$g\left(\hat{q}\right)=1$。

1）情形一：由于$g\left(q_I^*\right)$是q_I^*的单调递增函数，因此，当$q_I^*\in\left[0,\hat{q}\right)$时，$g\left(q_I^*\right)<1$；当$q_I^*\in\left[\hat{q},+\infty\right)$时，$g\left(q_I^*\right)\geqslant 1$。一方面，结合$h\left(q_I^*\right)$及$\frac{q_I^*}{f\left(q_I^*\right)}\frac{\mathrm{d}f\left(q_I^*\right)}{\mathrm{d}q_I^*}+2g\left(q_I^*\right)$都为$q_I^*$的单调递增函数可知：当$q_I^*\in\left[0,\hat{q}\right)$时，$\frac{\mathrm{d}\Pi_i}{\mathrm{d}q_I^*}$为$q_I^*$的单调递减函数，并且容易验证$\lim\limits_{q_I^*\to+0}\frac{\mathrm{d}\Pi_i}{\mathrm{d}q_I^*}=1-C_J\left(\lambda_J\right)-c_i\left(\lambda_i\right)-\sum\limits_{l=1,l\neq i}^{m}\left[\left(1-\lambda_l\right)w_l+\lambda_l c_l\left(\lambda_l\right)\right]>1-C_J\left(\lambda_J\right)-\sum\limits_{i=1}^{m}w_i>0$及$\lim\limits_{q_I^*\to\hat{q}}\frac{\mathrm{d}\Pi_i}{\mathrm{d}q_I^*}<0$。这意味着在区间$\left[0,\hat{q}\right)$上，存在唯一的点使得$\frac{\mathrm{d}\Pi_i}{\mathrm{d}q_I^*}=0$，记该点为$q_{Ii}^*$，且在区间$\left[0,q_{Ii}^*\right)$上，$\frac{\mathrm{d}\Pi_i}{\mathrm{d}q_I^*}>0$；在区间$\left(q_{Ii}^*,\hat{q}\right)$上，$\frac{\mathrm{d}\Pi_i}{\mathrm{d}q_I^*}<0$。另一方面，当$q_I^*\in\left[\hat{q},+\infty\right)$时，$g\left(q_I^*\right)\geqslant 1$，这意味着在区间$\left[\hat{q},+\infty\right)$上，$\frac{\mathrm{d}\Pi_i}{\mathrm{d}q_I^*}<0$。综上两方面可知：在区间$\left[0,q_{Ii}^*\right)$上$\frac{\mathrm{d}\Pi_i}{\mathrm{d}q_I^*}>0$，在区间$\left(q_{Ii}^*,+\infty\right)$上$\frac{\mathrm{d}\Pi_i}{\mathrm{d}q_I^*}<0$，即$\Pi_i$是$q_I^*$的先增后减的单峰函数。

2）情形二：由于$g\left(q_I^*\right)$是q_I^*的单调递增函数，若不存在$\hat{q}$使得$g\left(\hat{q}\right)=1$，那么对于任意$q_I^*\geqslant 0$都有$g\left(q_I^*\right)<1$成立。因此，在区间$[0,+\infty)$上，$\frac{\mathrm{d}\Pi_i}{\mathrm{d}q_I^*}$是$q_I^*$的单调递减函数。另外，由$\frac{\mathrm{d}\Pi_i}{\mathrm{d}q_I^*}$的表达式容易验证$\lim\limits_{q_I^*\to 0}\frac{\mathrm{d}\Pi_i}{\mathrm{d}q_I^*}>0$及$\lim\limits_{q_I^*\to+\infty}\frac{\mathrm{d}\Pi_i}{\mathrm{d}q_I^*}<0$。这意味着在区间$[0,+\infty)$上也存在唯

一的 q_{Ii}^*，使得：当 $q_I^* \in \left[0, q_{Ii}^*\right)$ 时，$\dfrac{\mathrm{d}\Pi_i}{\mathrm{d}q_I^*} > 0$；当 $q_I^* \in \left(q_{Ii}^*, +\infty\right)$ 时，$\dfrac{\mathrm{d}\Pi_i}{\mathrm{d}q_I^*} < 0$，即 Π_i 仍然是 q_I^* 的先增后减的单峰函数。综合以上两种情形的分析可以得到引理 6-5。证毕。

这里需要指出的是，引理 6-5 的成立对需求分布的性质要求不是很强，这是因为：一方面，常见的均匀分布、指数分布等都满足引理 6-5 中的①和②(可分别参见引理 2-1 和定理 3-1 关于需求分布的分析)；另一方面，容易验证当市场需求为区间 $\left[A_1, A_2\right]$ 上的均匀分布时，

$$\frac{q_I^*}{f\left(q_I^*\right)} \frac{\mathrm{d}f\left(q_I^*\right)}{\mathrm{d}q_I^*} + 2g\left(q_I^*\right) = \frac{2q_I^*}{A_2 - q_I^*}$$

当市场需求服从均值为 $\dfrac{1}{A_3}$ 的指数分布时，

$$\frac{q_I^*}{f\left(q_I^*\right)} \frac{\mathrm{d}f\left(q_I^*\right)}{\mathrm{d}q_I^*} + 2g\left(q_I^*\right) = A_3 q_I^*$$

即均匀分布和指数分布也都满足引理 6-5 中的③。因此，至少均匀分布和指数分布可以使得引理 6-5 中的①、②和③同时成立。当然也可以验证其他一些常见的分布能同时满足引理 6-5 中的①、②和③，但由于验证过程相对较为复杂，在此不再赘述。

由于当其他推式上游企业的零部件批发价格 $\left\{w_l, 1 \leqslant l \leqslant m, l \neq i\right\}$ 都给定时，下游企业的订货量 q_I^* 是上游企业 i 的零部件批发价格 w_i 的单调递减函数。因此，引理 6-5 隐含地表明：给定其他推式上游企业的零部件批发价格，上游企业 i 分红后的期望利润也是自己零部件批发价格先增后减的单峰函数。另外，结合纳什均衡的存在性定理(张维迎，1996)及先增后减的单峰函数必然是拟凹函数的结论(郭文革和陈珽，1998)可知，推式上游企业间关于零部件批发价格的完全信息静态博弈必然存在纯策略纳什均衡解，具体均衡解可由 m 个推式上游企业的一阶条件等式 $\dfrac{\mathrm{d}\Pi_i}{\mathrm{d}w_i} = 0$，且 $i = 1, 2, \cdots, m$ 构成的方程组刻画。

(2) 定理 6-1

定理 6-1 在下游企业持股上游企业的推拉混合式组装供应链中，有

①推式零部件的最优批发价格决策为

$$w_i^* = c_i\left(\lambda_i\right) + \frac{1}{1-\lambda_i}\left\{\begin{gathered} q^* f\left(q^*\right) + \left[\sum_{j=m+1}^{m+n}\left(1-\lambda_j\right)c_j\left(\lambda_j\right)\right] \\ \times\left[g\left(q^*\right) + h\left(q^*\right) \times \left(\frac{q^*}{f\left(q^*\right)} \frac{\mathrm{d}f\left(q^*\right)}{\mathrm{d}q^*} + 2g\left(q^*\right)\right)\right] \end{gathered}\right\} \tag{6-19}$$

②供应链系统的最优产量决策由式(6-20)唯一确定

$$\gamma\left(q^*\right) = 0 \tag{6-20}$$

其中，

$$\gamma(q)=m\left\{g(q)+h(q)\times\left[\frac{q}{f(q)}\frac{\mathrm{d}f(q)}{\mathrm{d}q}+2g(q)\right]\right\}\sum_{j=m+1}^{m+n}\left(1-\lambda_j\right)c_j\left(\lambda_j\right)+C_I\left(\lambda_I\right)$$
$$+C_J\left(\lambda_J\right)+h(q)\sum_{j=m+1}^{m+n}\left(1-\lambda_j\right)c_j\left(\lambda_j\right)-\left[1-F(q)\right]\left[1-mg(q)\right]$$

③拉式零部件的最优采购价格决策为

$$w_j^*=\frac{c_j\left(\lambda_j\right)}{1-F\left(q^*\right)} \tag{6-21}$$

证明：

①将式(6-16)代入式(6-4)，并对Π_i求w_i的一阶导数，可以得到

$$\frac{\mathrm{d}\Pi_i}{\mathrm{d}w_i}=\left(1-\lambda_i\right)\left\{q_I^*+\left[w_i-c_i\left(\lambda_i\right)\right]\frac{\mathrm{d}q_I^*}{\mathrm{d}w_i}\right\}$$

由式(6-16)，对q_I^*求w_i的一阶导数，经整理可以得到

$$\frac{\mathrm{d}q_I^*}{\mathrm{d}w_i}=\frac{-\left(1-\lambda_i\right)}{f\left(q_I^*\right)+\left[\frac{g\left(q_I^*\right)}{q_I^*}+\frac{h\left(q_I^*\right)}{f\left(q_I^*\right)}\frac{\mathrm{d}f\left(q_I^*\right)}{\mathrm{d}q_I^*}+\frac{2g\left(q_I^*\right)h\left(q_I^*\right)}{q_I^*}\right]\times\sum_{j=m+1}^{m+n}\left(1-\lambda_j\right)c_j\left(\lambda_j\right)}$$

将$\frac{\mathrm{d}q_I^*}{\mathrm{d}w_i}$代入$\frac{\mathrm{d}\Pi_i}{\mathrm{d}w_i}$，并令$\frac{\mathrm{d}\Pi_i}{\mathrm{d}w_i}=0$，可以求解得到式(6-19)。

②一方面，由式(6-19)可知

$$\left(1-\lambda_i\right)\left[w_i^*-c_i\left(\lambda_i\right)\right]=qf\left(q^*\right)+\left\{g\left(q^*\right)+h\left(q^*\right)\times\left[\frac{q^*}{f\left(q^*\right)}\frac{\mathrm{d}f\left(q^*\right)}{\mathrm{d}q^*}+2g\left(q^*\right)\right]\right\}$$
$$\times\sum_{j=m+1}^{m+n}\left(1-\lambda_j\right)c_j\left(\lambda_j\right)$$

则有下式成立

$$\sum_{i=1}^{m}\left(1-\lambda_i\right)\left[w_i^*-c_i\left(\lambda_i\right)\right]=mqf\left(q^*\right)+m\left\{g\left(q^*\right)+h\left(q^*\right)\times\left[\frac{q^*}{f\left(q^*\right)}\frac{\mathrm{d}f\left(q^*\right)}{\mathrm{d}q^*}+2g\left(q^*\right)\right]\right\}$$
$$\times\sum_{j=m+1}^{m+n}\left(1-\lambda_j\right)c_j\left(\lambda_j\right)$$

另一方面，由式(6-16)可知零部件的最优批发价格w_i^*和产量q^*必然满足下式

$$\sum_{i=1}^{m}\left(1-\lambda_i\right)\left[w_i^*-c_i\left(\lambda_i\right)\right]=1-F\left(q^*\right)-\sum_{j=m+1}^{m+n}\left(1-\lambda_j\right)c_j\left(\lambda_j\right)h\left(q^*\right)-C_I\left(\lambda_I\right)-C_J\left(\lambda_J\right)$$

对比以上两个等式，不难发现两个等式的右边相等，经整理可以得到式(6-20)。

③将式(6-20)代入式(6-14)，可以得到式(6-21)。证毕。

这里有必要对式(6-20)所确定的q^*的存在性和唯一性进行说明。结合$g(q)$为q的单调递增函数性质，考虑以下两种情形：情形一是指在区间$[0,+\infty)$上存在$\tilde{q}$使得$mg(\tilde{q})=1$，这意味着，在区间$[0,\tilde{q})$上，有$mg(q)<1$成立；在区间$(\tilde{q},+\infty)$上，有$mg(q)>1$成立。因

此，$\gamma(q)$ 在区间 $[0,\tilde{q}]$ 上是 q 的单调递增函数，并且在区间 $(\tilde{q},+\infty)$ 上有 $\gamma(q)>0$ 成立。另外，容易验证 $\lim\limits_{q\to 0}\gamma(q)=C_I(\lambda_I)+C_J(\lambda_J)-1<0$ 及 $\lim\limits_{q\to\tilde{q}}\gamma(q)>0$，则 q^* 的存在唯一性可以得到保证。情形二是指在区间 $[0,+\infty)$ 不存在 $\tilde{q}$ 使得 $mg(\tilde{q})=1$，这意味着，在区间 $[0,+\infty)$ 上都有 $mg(q)<1$ 成立，则 $\gamma(q)$ 在区间 $[0,+\infty)$ 上总是 q 的单调递增函数。另外，容易验证 $\lim\limits_{q\to 0}\gamma(q)=C_I(\lambda_I)+C_J(\lambda_J)-1<0$ 及 $\lim\limits_{q\to+\infty}\gamma(q)>0$，则 q^* 的存在唯一性也可以得到保证。

定理 6-1 给出了，下游企业持股上游企业以后，推拉混合式组装供应链中各参与者的最优运作决策。定理 6-1 是对定理 4-1 及定理 5-1 的支持与拓展。特别的：①当 $n=0$ 以及 $C_J(\lambda_J)=0$ 时，推拉混合式组装供应链将退化为推式组装供应链。由式(6-19)和式(6-20)可知，零部件的最优批发价格决策为 $w_i^*=\dfrac{q^*f(q^*)}{1-\lambda_i}+c_i(\lambda_i)$，供应链系统的最优产量决策由 $[1-F(q^*)][1-mg(q^*)]=C_I(\lambda_I)$ 唯一确定。显然，此时各参与者的最优决策与推式组装供应链中各参与者的最优决策是一致的(参见定理 4-1)。②当 $m=0$ 及 $C_I(\lambda_I)=0$ 时，推拉混合式组装供应链将退化为拉式组装供应链。由式(6-20)和式(6-21)可知，推拉混合式组装供应链系统的最优产量决策由 $1-F(q^*)-h(q^*)\sum\limits_{j=1}^{n}(1-\lambda_j)c_j(\lambda_j)=C_J(\lambda_J)$ 唯一确定，下游企业的最优零部件采购价格决策为 $w_j^*=\dfrac{c_j(\lambda_j)}{1-F(q^*)}$。显然，此时各参与者的最优决策与拉式组装供应链中各参与者的最优决策是一致的(参见定理 5-1)。

(3) 推论 6-1

由式(6-8)、式(6-16)和式(6-20)可以得到推论 6-1。

推论 6-1 在下游企业持股上游企业的推拉混合式组装供应链中，供应链系统的最优产量 q^* 低于集中化决策下的最优产量 q_c^*。

证明：反证法，不妨假定分散化决策下的最优产量 q^* 大于或等于集中化决策下的最优产量 q_c^*。一方面，由 $q^*\geqslant q_c^*$ 可知

$$1-F(q_c^*)\geqslant 1-F(q^*)>1-F(q^*)-\sum_{j=m+1}^{m+n}(1-\lambda_j)c_j(\lambda_j)h(q^*)-\sum_{i=1}^{m}(1-\lambda_i)[w_i^*-c_i(\lambda_i)]$$

另一方面，由式(6-8)、式(6-16)及式(6-20)可知

$$1-F(q_c^*)=C_I(\lambda_I)+C_J(\lambda_J)=1-F(q^*)-\sum_{j=m+1}^{m+n}(1-\lambda_j)c_j(\lambda_j)h(q^*)-\sum_{i=1}^{m}(1-\lambda_i)[w_i^*-c_i(\lambda_i)]$$

显然，以上两式矛盾。因此，必然有 $q^*<q_c^*$ 成立。证毕。

推论 6-1 表明，即便下游企业通过股权投资与上游企业建立战略联盟以后，分散化决策下的供应链系统最优产量仍达不到集中化决策下的供应链系统最优产量，这种产量偏离将会对供应链系统的期望利润造成损失(供应链系统的期望利润是产量的凹函数并在 q_c^* 处达到最大，参见 6.1.2 节的分析)。事实上，无论是推式上游企业还是拉式上游企业，即便他们被下游企业(非控股性)持股了，也不会以成本价为下游企业提供零部件。这意味着，

在推拉混合式组装供应链中，双重边际效应不仅存在于推式上游企业和下游企业之间，而且存在于拉式上游企业和下游企业之间。因此，有必要对推拉混合式组装供应链的协调机制进行相应的研究，这一点将在随后 6.3 节中展开分析。

(4) 两个推论

通过对式(6-20)进行进一步的分析可以得到以下两个推论。

1) **推论** 6-2　在下游企业持股上游企业的推拉混合式组装供应链中，供应链系统的最优产量 q^* 随着下游企业对任一上游企业的持股比例 λ_k 增加而增加，$k=1,2,\cdots,m+n$。

证明：由 $c_k(\lambda_k)$ 是 λ_k 的单调递减函数(即上游企业的生产成本随着下游企业的持股比例增加而增加)及 $g(q)$、$h(q)$、$\frac{q}{f(q)}\frac{\mathrm{d}f(q)}{\mathrm{d}q}+2g(q)$ 都是 q 的单调递增函数可知，式(6-20)的左边随着任一 λ_k 增加而减小，随着 q^* 增加而增加。因此，当 λ_k 增加时，要使式(6-20)的左边和右边相等，q^* 必然会增加。证毕。

推论 6-2 表明，无论是下游企业对推式上游企业的持股，还是下游企业对拉式上游企业的持股都会增加供应链系统的产量。从接下来的分析可以看出，供应链系统产量受下游企业对推式上游企业的持股影响和受下游企业对拉式上游企业的持股影响是有差异的。类似于推论 4-2 及推论 5-1 的分析，在推拉混合式组装供应链中，考察下游企业持股对供应链系统产量的影响时，分别考察持股导致的“利润分红”和“成本降低”两个因素对供应链系统产量的影响。在考察其中一个因素的影响时，假定另一个因素的影响忽略不计。

①“利润分红”因素对推拉混合式组装供应链系统产量的影响分析。此时“成本降低”因素的影响忽略不计，即 $c_i(\lambda_i)=c_i$ 及 $c_j(\lambda_j)=c_j$。根据式(6-20)可知，供应链系统的最优产量决策将由 $\gamma_a(q^*)=0$ 唯一确定，其中

$$\gamma_a(q)=m\left\{g(q)+h(q)\times\left[\frac{q}{f(q)}\frac{\mathrm{d}f(q)}{\mathrm{d}q}+2g(q)\right]\right\}\sum_{j=m+1}^{m+n}(1-\lambda_j)c_j+C_I+C_J$$
$$+h(q)\sum_{j=m+1}^{m+n}(1-\lambda_j)c_j-\left[1-F(q)\right]\left[1-mg(q)\right]$$

由上式可知：供应链系统的最优产量随着下游企业对拉式上游企业的利润分红比例 λ_j 增加而增加，但不受下游企业对推式上游企业的利润分红比例 λ_i 影响。

事实上，当下游企业对推式上游企业进行利润分红时，强势的推式上游企业拥有自己零部件的定价权，会提高自己零部件的批发价格。此时，一方面，“利润分红”因素导致的较高批发价格对下游企业的订货量有“消极影响”；另一方面，“利润分红”因素增加了下游企业的收益，下游企业获得一单位收益所承担的相对采购成本得到了降低，因此“利润分红”因素对下游企业的订货量也有“积极影响”。在均衡的时候，上述“消极影响”与“积极影响”相互抵消，其导致的结果是，下游企业对推式零部件的最优订货量不受“利润分红”因素影响。当然，下游企业对推式上游企业的利润分红也不会影响下游企业如何设定采购价格来引导拉式上游企业生产，即各拉式上游企业的最优产量也不受下游企业对推式上游企业的利润分红影响。

另外，在拉式上游企业和下游企业的交易中，拉式上游企业处于弱势地位，对于下游企业给定的采购价格，拉式上游企业在最大化自己分红前的期望利润与分红后的期望利润所做的决策是一致的(参见引理 6-1 后面的分析)，即下游企业对拉式上游企业的利润分红不会影响拉式上游企业的策略性反应。这意味着，对于给定的零部件采购价格(采购成本)，下游企业对拉式上游企业的利润分红将会增加下游企业的收益，从而降低了相对采购成本。因此，下游企业从自身收益最大化角度考虑，会设定一个相对较高的采购价格来引导拉式上游企业生产更多的零部件。另外，从零部件的互补性角度考虑，下游企业也会从推式上游企业那订购更多的零部件。因此，随下游企业对任一拉式上游企业的利润分红比例增加，推式零部件订货量以及拉式零部件产量都将增加。

②“成本降低”因素对推拉混合式组装供应链系统产量的影响分析。此时“利润分红”因素的影响忽略不计，由式(6-20)可知，供应链系统的最优产量决策将由 $\gamma_b\left(q^*\right)=0$ 唯一确定，其中

$$\gamma_b(q)=m\left\{g(q)+h(q)\times\left[\frac{q}{f(q)}\frac{\mathrm{d}f(q)}{\mathrm{d}q}+2g(q)\right]\right\}C_J\left(\lambda_J\right)+C_I\left(\lambda_I\right)+C_J\left(\lambda_J\right)$$
$$+h(q)C_J\left(\lambda_J\right)-\left[1-F(q)\right]\left[1-mg(q)\right]$$

由上式可知：无论是推式零部件的生产成本降低，还是拉式零部件的生产成本降低，都会增加供应链系统的最优产量。事实上，无论是推式零部件的生产成本降低，还是拉式零部件的生产成本降低，整个供应链系统的生产总成本都会得到降低。较低的生产总成本意味着较高的供应链运作效率，较高的运作效率将会导致更高的产量。

综合上述①和②分析可知，推拉混合式组装供应链系统的最优产量与下游企业对拉式上游企业的利润分红、推式零部件的成本降低、拉式零部件的成本降低都是正相关的，其与下游企业对推式上游企业的利润分红无关。另外，由于下游企业持股对供应链系统产量的影响可以看成“利润分红”及“成本降低”两个因素的综合影响，因此，供应链系统产量受下游企业对推式上游企业的持股影响和受下游企业对拉式上游企业的持股影响在本质上是不同的。

推论 6-1 和推论 6-2 表明，下游企业持股上游企业以后，推拉混合式组装供应链系统产量将会增加，但低于系统最大期望利润所对应的产量。结合系统期望利润的凹性及“利润分红”和“成本降低”因素对系统产量的影响可知：①下游企业对推式上游企业及拉式上游企业的持股所导致的“成本降低”因素都可以为供应链系统创造价值；②下游企业对推式上游企业持股所导致的“利润分红”因素不能为供应链系统创造价值，但对拉式上游企业持股所导致的“利润分红”因素可以为供应链系统创造价值。

2) **推论 6-3** 在下游企业持股上游企业的推拉混合式组装供应链中，供应链系统的最优产量 q^* 随着推式零部件的生产成本比例 α 增加而增加。

证明：由式(6-20)可知，当所有零部件的生产总成本 $C_I\left(\lambda_I\right)+C_J\left(\lambda_J\right)$ 给定时，任一拉式零部件生产成本 $c_j\left(\lambda_j\right)$ 的减小［或任一推式零部件生产成本 $c_i\left(\lambda_i\right)$ 的增加，或推式零部件的生产成本比例 α 的增加］，供应链系统的最优产量 q^* 将增加，即 $\dfrac{\mathrm{d}q^*}{\mathrm{d}\alpha}>0$。证毕。

推论6-3给出了推拉混合式组装供应链中零部件的生产成本分布对供应链系统最优产量的影响，并指出对于给定的零部件生产总成本，供应链系统的最优产量随着推式零部件生产总成本 $C_I(\lambda_I)$ 占所有零部件生产总成本 $C_I(\lambda_I)+C_J(\lambda_J)$ 的比例 α 增加而增加。事实上，当所有零部件的生产总成本 $C_I(\lambda_I)+C_J(\lambda_J)$ 给定时，α 增加意味着推式零部件生产总成本 $C_I(\lambda_I)$ 增大，拉式零部件生产总成本 $C_J(\lambda_J)$ 减小。因此，推论 6-3 揭示了如下重要管理启示：拉式零部件生产总成本的减小（系统运作效率将会得到提升）给供应链系统带来的“好处”要占优于推式零部件生产总成本的增加（系统运作效率将会得到降低）给供应链系统带来的“坏处”。

推论 6-3 与第四章、第五章得到的相关结论不同（在推式组装供应链或拉式组装供应链中，当下游企业没有持股上游企业时，供应链系统的最优产量不受零部件生产总成本在上游企业之间的分布影响，参见推论 4-2 和推论 5-2）。导致这种差异的主要原因是：推拉混合式组装供应链中的下游企业比一部分上游企业（拉式上游企业）强势，比另一部分上游企业（推式上游企业）弱势；而推式组装供应链或拉式组装供应链中的下游企业要么比所有上游企业弱势，要么比所有上游企业强势。

推论 6-3 是对 Guan 等（2015）中相关结论的支持和拓展。Guan 等（2015）没有考虑下游企业对上游企业的持股，并指出在推拉混合式组装供应链中，当推式零部件和拉式零部件的生产总成本一定时，推式零部件的生产成本比例越高（或拉式零部件的生产成本比例越低），供应链系统的最优产量也越高。推论 6-3 表明，即便是在下游企业持股上游企业的推拉混合式组装供应链中，该结论仍然成立。

将式（6-19）、式（6-20）及式（6-21）分别代入式（6-4）、式（6-5）及式（6-6），可以得到，分散化决策下，推拉混合式组装供应链中，推式上游企业 i 、下游企业及拉式上游企业 j 分红后的最优期望利润分别为

$$\Pi_i^* = \left(q^*\right)^2 f\left(q^*\right) + q^* \left\{ \begin{array}{l} g\left(q^*\right) + h\left(q^*\right) \\ \times \left[\dfrac{q^*}{f\left(q^*\right)} \dfrac{\mathrm{d}f\left(q^*\right)}{\mathrm{d}q^*} + 2g\left(q^*\right) \right] \end{array} \right\} \sum_{j=m+1}^{m+n} \left(1-\lambda_j\right) c_j\left(\lambda_j\right) \tag{6-22}$$

$$\begin{aligned} \Pi_a^* = & \left[1 - \frac{\sum\limits_{j=m+1}^{m+n} \left(1-\lambda_j\right) c_j\left(\lambda_j\right)}{1-F\left(q^*\right)} \right] \int_0^{q^*} \left[1-F(x)\right] \mathrm{d}x - \sum_{j=m+1}^{m+n} \lambda_j c_j\left(\lambda_j\right) q^* - m\left(q^*\right)^2 f\left(q^*\right) \\ & - mq^* \left\{ g\left(q^*\right) + h\left(q^*\right) \times \left[\frac{q^*}{f\left(q^*\right)} \frac{\mathrm{d}f\left(q^*\right)}{\mathrm{d}q^*} + 2g\left(q^*\right) \right] \right\} \sum_{j=m+1}^{m+n} \left(1-\lambda_j\right) c_j\left(\lambda_j\right) \\ & - C_I\left(\lambda_I\right) q^* - \mu_I\left(\lambda_I\right) - \mu_J\left(\lambda_J\right) \end{aligned} \tag{6-23}$$

$$\Pi_j^* = \frac{\left(1-\lambda_j\right) c_j\left(\lambda_j\right) \left[q^* F\left(q^*\right) - \int_0^{q^*} F(x) \mathrm{d}x \right]}{1-F\left(q^*\right)} \tag{6-24}$$

（5）另外两个推论

由式(6-22)、式(6-23)以及式(6-24)可以得到以下两个推论。

1)**推论** 6-4 在下游企业持股上游企业的推拉混合式组装供应链中：①各推式上游企业分红后的最优期望利润相等；②各拉式上游企业分红后的最优期望利润呈现一定的比例关系。

证明：由式(6-22)可知$\Pi_i^* - \Pi_{i'}^* = 0$，其中i、$i'=1,2,\cdots,m$，$i \neq i'$；另外，由式(6-24)可知$\dfrac{\Pi_j^*}{\Pi_{j'}^*} = \dfrac{(1-\lambda_j)c_j(\lambda_j)}{(1-\lambda_{j'})c_{j'}(\lambda_{j'})}$，且$j$、$j'=m+1,m+2,\cdots,m+n$。证毕。

推论 6-4 的前半部分和后半部分，分别给出了推拉混合式组装供应链中，推式上游企业最终期望利润之间的关系及拉式上游企业最终期望利润之间的关系。推论 6-4 是对推论 4-3 以及推论 5-4 的支持和拓展。推论 4-3 指出，在推式组装供应链中，由于上游企业较下游企业强势，在均衡状态时，上游企业将会提高零部件的批发价格抵消下游企业利润分红带来的“不利”，这导致的结果是，下游企业的利润分红对各上游企业的最终期望利润没有影响，各上游企业的最终期望利润仍然相等。推论 5-4 指出，在拉式组装供应链中，由于下游企业较上游企业强势，上游企业不拥有零部件的定价权，下游企业对某个上游企业的持股比例越高，被持股上游企业获得的最终期望利润就相对越少。推论 6-4 表明，在推拉混合式组装供应链中，类似的结论同样成立。

2)**推论** 6-5 在下游企业持股上游企业的推拉混合式组装供应链中，随着下游企业对任一推式上游企业的持股比例增加，所有上游企业(包括拉式上游企业)分红后的最优期望利润也将增加。

证明：由式(6-22)可证明$\dfrac{d\Pi_i^*}{d\lambda_{i'}} \geqslant 0$，$i=1,2,\cdots,m$，且$i'=1,2,\cdots,m$；由式(6-24)可证明$\dfrac{d\Pi_j^*}{d\lambda_{i'}} \geqslant 0$，$j=m+1,m+2,\cdots,m+n$，且$i'=1,2,\cdots,m$(推论 6-5 的证明过程与推论 4-3 的证明过程类似，在此不再赘述)。证毕。

推论 6-5 不难理解，这是因为，下游企业对各推式上游企业的持股对所有上游企业(包括拉式上游企业)最终期望利润的影响，是通过推式上游企业的生产成本降低及下游企业对推式上游企业的利润分红两个因素共同决定的。一方面，由于推式上游企业较下游企业强势，推式上游企业可以通过提高自己零部件的批发价格，消除下游企业利润分红带来的不利影响，这导致的均衡结果是，下游企业对推式上游企业的利润分红对下游企业的订货决策、采购价格决策都没有影响，当然也不会影响拉式上游企业的生产决策，最终各参与者的最终期望利润都不受下游企业对推式上游企业的利润分红因素影响。另一方面，任一推式上游企业的生产成本降低将都会提高供应链系统的运作效率，作为供应链节点的企业都将从中获利。综上不难得知，所有上游企业都将从下游企业对任一推式上游企业的持股中获利。

另外，对于下游企业而言，由于下游企业对推式上游企业的利润分红造成的影响被推式上游企业的零部件加价造成的影响抵消，因此，只有当下游企业从推式上游企业的生产成本降低中获得的“好处”占优于持股成本时，下游企业才会对推式上游企业进行持股。

此外，由于在下游企业持股上游企业的推拉混合式组装供应链中，所有参与者的最终期望利润都是通过隐函数的形式给出的［都与式(6-24)中的q^*有关］，这使得很难通过理论分析，得到下游企业对拉式上游企业的持股对所有参与者最终期望利润的影响，这一点本章将通过数值分析的方法进行探讨。

6.2.4　数值分析

本节将通过数值分析的方法，对 6.2.3 小节中的一些理论结果进行补充和完善。假定产品的市场需求满足期望值为 1 的指数分布，即市场需求的概率密度函数为$f(x)=\mathrm{e}^{-x}$，概率分布函数为$F(x)=1-\mathrm{e}^{-x}$。采用指数分布进行数值分析是因为该分布具有一定的代表性，参见 Wang 等(2004)、Abdel-Malek 和 Areeratchakul(2007)。推式上游企业的个数$m=2$，即$i=1,2$，拉式上游企业的个数$n=2$，即$j=3,4$。下游企业对各推式上游企业的持股比例都为零，即$\lambda_1=\lambda_2=0$，$c_1(\lambda_1)=c_1$，$c_2(\lambda_2)=c_2$；下游企业对各拉式上游企业的持股比例相等，即$\lambda_3=\lambda_4$。下游企业持股对拉式上游企业生产成本的降低忽略不计，即$c_3(\lambda_3)=c_3$，$c_4(\lambda_4)=c_4$（目的是剔除持股所导致的上游企业生产成本降低对各参与者最终期望利润的影响，进而能够分析出持股所导致的利润分红对各参与者最终期望利润的影响）。进一步假定所有上游企业未被持股时的生产成本都相等，具体为$c_1=c_2=c_3=c_4=0.125$。

分析下游企业对拉式上游企业j的持股比例(利润分红比例)变化时，各参与者分红后最优期望利润的变化情况。借助 Matlab 软件，根据式(6-22)、式(6-23)和式(6-24)可以得到图 6-2。

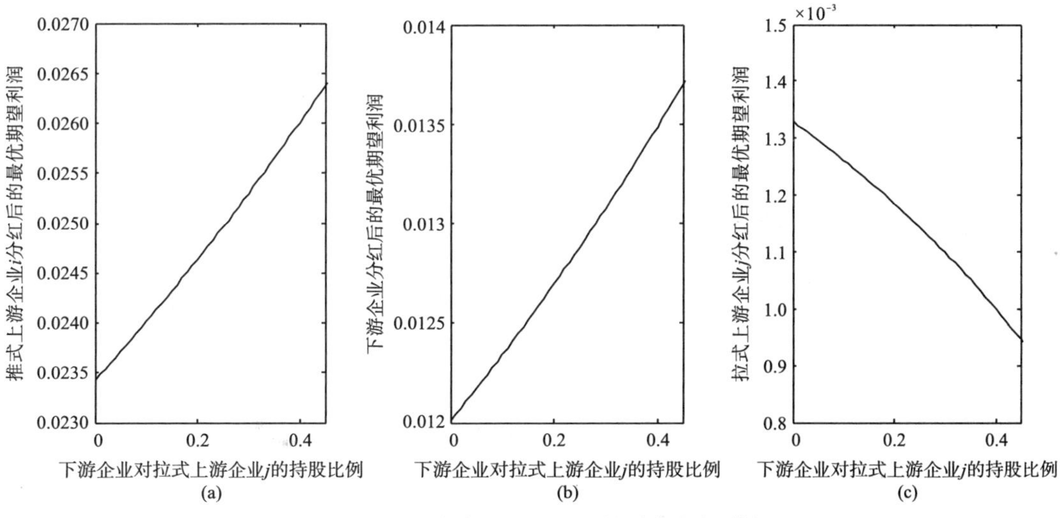

图 6-2　各参与者分红后的最优期望利润

图 6-2 给出了各参与者分红后的最优期望利润与下游企业对拉式上游企业j的持股比例(利润分红)之间的关系。图 6-2 表明，随着下游企业对拉式上游企业的利润分红比例λ_j

的增加，推式上游企业 i 及下游企业分红后的最优期望利润都增加，而被持股拉式上游企业 j 分红后的最优期望利润将减小。事实上，下游企业对拉式上游企业的利润分红降低了自己获得每单位收益的相对采购成本。下游企业从自身收益最大化角度考虑将会提高零部件的采购价格引导拉式上游企业多生产［由式(6-20)和式(6-21)可知，当下游企业持股对上游企业生产成本的降低可以忽略不计时，拉式零部件的采购价格随着下游企业对拉式上游企业的利润分红比例增加而增加］，下游企业从零部件的互补性角度考虑也会订购更多的推式零部件。在均衡的时候，推式上游企业和下游企业都能从下游企业对拉式上游企业的利润分红中获利，而被持股拉式上游企业却不能从中获利。

下游企业对拉式上游企业的持股对各上游企业最终期望利润的影响是由拉式上游企业的生产成本降低与下游企业对拉式上游企业的利润分红两个因素共同决定的，下游企业对拉式上游企业的持股对自己最终期望利润的影响是通过拉式上游企业的生产成本降低、利润分红以及持股成本三个因素共同决定的。因此，结合图 6-2 的分析可知：推式上游企业总是可以从下游企业对拉式上游企业的持股中获利；另外，当下游企业从自己对拉式上游企业的利润分红及拉式上游企业的成本降低中得到的“好处”之和占优于持股成本时，下游企业才会对拉式上游企业进行持股；此外，当拉式上游企业从自己生产成本降低中得到的“好处”占优于下游企业利润分红带来的“坏处”时，被持股拉式上游企业才能从下游企业对自己的持股中获利。该结论是对推论 6-5 的补充和完善。

6.3　推拉混合式组装供应链的协调机制研究

6.2 节研究了下游企业持股上游企业以后各参与者的最优运作决策问题，研究结果表明：分散化决策下的供应链系统最优产量决策偏离了集中化决策下的供应链系统最优产量决策，这种决策的偏离将会对供应链系统的期望利润造成损失(参见推论 6-1)。本节将对供应链的协调问题进行研究：通过设计协调机制使得分散化决策下的最优产量与集中化决策下的最优产量一致，从而实现分散化决策下的供应链系统期望利润与集中化决策下的供应链系统期望利润一致。

6.3.1　协调机制的设计

由于在推拉混合式组装供应链中，推式零部件的库存风险完全是由下游企业承担，拉式零部件的库存风险完全是由拉式上游企业承担。因此，直觉上，要使得推拉混合式组装供应链实现协调，所设计的机制不仅需要能使推式上游企业分担下游企业的部分库存风险(协调推式上游企业和下游企业之间的决策)，而且需要能使下游企业分担拉式上游企业的部分库存风险(协调拉式上游企业和下游企业之间的决策)。另外，由于在协调有纵向持股关系的上游企业和下游企业时，往往需要引入由多种传统协调策略构成的组合策略来增强协调机制的利润分配能力(参见 2.4.1 小节和 3.4.1 小节的相关讨论)。为此，针对下游企业持股上游企业的推拉混合式组装供应链，本章提出机制 $\left\{[w_i,s_i,r_i]_{\text{push}};[w_j,s_j,r_j]_{\text{pull}}\right\}$。为了接下来的研究方便，这里称机制$\left\{[w_i,s_i,r_i]_{\text{push}};[w_j,s_j,r_j]_{\text{pull}}\right\}$中的$[w_i,s_i,r_i]_{\text{push}}$和$[w_j,s_j,r_j]_{\text{pull}}$分别为机制的第一部分和第二部分。这里需要指出的是：包括两部分的机制并非本章首次提出，如 Cai 等(2013)在研究第三方物流的供应链中就曾在生产者和销售者之间及生产者和第三方物流之间同时引入协调策略设计了协调机制。

1)机制的第一部分$[w_i,s_i,r_i]_{\text{push}}$表示：分红之前，在批发价格$w_i$的基础上，一方面，当且仅当下游企业对推式零部件的订购量没有超过集中化决策下的最优产量时，推式上游企业i对下游企业未销售出去的产品给予每单位s_i的价格补贴。当下游企业对推式零部件的订购量超过集中化决策下的最优产量时，即便下游企业的产品未销售完，推式上游企业也不对下游企业进行价格补贴。这意味着机制第一部分中的价格补贴策略发生是有条件的，本章将这种价格补贴策略称为有约束条件的价格补贴策略。另一方面，推式上游企业i要求参与分享下游企业销售收益，推式上游企业i对下游企业销售收益的分享比例为r_i(收益分享策略)。

2)机制的第二部分$[w_j,s_j,r_j]_{\text{pull}}$表示：分红之前，在采购价格$w_j$的基础上，一方面，下游企业对未采购的部件$j$给予拉式上游企业$j$每单位$s_j$的价格补贴(价格补贴策略)；另一方面，下游企业让拉式上游企业j参与自己的销售收益分享，拉式上游企业j对下游企业销售收益的分享比例为r_j(收益分享策略)。

这里需要指出的是：上述机制的第一部分是用来协调下游企业和推式上游企业之间的决策；机制的第二部分是用来协调下游企业和拉式上游企业之间的决策。由于所有零部件都是互补的，机制中的第一部分和第二部分并不是独立的，这一点将会由随后的定理 6-2 证实。

与 4.3.1 小节和 5.3.1 小节设计的协调机制相比较，本章的机制具有以下两个典型的特点：①上述机制包括两个部分，而 4.3.1 小节和 5.3.1 小节所设计的协调机制只涉及其中的第一部分或者第二部分；②上述机制的第一部分中的价格补贴策略的发生是有约束条件的，之所以引入这种有约束条件的价格补贴策略是为了能增加机制在推式上游企业和拉式上游企业之间的利润分配能力(其必要性将在随后的 6.4.1 小节中进行讨论)。

根据上述描述可知，在机制$\left\{[w_i,s_i,r_i]_{\text{push}};[w_j,s_j,r_j]_{\text{pull}}\right\}$下，分红之前，下游企业对推式上游企业$i$和拉式上游企业$j$的期望转移支付分别为

$$T_i=\begin{cases}w_iq_I-s_iE\left[q_I-\min(q_I,q_J,x)\right]+r_iE\left[\min(q_I,q_J,x)\right], & q_I\leqslant q_c^*,\\ w_iq_I+r_iE\left[\min(q_I,q_J,x)\right], & q_I>q_c^*\end{cases} \tag{6-25}$$

$$T_j=w_jE\left[\min(q_I,q_J,x)\right]+s_jE\left[q_j-\min(q_I,q_J,x)\right]+r_jE\left[\min(q_I,q_J,x)\right] \tag{6-26}$$

根据上述转移支付，可以得到推式上游企业i、下游企业及拉式上游企业j分红前的期望利润分别为

$$\bar{\pi}_i=\begin{cases}w_iq_I-s_iE\left[q_I-\min(q_I,q_J,x)\right]+r_iE\left[\min(q_I,q_J,x)\right]-c_i(\lambda_i)q_I, & q_I\leqslant q_c^*\\ w_iq_I+r_iE\left[\min(q_I,q_J,x)\right]-c_i(\lambda_i)q_I, & q_I>q_c^*\end{cases} \tag{6-27}$$

$$\bar{\pi}_a=\begin{cases}\left(1-\sum_{j=m+1}^{m+n}w_j-\sum_{i=1}^{m}s_i+\sum_{j=m+1}^{m+n}s_j-\sum_{i=1}^{m}r_i-\sum_{j=m+1}^{m+n}r_j\right)E\left[\min\left(q_I,q_J,x\right)\right]\\-\sum_{i=1}^{m}\left(w_i-s_i\right)q_I-\sum_{j=m+1}^{m+n}s_jq_j-\mu_I\left(\lambda_I\right)-\mu_J\left(\lambda_J\right), & q_I\leqslant q_c^*\\\left(1-\sum_{j=m+1}^{m+n}w_j+\sum_{j=m+1}^{m+n}s_j-\sum_{i=1}^{m}r_i-\sum_{j=m+1}^{m+n}r_j\right)E\left[\min\left(q_I,q_J,x\right)\right]\\-\sum_{i=1}^{m}w_iq_I-\sum_{j=m+1}^{m+n}s_jq_j-\mu_I\left(\lambda_I\right)-\mu_J\left(\lambda_J\right), & q_I>q_c^*\end{cases}\tag{6-28}$$

$$\bar{\pi}_j=\left(w_j+r_j\right)E\left[\min\left(q_I,q_J,x\right)\right]+s_jE\left[q_j-\min\left(q_I,q_J,x\right)\right]-c_j\left(\lambda_j\right)q_j\tag{6-29}$$

因此，分红之后，推式上游企业i的期望利润、下游企业的期望利润及拉式上游企业j的期望利润分别为

$$\begin{aligned}\bar{\Pi}_i&=\left(1-\lambda_i\right)\bar{\pi}_i\\&=\begin{cases}\left(1-\lambda_i\right)\left\{\left[w_i-s_i-c_i\left(\lambda_i\right)\right]q_I+\left(s_i+r_i\right)E\left[\min\left(q_I,q_J,x\right)\right]\right\}, & q_I\leqslant q_c^*\\\left(1-\lambda_i\right)\left\{\left[w_i-c_i\left(\lambda_i\right)\right]q_I+r_iE\left[\min\left(q_I,q_J,x\right)\right]\right\}, & q_I>q_c^*\end{cases}\end{aligned}\tag{6-30}$$

$$\begin{aligned}\bar{\Pi}_a&=\bar{\pi}_a+\sum_{i=1}^{m}\lambda_i\bar{\pi}_i+\sum_{j=m+1}^{m+n}\lambda_j\bar{\pi}_j\\&=\begin{cases}\left[1-\sum_{j=m+1}^{m+n}\left(1-\lambda_j\right)\left(w_j-s_j+r_j\right)-\sum_{i=1}^{m}\left(1-\lambda_i\right)\left(s_i+r_i\right)\right]E\left[\min\left(q_I,q_J,x\right)\right]\\-\sum_{i=1}^{m}\left[\left(1-\lambda_i\right)\left(w_i-s_i\right)+\lambda_ic_i\left(\lambda_i\right)\right]q_I-\sum_{j=m+1}^{m+n}\left[\left(1-\lambda_j\right)s_j+\lambda_jc_j\left(\lambda_j\right)\right]q_j\\-\mu_I\left(\lambda_I\right)-\mu_J\left(\lambda_J\right), & q_I\leqslant q_c^*\\\left[1-\sum_{j=m+1}^{m+n}\left(1-\lambda_j\right)\left(w_j-s_j+r_j\right)-\sum_{i=1}^{m}\left(1-\lambda_i\right)r_i\right]E\left[\min\left(q_I,q_J,x\right)\right]\\-\sum_{i=1}^{m}\left[\left(1-\lambda_i\right)w_i+\lambda_ic_i\left(\lambda_i\right)\right]q_I-\sum_{j=m+1}^{m+n}\left[\left(1-\lambda_j\right)s_j+\lambda_jc_j\left(\lambda_j\right)\right]q_j\\-\mu_I\left(\lambda_I\right)-\mu_J\left(\lambda_J\right), & q_I>q_c^*\end{cases}\end{aligned}\tag{6-31}$$

$$\begin{aligned}\bar{\Pi}_j&=\left(1-\lambda_j\right)\bar{\pi}_j\\&=\left(1-\lambda_j\right)\left\{\left(w_j-s_j+r_j\right)E\left[\min\left(q_I,q_J,x\right)\right]+\left[s_j-c_j\left(\lambda_j\right)\right]q_j\right\}\end{aligned}\tag{6-32}$$

通过对式(6-30)、式(6-31)及式(6-32)进行分析，可以得到定理 6-2。

定理 6-2 在下游企业持股上游企业的推拉混合式组装供应链中，若机制$\left\{\left[w_i,s_i,r_i\right]_{\text{push}};\left[w_j,s_j,r_j\right]_{\text{pull}}\right\}$中的参数$\left(w_i,s_i,r_i,w_j,s_j,r_j,\right)$的设定满足

$$s_i=s_i\left(w_i\right)=\frac{\left\{1-\lambda_i+\lambda_i\left[C_I\left(\lambda_I\right)+C_J\left(\lambda_J\right)\right]\right\}\left[w_i-c_i\left(\lambda_i\right)\right]}{\left(1-\lambda_i\right)\left\{1-\left[C_I\left(\lambda_I\right)+C_J\left(\lambda_J\right)\right]\right\}}\tag{6-33}$$

$$r_i = r_i(w_i) = \frac{\lambda_i\left[w_i - c_i(\lambda_i)\right]}{1-\lambda_i} \tag{6-34}$$

$$s_j = s_j(w_j) = \frac{\left\{1-\lambda_j + \lambda_j\left[C_I(\lambda_I)+C_J(\lambda_J)\right]\right\}c_j(\lambda_j) - \left[C_I(\lambda_I)+C_J(\lambda_J)\right]w_j}{(1-\lambda_j)\left\{1-\left[C_I(\lambda_I)+C_J(\lambda_J)\right]\right\}} \tag{6-35}$$

$$r_j = r_j(w_j) = \frac{\lambda_j\left[w_j - c_j(\lambda_j)\right]}{1-\lambda_j} \tag{6-36}$$

对于推式上游企业任意给定的批发价格$\{w_i\}$及下游企业任意给定的采购价格$\{w_j\}$，满足$c_i(\lambda_i) < w_i$，$c_j(\lambda_j) < w_j$，$W_I + W_J < p = 1$，理性的拉式上游企业都将生产q_c^*件拉式零部件，并且理性的下游企业也将会订购q_c^*件推式零部件，其中q_c^*表示集中化决策下推拉混合式组装供应链系统的最优产量，参见式(6-8)。

证明：类似于 6.2 节中拉式上游企业的产量决策及下游企业的订货量决策分析，采用逆向归纳法对机制$\left\{\left[w_i, s_i(w_i), r_i(w_i)\right]_{\text{push}}; \left[w_j, s_j(w_j), r_j(w_j)\right]_{\text{pull}}\right\}$下拉式上游企业的产量决策及下游企业的订货量决策进行求解。即，首先求解对于给定的批发价格$\{w_i\}$、采购价格$\{w_j\}$及订货量q_I，所有拉式上游企业的产量决策反应；然后将拉式上游企业的产量决策反应作为约束条件来探讨下游企业的订货决策，具体如下所示。

1) 由式(6-32)，可以将拉式上游企业j分红后的期望利润改写为

$$\overline{\Pi}_j = \begin{cases} (1-\lambda_j)\left\{(w_j - s_j + r_j)\int_0^{q_j}\left[1-F(x)\right]\mathrm{d}x + \left[s_j - c_j(\lambda_j)\right]q_j\right\}, & q_j \leqslant \min(q_I, q_{Jj}) \\ (1-\lambda_j)\left\{(w_j - s_j + r_j)\int_0^{\min(q_I, q_{Jj})}\left[1-F(x)\right]\mathrm{d}x + \left[s_j - c_j(\lambda_j)\right]q_j\right\}, & q_j > \min(q_I, q_{Jj}) \end{cases}$$

由上式对$\overline{\Pi}_j$求q_j的一阶导数，可以得到

$$\frac{\mathrm{d}\overline{\Pi}_j}{\mathrm{d}q_j} = \begin{cases} (1-\lambda_j)\left\{(w_j - s_j + r_j)\left[1-F(q_j)\right] + \left[s_j - c_j(\lambda_j)\right]\right\}, & q_j \leqslant \min(q_I, q_{Jj}) \\ (1-\lambda_j)\left[s_j - c_j(\lambda_j)\right], & q_j > \min(q_I, q_{Jj}) \end{cases}$$

另外，由式(6-35)和式(6-36)可知

$$w_j - s_j + r_j = \frac{w_j - c_j(\lambda_j)}{(1-\lambda_j)\left\{1-\left[C_I(\lambda_I)+C_J(\lambda_I)\right]\right\}}$$

$$s_j - c_j(\lambda_j) = \frac{-\left[w_j - c_j(\lambda_j)\right]\left[C_I(\lambda_I)+C_J(\lambda_J)\right]}{(1-\lambda_j)\left\{1-\left[C_I(\lambda_I)+C_J(\lambda_J)\right]\right\}}$$

因此，可以将$\dfrac{\mathrm{d}\overline{\Pi}_j}{\mathrm{d}q_j}$化简为

$$\frac{\mathrm{d}\overline{\Pi}_j}{\mathrm{d}q_j}=\begin{cases}\dfrac{\left[w_j-c_j\left(\lambda_j\right)\right]\left[1-F\left(q_j\right)-C_I\left(\lambda_I\right)-C_J\left(\lambda_J\right)\right]}{1-C_I\left(\lambda_I\right)-C_J\left(\lambda_J\right)}, & q_j\leqslant\min\left(q_I,q_{Jj}\right)\\ \dfrac{-\left[w_j-c_j\left(\lambda_j\right)\right]\left[C_I\left(\lambda_I\right)+C_J\left(\lambda_J\right)\right]}{1-C_I\left(\lambda_I\right)-C_J\left(\lambda_J\right)}, & q_j>\min\left(q_I,q_{Jj}\right)\end{cases}$$

通过上式对拉式上游企业 j 分红后期望利润的函数性质进行分析：

一方面，由 $\dfrac{\left[w_j-c_j\left(\lambda_j\right)\right]\left[1-F\left(q_j\right)-C_I\left(\lambda_I\right)-C_J\left(\lambda_J\right)\right]}{1-C_I\left(\lambda_I\right)-C_J\left(\lambda_J\right)}$ 是 q_j 的单调递减函数及 $\dfrac{-\left[w_j-c_j\left(\lambda_j\right)\right]\left[C_I\left(\lambda_I\right)+C_J\left(\lambda_J\right)\right]}{1-C_I\left(\lambda_I\right)-C_J\left(\lambda_J\right)}<0$ 可知：$\overline{\Pi}_j$ 在区间 $\left[0,\min\left(q_I,q_{Jj}\right)\right]$ 上是 q_j 的凹函数，在区间 $\left[\min\left(q_I,q_{Jj}\right),+\infty\right)$ 上是 q_j 的单调递减函数。

另一方面，由 $\dfrac{\mathrm{d}\overline{\Pi}_j}{\mathrm{d}q_j}$ 的表达式容易验证：当 $q_j=0$ 时，$\dfrac{\mathrm{d}\Pi_j}{\mathrm{d}q_j}>0$；当 $q_j=q_c^*=F^{-1}[1-C_I\left(\lambda_I\right)-C_J\left(\lambda_J\right)]$ 时，$\dfrac{\left[w_j-c_j\left(\lambda_j\right)\right]\left[1-F\left(q_j\right)-C_I\left(\lambda_I\right)-C_J\left(\lambda_J\right)\right]}{1-C_I\left(\lambda_I\right)-C_J\left(\lambda_J\right)}=0$。

综合以上两方面的分析可知：当 $q_c^*\leqslant\min\left(q_I,q_{Jj}\right)$ 时，$\overline{\Pi}_j$ 在区间 $\left[0,q_c^*\right]$ 上是 q_j 的单调递增函数，在区间 $\left[q_c^*,+\infty\right)$ 上是 q_j 的单调递减函数，即 $\overline{\Pi}_j$ 的最大值所对应的产量为 q_c^*；当 $q_c^*>\min\left(q_I,q_{Jj}\right)$ 时，$\overline{\Pi}_j$ 在区间 $\left[0,\min\left(q_I,q_{Jj}\right)\right]$ 上是 q_j 的单调递增函数，在区间 $\left[\min\left(q_I,q_{Jj}\right),+\infty\right)$ 上是 q_j 的单调递减函数，即 $\overline{\Pi}_j$ 的最大值所对应的产量为 $\min\left(q_I,q_{Jj}\right)$。这意味着，无论 q_c^* 与 $\min\left(q_I,q_{Jj}\right)$ 之间的大小如何，上游企业 j 对其他所有参与者决策的最优反应总是可以表示为 $\min\left[q_I,q_{Jj},q_c^*\right]$。

知道了上游企业 j 对其他所有参与者的最优反应为 $\min\left[q_I,q_{Jj},q_c^*\right]$，定义

$$q_{Jc}^*=\min\left(q_I,q_c^*\right)$$

类似于引理 6-2 的证明，可以得知区间 $\left(q_{Jc}^*,+\infty\right)$ 上的产量都不是拉式上游企业的均衡产量；区间 $\left[0,q_{Jc}^*\right]$ 上的产量都是拉式上游企业的均衡产量，并且 q_{Jc}^* 为帕累托最优点。这意味着，所有拉式上游企业的产量决策反应都为 $q_{Jc}^*=\min\left(q_I,q_c^*\right)$。

2) 将 $q_{Jc}^*=\min\left(q_I,q_c^*\right)$ 代入式(6-31)，可以得到下游企业的目标函数为

$$\overline{\Pi}_a=\begin{cases}\left[1-\sum_{j=m+1}^{m+n}(1-\lambda_j)(w_j-s_j+r_j)-\sum_{i=1}^{m}(1-\lambda_i)(s_i+r_i)\right]E\left[\min(q_I,x)\right]\\-\sum_{i=1}^{m}\left[(1-\lambda_i)(w_i-s_i)+\lambda_i c_i(\lambda_i)\right]q_I-\sum_{j=m+1}^{m+n}\left[(1-\lambda_j)s_j+\lambda_j c_j(\lambda_j)\right]q_I\\-\mu_I(\lambda_I)-\mu_J(\lambda_J), & q_I\leqslant q_c^*\\\left[1-\sum_{j=m+1}^{m+n}(1-\lambda_j)(w_j-s_j+r_j)-\sum_{i=1}^{m}(1-\lambda_i)r_i\right]E\left[\min(q_c^*,x)\right]\\-\sum_{i=1}^{m}\left[(1-\lambda_i)w_i+\lambda_i c_i(\lambda_i)\right]q_I-\sum_{j=m+1}^{m+n}\left[(1-\lambda_j)s_j+\lambda_j c_j(\lambda_j)\right]q_c^*\\-\mu_I(\lambda_I)-\mu_J(\lambda_J), & q_I>q_c^*\end{cases}\tag{6-37}$$

由式(6-37)对 $\overline{\Pi}_a$ 求 q_I 的一阶导数，经整理可以得到

$$\frac{\mathrm{d}\overline{\Pi}_a}{\mathrm{d}q_I}=\begin{cases}\left[1-\sum_{j=m+1}^{m+n}(1-\lambda_j)(w_j-s_j+r_j)-\sum_{i=1}^{m}(1-\lambda_i)(s_i+r_i)\right]\left[1-F(q_I)\right]\\-\sum_{i=1}^{m}\left[(1-\lambda_i)(w_i-s_i)+\lambda_i c_i(\lambda_i)\right]-\sum_{j=m+1}^{m+n}\left[(1-\lambda_j)s_j+\lambda_j c_j(\lambda_j)\right], & q_I\leqslant q_c^*\\-\sum_{i=1}^{m}\left[(1-\lambda_i)w_i+\lambda_i c_i(\lambda_i)\right], & q_I>q_c^*\end{cases}$$

将式(6-33)、式(6-34)、式(6-35)及式(6-36)代入上式，经整理可以得到

$$\frac{\mathrm{d}\overline{\Pi}_a}{\mathrm{d}q_I}=\begin{cases}\dfrac{1-W_I-W_J}{1-C_I(\lambda_I)-C_J(\lambda_J)}\left[1-F(q_I)-C_I(\lambda_I)-C_J(\lambda_J)\right], & q_I\leqslant q_c^*,\\-\sum_{i=1}^{m}\left[(1-\lambda_i)w_i+\lambda_i c_i(\lambda_i)\right], & q_I>q_c^*\end{cases}$$

显然，当 $q_I<q_c^*$ 时，$\dfrac{\mathrm{d}\overline{\Pi}_a}{\mathrm{d}q_I}>0$；当 $q_I>q_c^*$ 时，$\dfrac{\mathrm{d}\overline{\Pi}_a}{\mathrm{d}q_I}<0$；当 $q_I=q_c^*$ 时，$\dfrac{\mathrm{d}\overline{\Pi}_a}{\mathrm{d}q_I}=0$。这意味着，下游企业分红后的期望利润 $\overline{\Pi}_a$ 是其订货量的先增后减的单峰函数，并且在 q_c^* 处取得最大值，因此理性的下游企业将会订购 $q_I=q_c^*$。将 $q_I=q_c^*$ 代入所有拉式上游企业的产量决策反应 $q_{Jc}^*=\min(q_I,q_c^*)$，可知所有拉式上游企业也都将生产 $q_{Jc}^*=q_c^*$。证毕。

定理 6-2 给出了下游企业持股上游企业情形下推拉混合式组装供应链的协调机制 $\left\{\left[w_i,s_i(w_i),r_i(w_i)\right]_{\text{push}};\left[w_j,s_j(w_j),r_j(w_j)\right]_{\text{pull}}\right\}$。定理 6-2 是对定理 4-2 及定理 5-2 的支持和拓展。特别地：当 $n=0$ 及 $C_J(\lambda_J)=0$ 时，推拉混合式组装供应链将退化为推式组装供应链，此时，定理 6-2 中的协调机制也将退化为定理 4-2 中的协调机制；当 $m=0$ 及 $C_I(\lambda_I)=0$ 时，推拉混合式组装供应链将退化为拉式组装供应链，此时，定理 6-2 中的协调机制也将退化为定理 5-2 中的协调机制。

由定理 6-2 可知：①推式上游企业在设定协调机制的第一部分时，无需单独设定批发价格 w_i、补贴价格 s_i 及收益分享比例 r_i，只需要设定批发价格 w_i 再由 $s_i(w_i)$ 和 $r_i(w_i)$ 的表

达式确定相应的补贴价格 s_i 和收益分享比例 r_i 即可；下游企业在设定协调机制的第二部分时，也不需要单独设定采购价格 w_j 、补贴价格 s_j 及收益分享比例 r_j ，只需设定采购价格 w_j ，再由 $s_j\left(w_j\right)$ 和 $r_j\left(w_j\right)$ 的表达式确定相应的补贴价格 s_j 和收益分享比例 r_j 即可。这意味着，在推式上游企业、下游企业及拉式上游企业参与的协调机制中，只需设定批发价格和采购价格两组参数即可确定出协调机制中的所有参数。在随后的 6.3.2 小节的研究中，可以发现供应链系统的期望利润在推式上游企业、下游企业及拉式上游企业间如何分配取决于批发价格和采购价格两组参数的具体取值。②协调机制中推式上游企业 i 和下游企业之间的参数 (w_i,s_i,r_i) 的设定不仅与其他推式上游企业的生产成本有关，也和所有拉式上游企业的生产成本有关；类似的，拉式上游企业 j 和下游企业之间的参数 $\left(w_j,s_j,r_j\right)$ 的设定不仅与其他拉式上游企业的生产成本有关，也和所有推式上游企业的生产成本有关。这意味着，每个上游企业在和下游企业设定协调机制参数时，需要将其他所有上游企业的成本信息纳入考虑。因此，协调机制中的第一部分和第二部分之间是有联系的，具体为，当推式零部件的生产成本一定时，任一拉式零部件的生产成本越高，所有推式上游企业为下游企业提供的补贴价格也都越高［由式(6-33)，对 s_i 求 $c_j\left(\lambda_j\right)$ 的一阶导数可以得到 $\dfrac{\mathrm{d}s_i}{\mathrm{d}c_j\left(\lambda_j\right)}>0$ ］；当拉式零部件的生产成本一定时，任一推式零部件的生产成本越大，下游企业为所有拉式上游企业提供的补贴价格都越低［由式(6-35)，对 s_j 求 $c_i\left(\lambda_i\right)$ 的一阶导数可以得到 $\dfrac{\mathrm{d}s_j}{\mathrm{d}c_i\left(\lambda_i\right)}<0$ ］。这一点不难理解，这是因为在推拉混合式组装供应链中，推式零部件的库存风险是由下游企业承担，拉式零部件的库存风险是由拉式上游企业承担，为了实现供应链协调，推式上游企业通过价格补贴策略分担下游企业的库存风险；下游企业也通过价格补贴策略分担拉式上游企业的库存风险。当推式零部件的生产成本一定时，任一拉式零部件的生产成本越高，下游企业承担的库存总风险也越高，为了实现协调，所有推式上游企业都应当分担下游企业更多的库存风险，即为下游企业提供更高的补贴价格；另外，当拉式零部件的生产成本一定时，拉式上游企业承担的库存风险也一定，此时推式零部件的生产成本越高，已经承担较高推式零部件库存风险的下游企业也只会分担拉式上游企业较少的库存风险，即只为拉式上游企业提供较低的补贴价格。③当下游企业对任一上游企业的持股比例越高，上游企业对下游企业销售收益的分享比例也越高，这是因为引入收益分享策略主要是为了增强协调机制在上游企业和下游企业之间的利润分配能力，当下游企业对上游企业的持股比例越高，下游企业对上游企业的利润分红就越多，为了使得协调机制能够实现双赢的局面，就需要通过收益分享策略让被持股上游企业在分红之前分享下游企业更多的销售收益。

6.3.2　协调机制的可实施性

要使得所设计的协调机制 $\left\{\left[w_i,s_i\left(w_i\right),r_i\left(w_i\right)\right]_{\text{push}};\left[w_j,s_j\left(w_j\right),r_j\left(w_j\right)\right]_{\text{pull}}\right\}$ 能够在实践中

得以实施，需要保证各参与者的既得利益都不受损，即需要使得$\overline{\Pi}_i \geqslant \Pi_i^*$、$\overline{\Pi}_a \geqslant \Pi_a^*$及$\overline{\Pi}_j \geqslant \Pi_j^*$同时成立。否则，既得利益受损的参与者没有动机参与协调。

将式(6-33)、式(6-34)、式(6-35)、式(6-36)及$q_1 = q_2 = \cdots = q_{m+n} = q_c^*$分别代入式(6-30)、式(6-31)及式(6-32)，经整理可以得到，推式上游企业i、下游企业及拉式上游企业j分红后的期望利润分别为

$$\overline{\Pi}_i = \frac{w_i - c_i(\lambda_i)}{1 - C_I(\lambda_I) - C_J(\lambda_J)}\left[\pi_c^* + \mu_I(\lambda_I) + \mu_J(\lambda_J)\right] \tag{6-38}$$

$$\overline{\Pi}_a = \frac{1 - W_I - W_J}{1 - C_I(\lambda_I) - C_J(\lambda_J)}\left[\pi_c^* + \mu_I(\lambda_I) + \mu_J(\lambda_J)\right] - \mu_I(\lambda_I) - \mu_J(\lambda_J) \tag{6-39}$$

$$\overline{\Pi}_j = \frac{w_j - c_j(\lambda_j)}{1 - C_I(\lambda_I) - C_J(\lambda_J)}\left[\pi_c^* + \mu_I(\lambda_I) + \mu_J(\lambda_J)\right] \tag{6-40}$$

由式(6-38)、式(6-39)以及式(6-40)可以得到定理6-3。

定理 6-3 在下游企业持股上游企业的推拉混合式组装供应链中，当采用协调机制$\left\{\left[w_i, s_i(w_i), r_i(w_i)\right]_{\text{push}}; \left[w_j, s_j(w_j), r_j(w_j)\right]_{\text{pull}}\right\}$时，各推式上游企业分红后的期望利润随着各自零部件批发价格增加而增加，各拉式上游企业分红后的期望利润随着各自零部件的采购价格增加而增加，下游企业分红后的期望利润随着各零部件的批发价格或采购价格增加而减小。

证明：注意到π_c^*、$\mu_I(\lambda_I)$及$\mu_J(\lambda_J)$都是与w_i和w_j无关的常数，由式(6-38)、式(6-39)及式(6-40)可知，$\overline{\Pi}_i$是w_i的单调递增函数，$\overline{\Pi}_j$是w_j的单调递增函数，$\overline{\Pi}_a$不但是w_i的单调递减函数而且是w_j的单调递减函数。证毕。

定理6-3揭示了，调节协调机制$\left\{\left[w_i, s_i(w_i), r_i(w_i)\right]_{\text{push}}; \left[w_j, s_j(w_j), r_j(w_j)\right]_{\text{pull}}\right\}$中的参数$\{w_i\}$和$\{w_j\}$时，各节点企业分红后的期望利润的变化情况。结合式(6-38)、式(6-39)及式(6-40)可知，当$w_i = \dfrac{\delta_i\left[1 - C_I(\lambda_I) - C_J(\lambda_J)\right]\pi_c^*}{\pi_c^* + \mu_I(\lambda_I) + \mu_J(\lambda_J)} + c_i(\lambda_i)$以及$w_j = \dfrac{\delta_j\left[1 - C_I(\lambda_I) - C_J(\lambda_J)\right]\pi_c^*}{\pi_c^* + \mu_I(\lambda_I) + \mu_J(\lambda_J)} + c_j(\lambda_j)$时，分红后，推式上游企业$i$、下游企业及拉式上游企业$j$获得协调供应链系统期望利润$\pi_c^*$的比例分别为$\delta_i$、$1 - \sum_{i=1}^{m}\delta_i - \sum_{j=m+1}^{m+n}\delta_j$及$\delta_j$。因此，协调机制可以使得系统供应链系统的期望利润在各参与者之间任意分配。这意味着，必然存在批发价格和采购价格的参数区间，使得各参与者分红后的期望利润都能得到改进，即使得$\overline{\Pi}_i \geqslant \Pi_i^*$、$\overline{\Pi}_a \geqslant \Pi_a^*$及$\overline{\Pi}_j \geqslant \Pi_j^*$同时成立，具体由推论6-6给出。

推论 6-6 在下游企业持股上游企业的推拉混合式组装供应链中，当采用协调机制$\left\{\left[w_i, s_i(w_i), r_i(w_i)\right]_{\text{push}}; \left[w_j, s_j(w_j), r_j(w_j)\right]_{\text{pull}}\right\}$时，若批发价格$w_i$及采购价格$w_j$的设定满足

$$w_i > \frac{\left[1 - C_I(\lambda_I) - C_J(\lambda_J)\right]\Pi_i^*}{\pi_c^* + \mu_I(\lambda_I) + \mu_J(\lambda_J)} + c_i(\lambda_i) \tag{6-41}$$

$$w_j > \frac{\left[1 - C_I(\lambda_I) - C_J(\lambda_J)\right]\Pi_j^*}{\pi_c^* + \mu_I(\lambda_I) + \mu_J(\lambda_J)} + c_j(\lambda_j) \tag{6-42}$$

$$W_I + W_J < 1 - \frac{\left[1 - C_I(\lambda_I) - C_J(\lambda_J)\right]\left[\Pi_a^* + \mu_I(\lambda_I) + \mu_J(\lambda_J)\right]}{\pi_c^* + \mu_I(\lambda_I) + \mu_J(\lambda_J)} \tag{6-43}$$

推式上游企业i、下游企业及拉式上游企业j分红后的期望利润都能得到改进。

证明：由式(6-22)和式(6-38)，令$\overline{\Pi}_i > \Pi_i^*$，可以求解得到式(6-41)；由式(6-24)和式(6-40)，令$\overline{\Pi}_j > \Pi_j^*$，可以求解得到式(6-42)；由式(6-23)和式(6-39)，令$\overline{\Pi}_a > \Pi_a^*$，可以求解得到式(6-43)。证毕。

推论 6-6 给出了协调机制中推式零部件批发价格以及拉式零部件采购价格的有效区间。事实上在协调机制$\left\{\left[w_i, s_i(w_i), r_i(w_i)\right]_{\text{push}}; \left[w_j, s_j(w_j), r_j(w_j)\right]_{\text{pull}}\right\}$下，一方面，各推式上游企业有动机提高自己的批发价格，拉式上游企业有动机要求下游企业提供更高的采购价格，下游企业有动机要求推式上游企业提供更低的批发价格并为拉式上游企业提供更低的采购价格［参见式(6-38)、式(6-39)及式(6-40)］；另一方面，推式上游企业和拉式上游企业的参与协调的约束限定了推式零部件批发价格以及拉式零部件采购价格的下限，下游企业的参与协调的约束限定了推式零部件批发价格以及拉式零部件采购价格的上限。参数在该上限和下限所确定的有效区域内的取值都可以使得各参与者分红后的期望利润得到改进。当然，在有效区域内的具体取值，往往依赖于实践中各参与方之间的讨价还价能力。

6.4　讨　　论

本节一方面对 6.3 节中为什么引入有约束条件的价格补贴策略进行说明，另一方面对下游企业的持股决策进行探索性的讨论。

6.4.1　有约束条件的价格补贴策略

6.3.2 小节证实了 6.3.1 小节设计的协调机制是可以被实施的。这里需要强调的是，与推式组装供应链协调机制中的价格补贴策略不同(参见 4.3.1 小节)，在推拉混合式组装供应链中，推式上游企业对下游企业的价格补贴是有约束条件的，具体为：当下游企业对推式零部件的订货量q_I没有超过集中化决策下的最优产量q_c^*时，推式上游企业才对下游企业未销售出去的产品进行补贴；当下游企业对推式零部件的订货量q_I超过了集中化决策下的最优产量q_c^*时，推式上游企业不对下游企业未销售出去的产品进行补贴。之所以在推拉混合式组装供应链中引入这种有约束条件的价格补贴策略是为了增强所设计的协调机制在推式上游企业和拉式上游企业之间的利润分配能力，相关讨论如下。

为讨论方便，当$q_I > q_c^*$时，推式上游企业也对下游企业未销售出去的产品进行价格补贴的协调机制记为$\left\{\left[w_i, \tilde{s}_i(w_i), r_i(w_i)\right]_{\text{push}}; \left[w_j, s_j(w_j), r_j(w_j)\right]_{\text{pull}}\right\}$。该协调机制与定理 6-2

中的协调机制$\left\{\left[w_i,s_i\left(w_i\right),r_i\left(w_i\right)\right]_{\text{push}};\left[w_j,s_j\left(w_j\right),r_j\left(w_j\right)\right]_{\text{pull}}\right\}$的差异只是在于推式上游企业对下游企业未销售出去产品的价格补贴发生是否依赖于q_I与q_c^*之间的大小关系。

类似于定理 6-2 中拉式上游企业的产量决策以及下游企业的订货量决策研究，同样采用逆向归纳法对协调机制$\left\{\left[w_i,\tilde{s}_i\left(w_i\right),r_i\left(w_i\right)\right]_{\text{push}};\left[w_j,s_j\left(w_j\right),r_j\left(w_j\right)\right]_{\text{pull}}\right\}$下拉式上游企业的产量决策以及下游企业的订货量决策进行分析。

首先，可以证明在协调机制$\left\{\left[w_i,\tilde{s}_i\left(w_i\right),r_i\left(w_i\right)\right]_{\text{push}};\left[w_j,s_j\left(w_j\right),r_j\left(w_j\right)\right]_{\text{pull}}\right\}$下，所有拉式上游企业的产量决策反应仍然为$q_{Jc}^*=\min\left(q_I,q_c^*\right)$（证明过程与定理 6-2 的证明过程完全一致，在此不再赘述）。

其次，当$q_I>q_c^*$时，在协调机制$\left\{\left[w_i,\tilde{s}_i\left(w_i\right),r_i\left(w_i\right)\right]_{\text{push}};\left[w_j,s_j\left(w_j\right),r_j\left(w_j\right)\right]_{\text{pull}}\right\}$下，下游企业有机会从推式上游企业那得到补贴，下游企业分红后的期望利润将会由式(6-37)变化为

$$\overline{\Pi}_a=\begin{cases}\left[1-\sum\limits_{j=m+1}^{m+n}\left(1-\lambda_j\right)\left(w_j-s_j+r_j\right)-\sum\limits_{i=1}^{m}\left(1-\lambda_i\right)\left(s_i+r_i\right)\right]E\left[\min\left(q_I,x\right)\right]\\-\sum\limits_{i=1}^{m}\left[\left(1-\lambda_i\right)\left(w_i-s_i\right)+\lambda_i c_i\left(\lambda_i\right)\right]q_I-\sum\limits_{j=m+1}^{m+n}\left[\left(1-\lambda_j\right)s_j+\lambda_j c_j\left(\lambda_j\right)\right]q_I\\-\mu_I\left(\lambda_I\right)-\mu_J\left(\lambda_J\right), & q_I\leqslant q_c^*\\\left[1-\sum\limits_{j=m+1}^{m+n}\left(1-\lambda_j\right)\left(w_j-s_j+r_j\right)-\sum\limits_{i=1}^{m}\left(1-\lambda_i\right)\left(s_i+r_i\right)\right]E\left[\min\left(q_c^*,x\right)\right]\\-\sum\limits_{i=1}^{m}\left[\left(1-\lambda_i\right)\left(w_i-s_i\right)+\lambda_i c_i\left(\lambda_i\right)\right]q_I-\sum\limits_{j=m+1}^{m+n}\left[\left(1-\lambda_j\right)s_j+\lambda_j c_j\left(\lambda_j\right)\right]q_c^*\\-\mu_I\left(\lambda_I\right)-\mu_J\left(\lambda_J\right), & q_I>q_c^*\end{cases}\tag{6-44}$$

将式(6-33)、式(6-34)、式(6-35)及式(6-36)代入式(6-44)，并对式(6-44)中的$\overline{\Pi}_a$求q_I的一阶导数，经整理可以得到

$$\frac{\mathrm{d}\overline{\Pi}_a}{\mathrm{d}q_I}=\begin{cases}\dfrac{1-W_I-W_J}{1-C_I\left(\lambda_I\right)-C_J\left(\lambda_J\right)}\left[1-F\left(q_I\right)-C_I\left(\lambda_I\right)-C_J\left(\lambda_J\right)\right], & q_I\leqslant q_c^*\\\dfrac{W_I\left[C_I\left(\lambda_I\right)+C_J\left(\lambda_J\right)\right]-C_I\left(\lambda_I\right)}{1-C_I\left(\lambda_I\right)-C_J\left(\lambda_J\right)}, & q_I>q_c^*\end{cases}\tag{6-45}$$

通过对式(6-45)进行分析，不难得知：当$W_I\leqslant\dfrac{C_I\left(\lambda_I\right)}{C_I\left(\lambda_I\right)+C_J\left(\lambda_J\right)}$时，下游企业将订购$q_I=q_c^*$；当$W_I>\dfrac{C_I\left(\lambda_I\right)}{C_I\left(\lambda_I\right)+C_J\left(\lambda_J\right)}$时，下游企业从自身收益最大化角度考虑必将会订购$q_I=+\infty$。因此，可以直接得到结论 6-1。

结论 6-1 在下游企业持股上游企业的推拉混合式组装供应链中，当采用协调机制

$\left\{\left[w_i,\tilde{s}_i(w_i),r_i(w_i)\right];\left[w_j,s_j(w_j),r_j(w_j)\right]\right\}$时，要使得供应链实现协调，协调机制中参数$\{w_i\}$的设定需要满足$W_I \leqslant \dfrac{C_I(\lambda_I)}{C_I(\lambda_I)+C_J(\lambda_J)}$。

对比结论 6-1 和定理 6-2 可以发现，通过对推式上游企业的价格补贴策略进行一定的约束，在协调供应链时，可提高推式零部件批发价格的决策空间。从协调机制的可实施性角度考虑，这一点是很重要的。这是因为，当推式上游企业的生产总成本$C_I(\lambda_I)\to 0$时，在协调机制$\left\{\left[w_i,\tilde{s}_i(w_i),r_i(w_i)\right]_{\text{push}};\left[w_j,s_j(w_j),r_j(w_j)\right]_{\text{pull}}\right\}$下，要使得推拉混合式组装供应链实现协调，可设定最高的推式零部件批发总价格$W_I = \dfrac{C_I(\lambda_I)}{C_I(\lambda_I)+C_J(\lambda_J)} \to 0$；结合式(6-38)和式(6-22)可知，推式上游企业可以获得的期望总利润$\sum_{i=1}^{m}\overline{\Pi}_i = \dfrac{W_I - C_I(\lambda_I)}{1-C_I(\lambda_I)-C_J(\lambda_J)}\left[\pi_c^* + \mu_I(\lambda_I)+\mu_J(\lambda_J)\right] \to 0 < \Pi_i^*$。这意味着，要使得供应链实现协调，所有推式上游企业的既得利益都将受损，因此，推式上游企业没有动机参与该协调机制。另外，容易验证：当$C_J(\lambda_J)\to 0$时，结论 6-1 中的约束条件$W_I \leqslant \dfrac{C_I(\lambda_I)}{C_I(\lambda_I)+C_J(\lambda_J)} \to 1 = p$不再起作用，这也是本章在下游企业持股上游企业的推式组装供应链［$C_J(\lambda_J)\to 0$时，推拉混合式组装供应链将退化为推式组装供应链］的协调机制设计中，没有对上游企业的价格补贴策略进行类似约束的原因。

6.4.2　下游企业的持股决策

一方面，由推论 6-5 可知，各推式上游企业都能从下游企业对自己的持股中获利；另一方面，下游企业对拉式上游企业持股导致的生产成本降低对拉式上游企业有利，但下游企业对拉式上游企业持股导致的利润分红对拉式上游企业不利，即下游企业对拉式上游企业的持股可能会损害拉式上游企业的利益(参见 6.2.2 小节的数值分析)。这意味着，在推拉混合式组装供应链中，分析下游企业的持股决策时，需要将拉式上游企业的被持股意愿纳入考虑，但不需要将推式上游企业的被持股意愿纳入考虑。

结合上述分析，由式(6-23)和式(6-24)可将推拉混合式组装供应链中下游企业的持股问题描述为

$$
\begin{aligned}
\max_{\lambda_1,\lambda_2,\cdots,\lambda_n} \Pi_a^* = & \left[1-\frac{\sum_{j=m+1}^{m+n}\left(1-\lambda_j\right)c_j\left(\lambda_j\right)}{1-F\left(q^*\right)}\right]\int_0^{q^*}\left[1-F(x)\right]\mathrm{d}x-\sum_{j=m+1}^{m+n}\lambda_j c_j\left(\lambda_j\right)q^* \\
& -mq^*\left\{g\left(q^*\right)+h\left(q^*\right)\cdot\left[\frac{q^*}{f\left(q^*\right)}\frac{\mathrm{d}f\left(q^*\right)}{\mathrm{d}q^*}+2g\left(q^*\right)\right]\right\}\sum_{j=m+1}^{m+n}\left(1-\lambda_j\right)c_j\left(\lambda_j\right) \\
& -m\left(q^*\right)^2 f\left(q^*\right)-\sum_{i=1}^{m}c_i\left(\lambda_i\right)q^*-\sum_{i=1}^{m}\mu_i\left(\lambda_i\right)-\sum_{j=m+1}^{m+n}\mu_j\left(\lambda_j\right)
\end{aligned}
\tag{6-46}
$$

$$
\text{s.t.}\begin{cases}\left(1-\lambda_j\right)c_j\left(\lambda_j\right)\left[\dfrac{\int_0^{q^*}\left[1-F(x)\right]\mathrm{d}x}{1-F\left(q^*\right)}-q^*\right]\geqslant c_j\left[\dfrac{\int_0^{q^*|_{\lambda_j=0}}\left[1-F(x)\right]\mathrm{d}x}{1-F\left(q^*|_{\lambda_j=0}\right)}-q^*|_{\lambda_j=0}\right] \\ j=m+1,m+2,\cdots,m+n\cdot\end{cases}
$$

式中，约束条件表示拉式上游企业被持股以后获得的最终期望利润不低于其被持股之前获得的最终期望利润；$q^*|_{\lambda_j=0}$ 表示拉式上游企业 j 未被持股时供应链系统的最优产量，该产量可由式(6-20)令 $\lambda_j=0$ 求解得到。

显然下游企业的持股问题是一个有约束的多元优化问题。由于本章的侧重点是下游企业持股上游企业以后的供应链运作管理问题，针对推拉混合式组装供应链中的下游企业持股问题，在此不做进一步的讨论。

6.5 本 章 小 结

本章在第四章和第五章的基础上，考虑了由多个推式上游企业、一个下游企业及多个拉式上游企业构成的推拉混合式组装链，并假定下游企业已经通过股权投资与上游企业建立了股权战略联盟。在股权战略联盟中，被持股上游企业的生产成本也得到了降低，且下游企业可以根据持股比例参与上游企业的利润分红。首先，采用三阶段 Stackelberg 博弈模型，分析得到了分散化决策下，各推式上游企业的最优批发价格决策、下游企业的最优订货量和采购价格决策、各拉式上游企业的最优产量决策及所有参与者分红后的最优期望利润。然后，分析了下游企业持股对各参与者最终期望利润的影响。最后，对供应链的协调机制进行了研究。结合数值分析，本章得到的主要结论如下所示。

1) 下游企业对推式上游企业和下游企业对拉式上游企业的持股都可以提高供应链系统的产量，其中供应链系统的产量与下游企业对推式上游企业的利润分红比例无关，与下游企业对拉式上游企业的利润分红比例、推式零部件的生产成本降低以及拉式零部件的生产成本降低都正相关。这意味着，下游企业对推式上游企业持股导致的“利润分红”和“成本降低”因素都可以为供应链系统创造价值；下游企业对拉式上游企业持股导致的“利润分红”因素不能为供应链系统创造价值，但导致的“成本降低”因素可以为供应链系统创造价值。

2) 推式上游企业和拉式上游企业都能从下游企业对任一推式上游企业的持股中获利；推式上游企业可以从下游企业对拉式上游企业的持股中获利，但拉式上游企业未必可以从下游企业对自己的持股中获利。当下游企业从推式零部件生产成本的降低中获得的"好处"占优于下游企业对推式上游企业的持股成本时，下游企业才能从对推式上游企业的持股中获利；当下游企业从拉式零部件的生产成本降低及从对拉式上游企业的利润分红中得到的"好处"之和占优于下游企业对拉式上游企业的持股成本时，下游企业才能从对拉式上游企业的持股中获利。

3) 当所有零部件的生产总成本（推式零部件的生产总成本和拉式零部件的生产总成本之和）给定时，无论下游企业对各上游企业的利润分红比例是多少，供应链系统产量都与推式零部件的生产成本比例正相关。

4) 分散化供应链系统的最优期望利润达不到集中化供应链系统的最优期望利润。通过同时在推式上游企业和下游企业之间引入由收益分享策略和带约束条件的价格补贴策略构成的组合策略，以及在拉式上游企业和下游企业之间引入由收益分享策略和价格补贴策略构成的组合策略，可使供应链实现协调；并能够保证所有企业分红后的最优期望利润都得到改进。

第七章　纵向股权视角下一对多供应链价值共创

本书第二章～第六章分别基于一对一供应链以及多对一供应链研究了纵向股权视角下的供应链价值共创问题。本章将在一对多供应链中分别研究下游企业持股上游企业及上游企业持股下游企业两种情形下的供应链价值共创问题。类似于之前的研究，本章同样假定供应链纵向企业间的持股不仅能使持股企业参与被持股企业的利润分红，而且能使被持股企业的生产成本得到降低。与之前研究不同：为了刻画多个下游企业间的竞争，本章引入产量敏感型需求函数。

7.1　问 题 描 述

考虑由一个生产半产品的上游企业和两个生产替代性产品的下游企业构成的一对多供应链系统，其中上游企业以单位生产成本 c_u 生产半产品，并将生产出来的半产品以批发价格 w 出售给两个下游企业。两个下游企业都以单位生产成本 c_d 将半产品加工生产为最终产品，并在市场上进行竞争性销售。借鉴李长胜等(2012)、赵骅和郑吉川(2019)的研究，本章假定最终产品的市场逆需求函数为

$$p = 1 - q_1 - q_2 \tag{7-1}$$

关于一对多供应链的结构说明可以参见图 7-1。

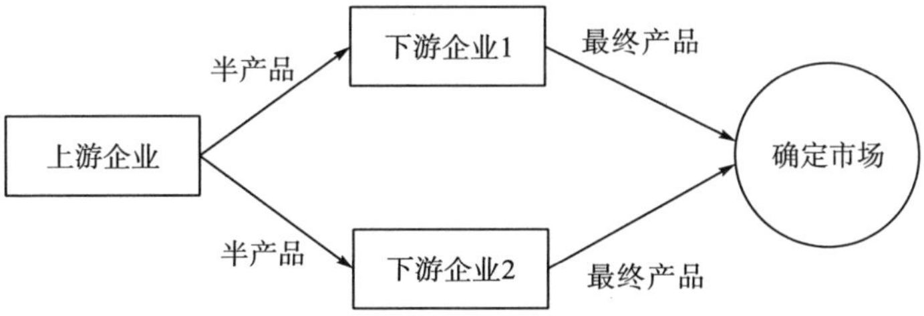

图 7-1　一对多供应链结构

根据上述描述可知，上游企业和下游企业 i（i 等于 1 或 2)的利润函数可以分别表述为

$$\pi_u = (w - c_u)(q_1 + q_2) \tag{7-2}$$

$$\pi_{di} = (p - w - c_d) q_i \tag{7-3}$$

本章考虑以下两种情形。①情形 1：下游企业持有上游企业的股份。此时，记下游企业 i 对上游企业的持股比例为 λ_{di}，持股成本为 $\mu_{di}(\lambda_{di})$（持股投入的资源价值），$\lambda_d = (\lambda_{d1}, \lambda_{d2})$。持股以后，一方面，下游企业可以根据持股比例参与上游企业的利润分红；

另一方面，上游企业可以借助下游企业持股而投入的资源降低自己的生产成本。记下游企业持股上游企业以后，上游企业的生产成本为$c_u(\lambda_d)$，且$c_u(\lambda_d)$随着λ_{di}增大而减小。②情形 2：上游企业持有下游企业的股份。此时，记上游企业对下游企业i的持股比例为λ_{ui}，持股成本为$\mu_{ui}(\lambda_{ui})$（持股投入的资源价值），$\lambda_u=(\lambda_{u1},\lambda_{u2})$。持股以后，一方面，上游企业可以根据持股比例参与下游企业的利润分红；另一方面，下游企业可以借助上游企业持股而投入的资源降低自己的生产成本。记上游企业持股下游企业以后，下游企业i的生产成本为$c_d(\lambda_{ui})$，$c_d(\lambda_{ui})$随着λ_{ui}增大而减小。

在以上两种情形中，上下游企业都是通过进行两阶段 Stackelberg 博弈确定各自的运作决策：在博弈的第 1 阶段中，上游企业决策半产品的批发价格w；在博弈的第 2 阶段中，两个下游企业同时决策订货量q_1和q_2。一对多供应链事件发生的顺序参见图 7-2。接下来，本章对两种持股情形中，上下游企业的最优运作决策进行研究。

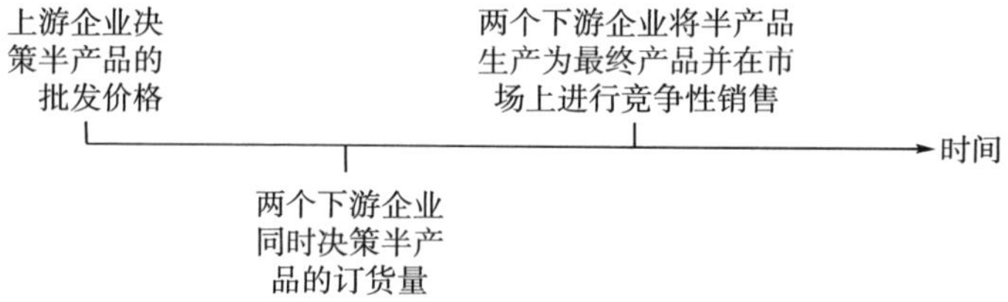

图 7-2　一对多供应链事件发生的顺序

7.2　下游企业持股上游企业的情形

根据 7.1 节的问题描述可知，在下游企业持股上游企业的情形中，上游企业和下游企业分红后的利润函数分别为

$$\Pi_u=(1-\lambda_{d1}-\lambda_{d2})\left[w-c_u(\lambda_d)\right](q_1+q_2) \tag{7-4}$$

$$\Pi_{di}=(1-q_1-q_2-w-c_d)q_i+\lambda_{di}\left[w-c_u(\lambda_d)\right](q_1+q_2)-\mu_{di}(\lambda_{di}) \tag{7-5}$$

这里需要说明的是：下游企业对上游企业进行持股战略后，上游企业的生产成本由起初的c_u降低为$c_u(\lambda_d)$，这意味着，上游企业每销售一个产品所获得的的利润为$w-c_u(\lambda_d)$。与此同时，由于下游企业参与上游企业的利润分红，因此，分红后，上游企业每销售一个产品所获得的利润为$(1-\lambda_{d1}-\lambda_{d2})\left[w-c_u(\lambda_d)\right]$，从而上游企业分红后的利润函数由式(7-4)给出。另外，下游企业的持股之所以能够降低上游企业的生产成本，是因为下游企业投入的新资源，需要承担持股成本。因此，下游企业分红后的利润函数由式(7-5)给出。

上下游企业通过进行以上游企业为主导者的两阶段 Stackelberg 博弈来确定各自的最优运作决策，通过逆向归纳法对上述博弈模型进行求解。由式(7-5)，可以得到引理 7-1。

引理 7-1　在下游企业持股上游企业的一对多供应链中，对于上游企业给定的批发价格w，两个下游企业的订货决策反应分别为

$$q_1' = \frac{1-w-c_d+(2\lambda_{d1}-\lambda_{d2})[w-c_u(\lambda_d)]}{3} \tag{7-6}$$

$$q_2' = \frac{1-w-c_d+(2\lambda_{d2}-\lambda_{d1})[w-c_u(\lambda_d)]}{3} \tag{7-7}$$

证明：由式(7-5)，对Π_{di}求q_i的一阶导数，经整理可以得到

$$\frac{\mathrm{d}\Pi_{di}}{\mathrm{d}q_i} = -q_i + (1-q_1-q_2-w-c_d) + \lambda_{di}[w-c_u(\lambda_d)]$$

联立方程组$\frac{\mathrm{d}\Pi_{di}}{\mathrm{d}q_i}=0$，且$i=1,2$，可以求解得到式(7-6)和式(7-7)。证毕。

引理7-1给出了下游企业订货量关于上游企业批发价格的最优反应。由引理7-1可知：①上游企业的批发价格越高，两个下游企业的订货量都越低。这一点与人们的经济直觉是一致的。②对于给定的批发价格，下游企业的订货量随着自己对上游企业的利润分红比例增加而增加，但是随着竞争对手(即另一个下游企业)对上游企业的利润分红比例增加而减少。

已知下游企业的决策反应，接下来分析上游企业的批发价格决策。将式(7-6)和式(7-7)代入式(7-4)，可将上游企业分红后的利润函数改写为

$$\Pi_u = (1-\lambda_{d1}-\lambda_{d2})[w-c_u(\lambda_d)]\frac{2-2w-2c_d+(\lambda_{d1}+\lambda_{d2})[w-c_u(\lambda_d)]}{3} \tag{7-8}$$

通过对式(7-8)进行分析，可以得到定理7-1。

定理 7-1　在下游企业持股上游企业的一对多供应链中，上下游企业关于批发价格和订货量的博弈存在唯一的均衡，具体由下式给出

$$w^* = \frac{1+(1-\lambda_{d1}-\lambda_{d2})c_u(\lambda_d)-c_d}{2-\lambda_{d1}-\lambda_{d2}} \tag{7-9}$$

$$q_1^* = \frac{(1+\lambda_{d1}-2\lambda_{d2})[1-c_u(\lambda_d)-c_d]}{3(2-\lambda_{d1}-\lambda_{d2})} \tag{7-10}$$

$$q_2^* = \frac{(1-2\lambda_{d1}+\lambda_{d2})[1-c_u(\lambda_d)-c_d]}{3(2-\lambda_{d1}-\lambda_{d2})} \tag{7-11}$$

证明：由式(7-8)，对Π_u求w的一阶导数和二阶导数，经整理可以得到

$$\frac{\mathrm{d}\Pi_u}{\mathrm{d}w} = (1-\lambda_{d1}-\lambda_{d2})\frac{2[1+(1-\lambda_{d1}-\lambda_{d2})c_u(\lambda_d)-c_d-(2-\lambda_{d1}-\lambda_{d2})w]}{3}$$

$$\frac{\mathrm{d}^2\Pi_u}{\mathrm{d}w^2} = -(1-\lambda_{d1}-\lambda_{d2})\frac{2(2-\lambda_{d1}-\lambda_{d2})}{3}$$

显然，$\frac{\mathrm{d}^2\Pi_u}{\mathrm{d}w^2}<0$。这意味着，$\Pi_u$是$w$的严格凹函数。因此，最优的批发价格将由$\frac{\mathrm{d}\Pi_u}{\mathrm{d}w}=0$唯一确定，求解$\frac{\mathrm{d}\Pi_u}{\mathrm{d}w}=0$可以得到式(7-9)。另外，将式(7-9)代入式(7-6)和式(7-7)可以得到式(7-10)和式(7-11)。证毕。

通过对式(7-9)、式(7-10)及式(7-11)进行分析，可以得到推论7-1。

推论 7-1 在下游企业持股上游企业的一对多供应链中：①下游企业i持股导致的“成本降低”因素将会降低上游企业的批发价格，提高任一下游企业的订货量；②下游企业i持股导致的“利润分红”因素，将会提高上游企业的批发价格以及下游企业i的订货量，降低另一下游企业的订货量，对两个下游企业的总订货量没有影响。

证明：首先，由式(7-9)、式(7-10)及式(7-11)，可观察得到推论 7-1 的①。然后，令$c_u(\lambda_d)=c_u$，考察“利润分红”因素对价格以及订货量的影响。当$c_u(\lambda_d)=c_u$时，由定理 7-1 可知

$$w^*=\frac{1+(1-\lambda_{d1}-\lambda_{d2})c_u-c_d}{2-\lambda_{d1}-\lambda_{d2}}$$

$$q_1^*=\frac{(1+\lambda_{d1}-2\lambda_{d2})(1-c_u-c_d)}{3(2-\lambda_{d1}-\lambda_{d2})}$$

$$q_2^*=\frac{(1-2\lambda_{d1}+\lambda_{d2})(1-c_u-c_d)}{3(2-\lambda_{d1}-\lambda_{d2})}$$

$$q_1^*+q_2^*=\frac{1-c_u-c_d}{3}$$

显然，$\dfrac{\mathrm{d}w^*}{\mathrm{d}\lambda_{di}}>0$、$\dfrac{\mathrm{d}q_i^*}{\mathrm{d}\lambda_{d1}}>0$、$\dfrac{\mathrm{d}q_i^*}{\mathrm{d}\lambda_{dj}}<0$及$\dfrac{\mathrm{d}(q_1^*+q_2^*)}{\mathrm{d}\lambda_{di}}=0$，且$i\neq j$。证毕。

推论 7-1 表明：在一对多供应链中，当下游企业对上游企业进行持股战略时，持股导致的“成本降低”因素可以增加系统产量(下游企业的总订货量)，但持股导致的“利润分红”因素对系统产量没有影响。这意味着，下游企业对上游企业持股导致的“成本降低”因素可以为供应链系统创造价值，但持股导致的“利润分红”因素不能为供应链系统创造价值。这是因为在本章中，上游企业处于博弈中的主导地位，当下游企业分享上游企业的利润时，上游企业提高批发价格，导致总订货量不受“利润分红”因素影响。这一点与第二章和第四章中的相关结论是一致的。尽管两个下游企业的总订货量不受“利润分红”因素影响，但每个下游企业的订货量都会受“利润分红”因素影响。

将式(7-9)、式(7-10)及式(7-11)分别代入式(7-4)和式(7-5)，可以得到上下游企业分红后的最优利润及供应链系统的最优利润

$$\Pi_u^*=\frac{1-\lambda_{d1}-\lambda_{d2}}{3(2-\lambda_{d1}-\lambda_{d2})}\left[1-c_u(\lambda_d)-c_d\right]^2 \tag{7-12}$$

$$\Pi_{di}^*=\left[\frac{(1-2\lambda_{d1}-2\lambda_{d2})(1+\lambda_{di}-2\lambda_{dj})}{9(2-\lambda_{d1}-\lambda_{d2})^2}+\frac{\lambda_{di}}{3(2-\lambda_{d1}-\lambda_{d2})}\right]\times\left[1-c_u(\lambda_d)-c_d\right]^2-\mu_{di}(\lambda_{di}) \tag{7-13}$$

$$\Pi_c^*=\Pi_u^*+\Pi_{d1}^*+\Pi_{d2}^*=\frac{2\left[1-c_u(\lambda_d)-c_d\right]^2}{9}-\mu_{d1}(\lambda_{d1})-\mu_{d2}(\lambda_{d2}) \tag{7-14}$$

通过对式(7-12)、式(7-13)以及式(7-14)进行分析，可以得到推论 7-2。

推论 7-2 在下游企业持股上游企业的一对多供应链中：①下游企业i持股导致的“成本降低”因素可以提升各企业分红后的最优利润及整个供应链系统的最优利润；②下游企

业i持股导致的“利润分红”因素将会降低上游企业分红后的最优利润及下游企业j分红后的最优利润（$j \neq i$），提升下游企业i自身分红后的最优利润，对整个供应链系统的最优利润没有影响。

证明：首先，由式(7-12)、式(7-13)及式(7-14)，可以观察得到推论7-2①。然后，令$c_u(\lambda_d)=c_u$，可以验证得到$\frac{\mathrm{d}\Pi_u^*}{\mathrm{d}\lambda_{di}}<0$、$\frac{\mathrm{d}\left[\Pi_{di}^*+\mu_{di}(\lambda_{di})\right]}{\mathrm{d}\lambda_{dj}}<0$、$\frac{\mathrm{d}\left[\Pi_{di}^*+\mu_{di}(\lambda_{di})\right]}{\mathrm{d}\lambda_{di}}>0$及$\frac{\mathrm{d}\left[\Pi_c^*+\mu_{d1}(\lambda_{d1})+\mu_{d1}(\lambda_{d1})\right]}{\mathrm{d}\lambda_{di}}=0$。证毕。

推论7-2的①表明供应链各节点企业都能从下游企业持股导致的“成本降低”因素中获利。这一点不难理解，这是因为当上游企业的生产成本得到了降低，整个供应链系统的运作效率就会更高，当然作为供应链节点的每个企业都能从较高运作效率的供应链系统中获利。推论7-2的②表明持股导致的“利润分红”因素对供应链系统利润没有影响，这是因为“利润分红”因素对系统总产量没有影响(参见推论7-1的②)。虽然供应链系统利润不受“利润分红”因素影响，但作为跟随者的下游企业能从自己对上游企业持股导致的“利润分红”因素中获利。这意味着，当持股下游企业参与上游企业的利润分红时，作为主导者的上游企业会提高自己的批发价格以期消除“利润分红”因素带来的不利影响，然而这种提价又影响了另外一个下游企业的订货，这导致的结果是，提价并不能完全消除“利润分红”因素带来的不利影响。这一点与以往一对一供应链及多对一供应链中得到的相关结论都是不同的。

7.3　上游企业持股下游企业的情形

结合7.1节的问题描述以及式(7-4)和式(7-5)的利润函数分析，可知在上游企业持股下游企业的情形中，上下游企业分红后的利润函数分别为

$$\Pi_u=(w-c_u)(q_1+q_2)+\sum_{i=1}^{2}\lambda_{ui}\left[p-w-c_d(\lambda_{ui})\right]q_i-\sum_{i=1}^{2}\mu_{ui}(\lambda_{ui}) \tag{7-15}$$

$$\Pi_{di}=(1-\lambda_{ui})\left[p-w-c_d(\lambda_{ui})\right]q_i \tag{7-16}$$

其中，$p=1-q_1-q_2$，参见式(7-1)。

为分析方便，假定$c_d(\lambda_{u1})=c_d(\lambda_{u2})$，记为$c_d(\lambda_u)$，即持股之后，两个下游企业的生产成本仍然相等。采用逆向归纳法对上下游企业间的博弈模型进行求解与分析，即首先分析下游企业的订货决策，然后研究上游企业的批发价格决策。由式(7-16)，可以得到引理7-2。

引理 7-2 当$c_d(\lambda_{u1})=c_d(\lambda_{u2})=c_d(\lambda_u)$时，在上游企业持股下游企业的一对多供应链中，对于给定的批发价格w，两个下游企业的订货决策反应都为

$$q_1'=q_2'=\frac{1-w-c_d(\lambda_u)}{3} \tag{7-17}$$

证明：将$c_d(\lambda_{u1})=c_d(\lambda_{u2})=c_d(\lambda_u)$及式(7-1)代入式(7-16)，并对$\Pi_{di}$求$q_i$的一阶导数，

经整理可以得到

$$\frac{\mathrm{d}\Pi_{di}}{\mathrm{d}q_i}=(1-\lambda_{ui})\left[1-2q_i-q_j-w-c_d(\lambda_u)\right]$$

联立方程组 $\frac{\mathrm{d}\Pi_{di}}{\mathrm{d}q_i}=0$，$i=1,2$，可以求解得到式(7-17)。证毕。

引理 7-2 给出了下游企业订货量决策关于上游企业批发价格决策的最优反应。由引理 7-2 可知：下游企业的订货反应受持股导致的“成本降低”因素影响，但与持股导致的“利润分红”因素无关。这一点不难理解，这是因为，对于外生给定的利润分红比例 λ_{ui}，下游企业最大化分红后的利润 $(1-\lambda_{ui})\left[p-w-c_d(\lambda_{ui})\right]q_i$ 与最大化分红前的利润 $\left[p-w-c_d(\lambda_{ui})\right]q_i$ 所做的决策必然是一致的。

将式(7-17)及 $c_d(\lambda_{u1})=c_d(\lambda_{u2})=c_d(\lambda_u)$ 代入式(7-15)，可将上游企业分红后的利润函数改写为

$$\Pi_u=\frac{2(w-c_u)\left[1-w-c_d(\lambda_u)\right]}{3}+\frac{(\lambda_{u1}+\lambda_{u2})\left[1-w-c_d(\lambda_u)\right]^2}{9}-\sum_{i=1}^{2}\mu_{ui}(\lambda_{ui}) \tag{7-18}$$

通过对式(7-18)进行分析，可以得到定理 7-2。

定理 7-2 在上游企业持股下游企业的一对多供应链中，上下企业关于批发价格和订货量的博弈存在唯一的均衡，具体由下式给出

$$w^*=\frac{3\left[1+c_u-c_d(\lambda_u)\right]-(\lambda_{u1}+\lambda_{u2})\left[1-c_d(\lambda_u)\right]}{6-\lambda_{u1}-\lambda_{u2}} \tag{7-19}$$

$$q_1^*=q_2^*=\frac{1-c_u-c_d(\lambda_u)}{6-\lambda_{u1}-\lambda_{u2}} \tag{7-20}$$

证明：由式(7-18)，对 Π_u 求 w 的一阶导数和二阶导数，经整理可以得到

$$\frac{\mathrm{d}\Pi_u}{\mathrm{d}w}=\frac{1}{9}\left\{\left[2(\lambda_{u1}+\lambda_{u2})-12\right]w+6\left[1+c_u-c_d(\lambda_u)\right]-2(\lambda_{u1}+\lambda_{u2})\left[1-c_d(\lambda_u)\right]\right\}$$

$$\frac{\mathrm{d}^2\Pi_u}{\mathrm{d}w^2}=-\frac{2(6-\lambda_{u1}-\lambda_{u2})}{9}$$

显然，$\frac{\mathrm{d}^2\Pi_u}{\mathrm{d}w^2}<0$。这意味着，$\Pi_u$ 是 w 的严格凹函数。因此，最优的批发价格将由 $\frac{\mathrm{d}\Pi_u}{\mathrm{d}w}=0$ 唯一确定，求解 $\frac{\mathrm{d}\Pi_u}{\mathrm{d}w}=0$ 可以得到是(7-19)。另外，将式(7-19)代入式(7-17)可以得到式(7-20)。证毕。

通过对式(7-19)和(7-20)进行分析，可以得到推论 7-3。

推论 7-3 在上游企业持股下游企业的一对多供应链中：①上游企业持股导致的“成本降低”因素会提高批发价格及各下游企业的订货量；②上游企业持股导致的“利润分红”因素会降低批发价格，提高各下游企业的订货量。

证明：首先，由式(7-19)和式(7-20)，可以观察得到推论 7-3 的①。然后，令 $c_d(\lambda_u)=c_d$，可验证得到 $\frac{\mathrm{d}w^*}{\mathrm{d}\lambda_{ui}}<0$，$\frac{\mathrm{d}q_i^*}{\mathrm{d}\lambda_{ui}}>0$ 以及 $\frac{\mathrm{d}q_i^*}{\mathrm{d}\lambda_{uj}}>0$，$i\neq j$。证毕。

推论 7-3 表明：在一对多供应链中，当上游企业对下游企业进行持股战略时，持股导致的“成本降低”和“利润分红”因素都可以增加系统产量。这是因为：当下游企业的生产成本得到了降低，整个供应链系统运作效率将会得到提升，因此系统会供应更多的产品到市场中去。另外，当上游企业能够参与分享下游企业的利润时，上游企业会适当降低批发价格引导下游企业多订货。推论 7-3 还表明，当上游企业对其中一个下游企业进行利润分红时，会出现“搭便车”的现象。这是因为，当下游企业对其中一个下游企业进行利润分红时，下游企业将会降低批发价格。当然，另一个下游企业会从这种批发价格降低中获利。这一点将会由随后的推论 7-4 所证实。

将式(7-19)和(7-20)分别代入式(7-15)和式(7-16)，可以得到上下游企业分红后的最优利润及供应链系统的最优利润如下

$$\Pi_u^* = \frac{\left[1-c_u-c_d\left(\lambda_u\right)\right]^2}{6-\lambda_{u1}-\lambda_{u2}} - \sum_{i=1}^{2}\mu_{ui}\left(\lambda_{ui}\right) \tag{7-21}$$

$$\Pi_{di}^* = \frac{\left(1-\lambda_{ui}\right)\left[1-c_u-c_d\left(\lambda_u\right)\right]^2}{\left(6-\lambda_{u1}-\lambda_{u2}\right)^2} \tag{7-22}$$

$$\Pi_c^* = \Pi_u^* + \Pi_{d1}^* + \Pi_{d2}^* = \frac{2\left(4-\lambda_{u1}-\lambda_{u2}\right)\left[1-c_u-c_d\left(\lambda_u\right)\right]^2}{\left(6-\lambda_{u1}-\lambda_{u2}\right)^2} - \sum_{i=1}^{2}\mu_{ui}\left(\lambda_{ui}\right) \tag{7-23}$$

通过对式(7-21)、式(7-22)及式(7-23)进行分析，可以得到推论 7-4。

推论 7-4　在上游企业持股下游企业的一对多供应链中：①上游企业对任一下游企业持股导致的“成本降低”因素可以提升各企业分红后的最优利润及整个供应链系统的最优利润；②上游企业对下游企业 i 持股导致的“利润分红”因素可以提升上游企业分红后的最优利润、下游企业 j 分红后的最优利润及整个供应链系统的最优利润，但会降低被持股下游企业 i 分红后的最优利润。

证明：首先，由式(7-21)、式(7-22)和式(7-23)，可观察得到推论 7-4 的①。然后，令 $c_d\left(\lambda_u\right)=c_d$，可验证得到 $\dfrac{\mathrm{d}\left[\Pi_u^*+\sum_{i=1}^{2}\mu_{ui}\left(\lambda_{ui}\right)\right]}{\mathrm{d}\lambda_{ui}}>0$，$\dfrac{\mathrm{d}\Pi_{di}^*}{\mathrm{d}\lambda_{uj}}>0$，$\dfrac{\mathrm{d}\left[\Pi_c^*+\sum_{i=1}^{2}\mu_{ui}\left(\lambda_{ui}\right)\right]}{\mathrm{d}\lambda_{ui}}>0$ 及 $\dfrac{\mathrm{d}\Pi_{di}^*}{\mathrm{d}\lambda_{ui}}<0$，$i \neq j$。证毕。

由推论 7-4 的①可知，每个节点企业都能从持股导致的“成本降低”因素中获利。这一点与推论 7-2 的①得到的结论是类似的。另外，由推论 7-4 的②可知，除了被持股下游企业，其他每个企业(包括上游企业和未被持股下游企业)都能从上游企业参与被持股下游企业的利润分红中获利。这是因为，当下游企业参与被持股下游企业的利润分红时，下游企业会降低自己的批发价格引导下游企业多订货。这种批发价格的降低必然会对上游企业有利(否则上游企业不会降低自己的批发价格)，当然未被持股下游企业也能从较低批发价格中获利。尽管上游企业为被持股下游企业提供了较低的批发价格，但是批发价格降低给被持股下游企业带来的“好处”不足以弥补“利润分红”因素给被持股下游企业带来的“坏处”，最终的综合结果是，“利润分红”因素将会给被持股下游企业带来不利的影响。

7.4 本章小结

本章在第二章～第六章的研究基础上，考虑了由一个生产半产品的上游企业和两个生产替代性产品的下游企业构成的供应链系统。本章假定上下游企业间的持股，一方面可使伙伴企业的生产成本得到降低，另一方面可使持股企业参与被持股企业的利润分红；通过构建由上游企业作为主导者的两阶段 Stackelberg 博弈模型，分别考虑了下游企业持股上游企业以及上游企业持股下游企业两种情形下的供应链价值共创问题，得到的主要结论如下所示。

(1) 无论是下游企业对上游企业持股导致的"成本降低"，还是上游企业对下游企业持股导致的"成本降低"，都能提高供应链的系统产量。下游企业对上游企业持股导致的"利润分红"因素对供应链系统产量没有影响，但上游企业对下游企业持股导致的"利润分红"因素可以提高供应链系统产量。这意味着，上游企业对下游企业持股导致的"成本降低"和"利润分红"因素都可以为供应链系统创造价值；下游企业对上游企业持股导致的"利润分红"因素不能为供应链系统创造价值，但导致的"成本降低"因素可以为供应链系统创造价值。

(2) 当某一个下游企业持股上游企业时，持股导致的"利润分红"因素将会提高该下游企业的订货量，降低另一个下游企业的订货量，不影响两个下游企业的总订货量。当上游企业持股某一个下游企业时，"搭便车"现象将会出现，持股导致的"利润分红"因素会提高每个下游企业的订货量。

(3) 当某一个下游企业参与上游企业的利润分红时，该下游企业的均衡利润将会增加，上游企业和另一个下游企业的均衡利润将会减小，供应链系统的均衡利润保持不变。当上游企业参与某一个下游企业的利润分红时，被分红下游企业的均衡利润将会减小，上游企业、另一个下游企业以及供应链系统的均衡利润都会增加。

第八章　研究总结和研究展望

8.1　研 究 总 结

随着经济全球化进程的不断深入，企业所面临的外部市场环境越来越复杂多变，企业间的竞争也不断加剧。企业为了能够更好地适应外部市场环境，一方面，传统的一体化生产模式逐步向基于专业化分工的协同生产模式转变；另一方面，进行协同生产的企业间都建立起了股权战略联盟。事实上，产品生产的专业化分工不仅表现于基于生产流程的纵向专业化分工(如产品生产包括原材料供应、产品生产、产品销售等多个流程)，而且体现于基于零部件协同生产的横向专业化分工(如产品生产需要由很多互补性零部件组装而成)。在这些产品生产的专业化分工背景下，一个企业通常都可以看成是某个供应链中的某个节点。当然，无论是基于生产流程的纵向分工，还是基于零部件协同生产的横向分工，都可使供应链节点企业关注自己的核心业务，提升自己的核心竞争力，进而能够更好地适应外部市场环境。另外，供应链节点企业间通过股权投资建立股权战略联盟，可使他们之间的合作更具有长久性和稳定性，当然也可以帮助供应链节点企业更好地适应外部市场环境。

针对基于生产流程的纵向专业分工，本书考虑了由一个上游企业和一个下游企业构成的简单一对一供应链系统(参见第二章和第三章)。在此基础上，针对基于零部件协同生产的横向专业化分工，本书考虑了由多个生产互补性零部件的上游企业和一个组装产品的下游企业构成的多对一供应链系统(参见第四章、第五章和第六章)；针对企业间的竞争，本书考虑了由一个生产半产品的上游企业和多个生产最终产品的下游企业构成的一对多供应链系统(参见第七章)。本书从纵向股权视角下对上述三种结构供应链中的价值共创问题进行了研究。另外，在一对一供应链系统中，根据产品库存风险的承担方不同，本书分别考虑了推式采购模式和拉式采购模式下的上下游企业价值共创问题；在多对一供应链系统中，由于不同零部件的库存风险承担方可能不同，本书分别考虑了推式采购模式、拉式采购模式及推拉混合式采购模式下的上下游企业价值共创问题；在一对多供应链系统中，本书假定多个下游企业进行产量竞争，考虑了供应链节点企业间的价值共创问题。此外，在进行价值共创分析时，本书一方面假定纵向企业间的股权投资(如以货币资金、生产技术等资源进行的股权投资)不仅能使投资企业根据持股比例参与被投资企业的利润分红，而且能使被投资企业的生产成本得到降低；另一方面假定供应链中的各节点企业的决策目标都是最大化各自分红后获得的实际利润。通过分析股权投资导致的“利润分红”因素和“成本降低”因素分别对供应链价值共创的影响，揭示了股权投资对供应链价值共创的影响。得到的主要结论包括以下四方面。

(1)纵向企业间持股导致的“成本降低”因素对供应链价值共创的影响。无论是在一对一供应链、多对一供应链及一对多供应链中，还是在上游企业处于供应链中的主导地位、下游企业处于供应链中的主导地位，持股导致的“成本降低”因素都可以提升供应链系统产量，进而为供应链系统创造价值。该结论不难理解，这是因为当某个节点企业的生产成本得到了降低，整个供应链系统的生产成本就得到了降低，供应链系统的运作效率也就得到了提升。当然，运作效率较高的供应链系统自然会生产更多的产品来满足市场上的消费者，进而创造更多的价值(参见第二章～第七章中的相关结论)。另外，当供应链中的任何一个节点企业的生产成本得到降低时，每个节点企业分红后获得的最终利润都将得到提升(参见第二章～第七章中的相关结论)。这是因为任何一个节点企业都能从运作效率较高的供应链中获利。

(2)纵向企业间持股导致的“利润分红”因素对供应链价值共创的影响。当上游企业处于供应链中的主导地位时，上游企业对下游企业的“利润分红”可以为供应链系统创造价值，但下游企业对上游企业的“利润分红”不能为供应链系统创造价值。当下游企业处于供应链中的主导地位时，下游企业对上游企业的“利润分红”可以为供应链系统创造价值，但上游企业对下游企业的“利润分红”不能为供应链系统创造价值(参见第二章～第七章中的相关结论)。这意味着，主导者对跟随者的“利润分红”可以为供应链系统创造价值，但跟随者对主导者的“利润分红”不能为供应链系统创造价值。另外，在一对一供应链及多对一供应链中，主导者对跟随者的“利润分红”对各节点企业分红后的最终利润都影响，但跟随者对主导者的“利润分红”对各节点企业分红后获得的最终利润都没有影响(参见第二章～第六章中的相关结论)。此外，在一对多供应链中，作为主导者的上游企业对某个下游企业的“利润分红”将会降低该下游企业分红后获得的最终利润，提升上游企业自身及其他下游企业分红后获得的最终利润；作为跟随者的某个下游企业对上游企业的“利润分红”将会提升该下游企业分红后获得的最终利润，降低上游企业和其他下游企业分红后获得的最终利润(参见第七章中的相关结论)。

(3)纵向企业间持股导致的“利润分红”因素与供应链协调机制之间的联系。当纵向企业间存在股权关系时，分散化决策下的供应链系统产量和利润仍然会分别偏离集中化决策下的供应链系统产量和利润，即整个供应链系统的利润仍然有协调和改进的空间。若所设计的协调机制在节点企业间根据持股比例进行利润分红之前，只能分配非负的利润给各节点企业，那么所设计的协调机制很可能无法保证各节点企业分红后获得的最终利润得到改进或者不变，也无法保证各节点企业都有动机参与协调。该结论与不存在持股关系的供应链协调中的相关结论是不同的。这是因为，在存在纵向持股关系的供应链中，由于“利润分红”因素的存在，各节点企业关注各自分红后获得的最终利润，要使得所设计的协调机制能够实现各节点企业分红后获得的最终利润都得到改进，需要所设计的协调机制有更强的利润分配能力，即在节点企业间根据持股比例进行利润分红之前，分配负的利润给某些节点企业(这些企业首先需要亏本经营，然后根据持股比例参与被持股企业利润分红赚取利润)。通过合理地引入多个传统协调策略(如价格补贴策略和收益分享策略等)构成的组合策略，可以设计出能使所有节点企业的最终利润都得到改进的协调机制。另外，在推拉混合式组装供应链中，若通过同时引入价格补贴策略和收益分享策略设计协调机制时，有必要对价格补贴策略做出适当的约束(参见第二章～第六章)。

(4)纵向企业间的最优持股决策(股权投资决策)。当持股企业在决策是否对纵向伙伴企业进行持股，或者持股多少时，不仅需要权衡自己的“持股成本”及持股所导致的“利润分红”因素和“成本降低”因素对自己分红后最终利润的综合影响，还需要考虑被持股企业的意愿。显然，持股企业的持股决策是典型的有约束的优化问题，并且当持股企业考虑对一组纵向伙伴企业进行持股决策时，持股决策将会演变成有约束的多元优化问题。当上游企业处于供应链中的主导地位且持股比例以及生产成本都与持股成本满足线性关系时，无论是在一对一供应链中，还是在多对一供应链中，下游企业对某个上游企业的最优持股决策要么是不持股(持股比例为零)，要么是充分持股(持股比例为不影响被持股企业决策的持股比例上限)，最优持股决策与边际持股成本以及持股所导致的生产成本降低效率有关(参见第二章和第四章中的相关结论)。但是，当下游企业处于供应链中的主导地位时，下游企业对某个上游企业的最优持股决策可能既不是不持股，也不是充分持股(参见第三章中的相关结论)。

本书的研究结论可为相关企业的决策提供如下重要参考建议。首先，供应链节点企业考虑对纵向伙伴企业进行股权投资时，应当优先考虑投资较自己弱势的纵向伙伴企业。这是因为，当投资企业较被投资企业强势时，“利润分红”因素可以为供应链系统创造价值；当投资企业较被投资企业弱势时，“利润分红”因素不可以为供应链系统创造价值。其次，当供应链纵向企业间的股权投资行为发生之后，相关节点企业应当迅速制定各自的产能提升计划。这是因为，股权投资引起的“成本降低”因素和“利润分红”因素对供应链系统均衡产量的综合影响总是正面的。再次，当供应链纵向企业间的股权投资行为发生之后，相关决策者在制定企业的经营目标时，不能一味地追求企业自身的利润，还应考虑“利润分红”因素对企业最终利润的影响。最后，当供应链纵向企业间的股权投资行为发生之后，供应链系统利润仍然有改进的空间，企业间应当重新制定协调契约。

8.2 研究展望

针对“纵向股权视角下供应链价值共创研究”这一主题，本书取得了阶段性的成果。本书存在以下研究特点和研究不足。

1) 关于纵向企业间的股权投资对被投资企业的生产活动影响。本书假定投资企业以货币资金、生产技术等资源对被投资企业进行股权投资，这种股权投资可以帮助被投资企业开展相关研发创新活动，进而帮助被投资企业降低自己的生产成本。事实上，在现实生活中，纵向企业间的股权投资除了能够降低被投资企业的生产成本外，还可能提升被投资企业的生产能力或者产品质量等(Qi et al.，2015)。另外，股权投资发生以后，被投资企业的生产成本之所以能够得到降低是因为有新资源的注入。事实上，实际中一些供应链纵向企业间的股权投资并不能为被投资企业带来新的资源。例如，投资企业从股市中购买被投资企业的股票，这种股权投资只会使被投资企业的股东或者股权结构发生改变，不能为被投资企业带来新的资源。

2) 关于供应链节点企业决策者的决策目标。本书假定供应链节点企业的决策者都是风险中性的，即他们都是利润最大化追求者。事实上，由于市场中的风险是客观存在的，不同企业的决策者往往具有不同的风险偏好态度，他们可能是损失厌恶型决策者（Wang and Webster，2007）和风险规避型决策者（Choi et al.，2008），也可能是风险追求型决策者（Hung and Ryu，2008）等。分析这些企业决策者的决策行为时，需要将他们的不同风险偏好态度纳入考虑，构建相关追求效用最大化的决策模型。

3）关于供应链的结构。本书考虑了一对一供应链、多对一供应链及一对多供应链，没有考虑多对多供应链，也没有考虑三级供应链（Guo et al.，2010；Sajadieh et al.，2013）。事实上，现实中的很多供应链都是网络状的。在供应链网络中，不仅存在多个上游企业、多个下游企业，还可能存在多个中游企业。

针对上述研究特点和不足，未来可开展相关拓展性研究工作。

参 考 文 献

蔡昕皓, 王金桃, 2012. 下游持股对钢铁行业三级供应链的影响与分析[J]. 科学技术与工程, 20(3): 625-629.

陈国权, 1999. 供应链管理[J]. 中国软科学, 10: 101-104.

邓乐天, 2011. 我国汽车上市公司纵向整合战略与企业绩效关系的研究[D]. 广州: 华南理工大学.

付红, 马永开, 唐小我, 2013. 供应商损失厌恶情形下组装供应链协调[J]. 控制与决策, 28(10): 1465.

付红, 马永开, 唐小我, 2016. 组装商损失厌恶情形下组装供应链协调[J]. 系统工程学报, 31(4): 504-514.

关旭, 马士华, 应丹丰, 2011. 不确定条件下的多供应商—单制造商同步供货模型研究[J]. 机械工程学报, 47(20): 60-68.

郭朝阳, 许杭军, 郭惠玲, 2012. 服务主导逻辑演进轨迹追踪与研究述评[J]. 外国经济与管理, 34(7): 17-24.

郭文革, 陈珽, 1998. 信息不完全下的组合仲裁[J]. 自动化学报, 24(1): 56-63.

孔鹏举, 周水银, 2013. 基于企业与顾客共同创造竞争优势的企业参与概念研究[J]. 管理学报, 10(5): 722-729.

李昌文, 周永务, 卓翔芝, 等, 2016. 基于合作博弈的组装供应链转移定价策略[J]. 运筹与管理, 25(6): 34-38.

李果, 马士华, 王兆华, 等， 2011. 不同交货策略下装配式供应链协同供货优化研究[J]. 机械工程学报, 47(20): 45-52.

李果, 王兆华, 马士华, 2011. 装配式供应链不确定性衍生机理及其控制策略[J]. 工业工程与管理, 16(2): 18-26.

李长胜, 范英, 朱磊, 2012. 基于两阶段博弈模型的钢铁行业碳强度减排机制研究[J]. 中国管理科学, 20(2): 93-101.

罗定提, 仲伟俊, 梁美华, 2002. 合作定价对装配式供应链运作效益影响的研究[J]. 系统工程学报, 17(4): 374-378.

唐海燕, 张会清, 2009. 产品内国际分工与发展中国家的价值链提升[J]. 经济研究, 9: 81-93.

万骁乐, 郝婷婷, 戎晓霞, 等, 2017. 共创视角下考虑开放式创新的供应链价值创造研究[J]. 中国管理科学, 25(7): 57-66.

王成, 王茂军, 柴箐, 2015. 城市网络地位与网络权力的关系—以中国汽车零部件交易链接网络为例[J]. 地理学报, 70(12): 1953-1972.

王琴, 2011. 基于价值网络重构的企业商业模式创新[J]. 中国工业经济, 1: 79-88.

杨学成, 涂科, 2016. 共享经济背景下的动态价值共创研究—以出行平台为例[J]. 管理评论, 28(12): 258-268.

翟佳, 于辉, 黄学祥, 2013. 装配式供应链企业间缺货惩罚契约模式设计[J]. 系统工程理论与实践, 33(10): 2497-2504.

张汉江, 宫旭, 廖家旭, 2010. 线性需求供应链中企业交叉持股的定价和绩效变化研究[J]. 中国管理科学, 18(6): 65-70.

张化尧, 万迪昉, 史小坤, 2004. 需求创造型和成本节约型 R&D 的联系[J]. 管理工程学报, 18(2): 71-73.

张维迎, 1996. 博弈论与信息经济学[M]. 上海: 上海人民出版社.

章静一, 2015. 中国智能手机产业链的模块化整合研究——以华为手机为例[D]. 南昌: 江西师范大学.

赵骅, 郑吉川, 2019. 不同新能源汽车补贴政策对市场稳定性的影响[J]. 中国管理科学, 27(9): 47-55.

钟葳, 罗定提, 李治文, 2008. 持股关系对供应链绩效的影响分析[J]. 湖南工业大学学报, 22(2): 84-88.

周宇, 熊中楷, 陈树桢, 2010. 装配供应链上合作新产品开发管理研究[J]. 工业工程与管理, 15(4): 5-9.

Aaker D A, 2008. Strategic market management[M]. New York: John Wiley & Sons.

Abdel-Malek L L, Areeratchakul N, 2007. A quadratic programming approach to the multi-product newsvendor problem with side constraints[J]. European Journal of Operational Research, 176(3): 1607-1619.

Adida E, DeMiguel V, 2011. Supply chain competition with multiple manufacturers and retailers[J]. Operations Research, 59(1): 156-172.

Aziz F A, Tolouei S, 2012. Small block of supplier shares improve trust performance in supply chain relationship[M]. Rijeka: InTech

Open Access.

Barlow R E, Proschan F, 1996. Mathematical theory of reliability[M]. New York: John Wiley & Sons.

BarNir A, Smith K A, 2002. Interfirm alliances in the small business: The role of social networks[J]. Journal of Small Business Management, 40 (3): 219-232.

Bernstein F, DeCroix G A, 2004. Decentralized pricing and capacity decisions in a multitier system with modular assembly[J]. Management Science, 50 (9): 1293-1308.

Bernstein F, DeCroix G A, 2006. Inventory policies in a decentralized assembly system[J]. Operations Research, 54 (2): 324-336.

Bernstein F, DeCroix G A, Wang Y, 2007. Incentives and commonality in a decentralized multiproduct assembly system[J]. Operations Research, 55 (4): 630-646.

Bernstein F, Kök A G, 2009. Dynamic cost reduction through process improvement in assembly networks[J]. Management Science, 55 (4): 552-567.

Bernstein F, Kök A G, Meca A, 2015. Cooperation in assembly systems: The role of knowledge sharing networks[J]. European Journal of Operational Research, 240 (1): 160-171.

Bichescu B C, Fry M J, 2009. A numerical analysis of supply chain performance under split decision rights[J]. Omega, 37 (2): 358-379.

Blocher J D, Chhajed D, 2008. Minimizing customer order lead-time in a two-stage assembly supply chain[J]. Annals of Operations Research, 161 (1): 25-52.

Bollapragada R, Rao U S, Zhang J, 2004. Managing inventory and supply performance in assembly systems with random supply capacity and demand[J]. Management Science, 50 (12): 1729-1743.

Brito D, Cabral L, Vasconcelos H, 2014. Divesting ownership in a rival[J]. International Journal of Industrial Organization, 34: 9-24.

Cachon G P, 2003. Supply chain coordination with contracts[M]. Netherlands: Elsevier Science Press.

Cachon G P, 2004. The allocation of inventory risk in a supply chain: Push, pull, and advance-purchase discount contracts[J]. Management Science, 50 (2): 222-238.

Cachon G P, Lariviere M A, 2005. Supply chain coordination with revenue-sharing contracts: Strengths and limitations[J]. Management Science, 51 (1): 30-44.

Cachon G P, Zipkin P H, 1999. Competitive and cooperative inventory policies in a two-stage supply chain[J]. Management Science, 45 (7): 936-953.

Cai X, Chen J, Xiao Y, etal., 2013. Fresh-product supply chain management with logistics outsourcing[J]. Omega, 41 (4): 752-765.

Chen F, Federgruen A, Zheng Y S, 2001. Coordination mechanisms for a distribution system with one supplier and multiple retailers[J]. Management Science, 47 (5): 693-708.

Chen X, Shum S, Simchi-Levi D, 2014. Stable and coordinating contracts for a supply chain with multiple risk-averse suppliers[J]. Production and Operations Management, 23 (3): 379-392.

Chen Y, Xu M, Zhang Z G, 2009. Technical note-a risk-averse newsvendor model under the cvar criterion[J]. Operations Research, 57 (4): 1040-1044.

Child J, Faulkner D, 1998. Strategies of cooperation: Managing alliances, networks and joint ventures[M]. New York: Oxford University Press.

Choi T M, Li D, Yan H, 2008. Mean-variance analysis of a single supplier and retailer supply chain under a returns policy[J]. European Journal of Operational Research, 184 (1): 356-376.

Choudhary D, Shankar R, 2015. The value of VMI beyond information sharing in a single supplier multiple retailers supply chain under a non-stationary (Rn, Sn) policy[J]. Omega, 51: 59-70.

Das T K, Teng B S, 2000. A resource-based theory of strategic alliances[J]. Journal of Management, 26(1): 31-61.

DeCroix G A, 2013. Inventory management for an assembly system subject to supply disruptions[J]. Management Science, 59(9): 2079-2092.

Dietzenbacher E, Smid B, Volkerink B, 2000. Horizontal integration in the Dutch financial sector[J]. International Journal of Industrial Organization, 18(8): 1223-1242.

Du D, Chen B, Xu D, 2014. Quantifying the efficiency of price-only contracts in push supply chains over demand distributions of known supports[J]. Omega, 42(1): 98-108.

Dyer J H, Cho D S, Chu W J, 1998. Strategic supplier segmentation: The next "best practice" in supply chain management[J]. California Management Review, 40(2): 57-77.

Ettl M, Lu Y, Yao D D, 2012. A Production-inventory model for a push-pull manufacturing system with capacity and service level constraints[J]. Production and Operations Management, 21(4): 668-681.

Eun C S, Janakiramanan S, 1986. A model of international asset pricing with a constraint on the foreign equity ownership[J]. The Journal of Finance, 41(4): 897-914.

Fang X, Ru J, Wang Y, 2014. Optimal procurement design of an assembly supply chain with information asymmetry[J]. Production and Operations Management, 23(12): 2075-2088.

Fang X, So K C, Wang Y, 2008. Component procurement strategies in decentralized assemble-to-order systems with time-dependent pricing[J]. Management Science, 54(12): 1997-2011.

Feng T, Zhang F, 2014. The impact of modular assembly on supply chain efficiency[J]. Production and Operations Management, 23(11): 1985-2001.

Flath D, 1989. Vertical integration by means of shareholding interlocks[J]. International Journal of Industrial Organization, 7(3): 369-380.

Fu H, Li K, Fu W, 2020. Investing in suppliers with capacity constraints in a decentralized assembly system[J]. Computers & Industrial Engineering, 142: 1-16.

Fu H, Ma Y, Ni D, Cai X, 2017. Coordinating a decentralized hybrid push–pull assembly system with unreliable supply and uncertain demand[J]. Annals of Operations Research, 257(1-2): 537-557.

Fu H, Ma Y, Tang X, 2015. A note on "revenue-sharing vs. wholesale-price contracts in assembly systems with random demand"[C]. The 12th International Conference on Service Systems and Service Management, Guangzhou, 1-5.

Gerchak Y, Wang Y, 2004. Revenue-sharing vs. wholesale-price contracts in assembly systems with random demand[J]. Production and Operations Management, 13(1): 23-33.

Ghosh S, Gagnon R J, 1989. A comprehensive literature review and analysis of the design, balancing and scheduling of assembly systems[J]. International Journal of Production Research, 27(4): 637-670.

Gilo D, 2013. Partial cross ownership and tacit collusion under cost asymmetries[R]. Working Paper.

Gilo D, Moshe Y, Spiegel Y, 2006. Partial cross ownership and tacit collusion[J]. The Rand Journal of Economics, 37(1): 81-99.

Granot D, Yin S, 2008. Competition and cooperation in decentralized push and pull assembly systems[J]. Management Science, 54(4): 733-747.

Greenlee P, Raskovich A, 2006. Partial vertical ownership[J]. European Economic Review, 50(4): 1017-1041.

Guan X, Li G, Yin Z, 2016. The implication of time-based payment contract in the decentralized assembly system[J]. Annals of Operations Research, 240(2): 641-659.

Guan X, Ma S, Yin Z, 2015. The impact of hybrid push-pull contract in a decentralized assembly system[J]. Omega, 50: 70-81.

Güler M G, 2015. Coordinating decentralised assembly systems with random yield and random demand[J]. International Journal of Production Research, 53(3): 886-896.

Güler M G, Bilgiç T, 2009. On coordinating an assembly system under random yield and random demand[J]. European Journal of Operational Research, 196(1): 342-350.

Guo P, Song J S, Wang Y, 2010. Outsourcing structures and information flow in a three-tier supply chain[J]. International Journal of Production Economics, 128(1): 175-187.

Gurnani H, Gerchak Y, 2007. Coordination in decentralized assembly systems with uncertain component yields[J]. European Journal of Operational Research, 176(3): 1559-1576.

Gurnani X, Akella R, Lehoczky J, 1996. Optimal order policies in assembly systems with random demand and random supplier delivery[J]. IIE Transactions, 28(11): 865-878.

Güth W, Nikiforakis N, Normann H T, 2007. Vertical cross-shareholding: Theory and experimental evidence[J]. International Journal of Industrial Organization, 25(1): 69-89.

Heese H S, 2007. Inventory record inaccuracy, double marginalization, and RFID adoption[J]. Production and Operations Management, 16(5): 542-553.

Heide J B, John G, 1990. Alliances in industrial purchasing: The determinants of joint action in buyer-supplier relationships[J]. Journal of Marketing Research, 27(1): 24-36.

Hill R C, 1989. Comparing transnational production systems: The automobile industry in the USA and Japan[J]. International Journal of Urban and Regional Research, 13(3): 462-480.

Ho T H, Su X, Wu Y, 2014. Distributional and peer-induced fairness in supply chain contract design[J]. Production and Operations Management, 23(2): 161-175.

Höffler F, Kranz S, 2011a. Imperfect legal unbundling of monopolistic bottlenecks[J]. Journal of Regulatory Economics, 39(3): 273-292.

Höffler F, Kranz S, 2011b. Legal unbundling can be a golden mean between vertical integration and ownership separation[J]. International Journal of Industrial Organization, 29(5): 576-588.

Hung K T, Ryu S, 2008. Changing risk preferences in supply chain inventory decisions[J]. Production Planning and Control, 19(8): 770-780.

Hunold M, Röller L H, Stahl K, 2014. Vertical integration and strategic delegation[R]. Working Paper.

Iida T, 2012. Coordination of cooperative cost-reduction efforts in a supply chain partnership[J]. European Journal of Operational Research, 222(2): 180-190.

Inkpen A, 1998. Learning, knowledge acquisition, and strategic alliances[J]. European Management Journal, 16(2): 223-229.

Jiang L, 2008. The impacts of pricing schemes on decentralized assembly systems[J]. Journal of Systems Science and Systems Engineering, 17(1): 36-49.

Jiang L, 2015. Managing Supplier competition and sourcing sequence for component manufacturing[J]. Production and Operations Management, 24(2): 287-310.

Jiang L, Wang Y, 2010. Supplier competition in decentralized assembly systems with price-sensitive and uncertain demand[J]. Manufacturing & Service Operations Management, 12(1): 93-101.

Kalkanci B, Erhun F, 2012. Pricing games and impact of private demand information in decentralized assembly systems[J].

Operations Research, 60(5): 1142-1156.

Kumar A, 1989. Component inventory costs in an assembly problem with uncertain supplier lead-times[J]. IIE Transactions, 21(2): 112-121.

Lariviere M A, 2006. A note on probability distributions with increasing generalized failure rates[J]. Operations Research, 54(3): 602-604.

Lariviere M A, Porteus E L, 2001. Selling to the newsvendor: An analysis of price-only contracts[J]. Manufacturing & Service Operations Management, 3(4): 293-305.

Lee H L, Billington C, 1995. The evolution of supply-chain-management models and practice at Hewlett-Packard[J]. Interfaces, 25(5): 42-63.

Leng M, Parlar M, 2010. Game-theoretic analyses of decentralized assembly supply chains: Non-cooperative equilibria vs. coordination with cost-sharing contracts[J]. European Journal of Operational Research, 204(1): 96-104.

Li G, Liu M, Guan X, 2017. Diversity of payment contracts in a decentralized assembly system[J]. Annals of Operations Research, 257(1-2): 613-639.

Li X, Li Y, Cai X, 2013. Double marginalization and coordination in the supply chain with uncertain supply[J]. European Journal of Operational Research, 226(2): 228-236.

Lin X, Ma L, Zheng Z, 2015. Customized transportation, equity participation, and cooperation performance within logistics supply chains[J]. Mathematical Problems in Engineering, 2015: 1-9.

Lv F, Ma S, Guan X, 2015. The implication of capacity reservation contracts in assembly system with asymmetric demand information[J]. International Journal of Production Research, 53(18): 5564-5591.

Minner S, 2003. Multiple-supplier inventory models in supply chain management: A review[J]. International Journal of Production Economics, 81: 265-279.

Morita H, 2001. Partial ownership induces customised investments under repeated interaction: An explanation of Japanese manufacturer-suppliers relationships[J]. Scottish Journal of Political Economy, 48(3): 345-359.

Nagarajan M, Bassok Y, 2008. A bargaining framework in supply chains: The assembly problem[J]. Management Science, 54(8): 1482-1496.

Nagarajan M, Sošić G, 2009. Coalition stability in assembly models[J]. Operations Research, 57(1): 131-145.

Pan W, So K C, 2010. Optimal product pricing and component production quantities for an assembly system under supply uncertainty[J]. Operations Research, 58(6): 1792-1797.

Parkhe A, 1993. Strategic alliance structuring: A game theoretic and transaction cost examination of interfirm cooperation[J]. Academy of Management Journal, 36(4): 794-829.

Perakis G, Roels G, 2007. The price of anarchy in supply chains: Quantifying the efficiency of price-only contracts[J]. Management Science, 53(8): 1249-1268.

Qi A, Ahn H S, Sinha A, 2015. Investing in a shared supplier in a competitive market: Stochastic capacity case[J]. Production and Operations Management, 24(10): 1537-1551.

Reitman D, 1994. Partial ownership arrangements and the potential for collusion[J]. The Journal of Industrial Economics, 42(3): 313-322.

Sajadieh M S, Fallahnezhad M S, Khosravi M, 2013. A joint optimal policy for a multiple-suppliers multiple-manufacturers multiple-retailers system[J]. International Journal of Production Economics, 146(2): 738-744.

Sharma K, 2003. Factors determining India' s export performance[J]. Journal of Asian Economics, 14(3): 435-446.

Shelegia S, Spiegel Y, 2012. Bertrand competition when firms hold passive ownership stakes in one another[J]. Economics Letters, 114 (1) : 136-138.

Simchi-Levi D, Simchi-Levi E, 2002. The effect of e-business on supply chain strategy[R]. Working Paper.

Sošić G, 2011. Impact of demand uncertainty on stability of supplier alliances in assembly models[J]. Production and Operations Management, 20 (6) : 905-920.

Spengler J J, 1950. Vertical integration and antitrust policy[J]. Journal of Political Economy, 58 (4) : 347-352.

Talluri S, Narasimhan R, Chung W, 2010. Manufacturer cooperation in supplier development under risk[J]. European Journal of Operational Research, 207 (1) : 165-173.

Tomlin B, 2003. Capacity investments in supply chains: Sharing the gain rather than sharing the pain[J]. Manufacturing & Service Operations Management, 5 (4) : 317-333.

Wang C X, Webster S, 2007. Channel coordination for a supply chain with a risk-neutral manufacturer and a loss-averse retailer[J]. Decision Sciences, 38 (3) : 361-389.

Wang D, Chen X, Li Y, 1996. Experimental push/pull production planning and control system[J]. Production Planning & Control, 7 (3) : 236-241.

Wang Y, 2006. Joint pricing-production decisions in supply chains of complementary products with uncertain demand[J]. Operations Research, 54 (6) : 1110-1127.

Wang Y, Gerchak Y, 2003. Capacity games in assembly systems with uncertain demand[J]. Manufacturing & Service Operations Management, 5 (3) : 252-267.

Wang Y, Jiang L, Shen Z J, 2004. Channel performance under consignment contract with revenue sharing[J]. Management Science, 50 (1) : 34-47.

Xiao T, Choi T M, 2009. Purchasing choices and channel structure strategies for a two-echelon system with risk-averse players[J]. International Journal of Production Economics, 120 (1) : 54-65.

Yan X, Zhang M, Liu K, 2010. A note on coordination in decentralized assembly systems with uncertain component yields[J]. European Journal of Operational Research, 205 (2) : 469-478.

Yano C A, 1987. Stochastic leadtimes in two-level assembly systems[J]. IIE Transactions, 19 (4) : 371-378.

Yin S, 2010. Alliance formation among perfectly complementary suppliers in a price-sensitive assembly system[J]. Manufacturing & Service Operations Management, 12 (3) : 527-544.

Zhang F, 2006. Competition, cooperation, and information sharing in a two-echelon assembly system[J]. Manufacturing & Service Operations Management, 8 (3) : 273-291.

Zhang J, Liang X J, 2011. Business ecosystem strategies of mobile network operators in the 3G era: The case of China mobile[J]. Telecommunications Policy, 35 (2) : 156-171.

Zhang X, Ou J, Gilbert S M, 2008. Coordination of stocking decisions in an assemble-to-order environment[J]. European Journal of Operational Research, 189 (2) : 540-558.

Zou X, Huang K W, 2015. Leveraging location-based services for couponing and infomediation[J]. Decision Support Systems, 78: 93-103.

Zou X, Pokharel S, Piplani R, 2004. Channel coordination in an assembly system facing uncertain demand with synchronized processing time and delivery quantity[J]. International Journal of Production Research, 42 (22) : 4673-4689.

Zou X, Pokharel S, Piplani R, 2008. A two-period supply contract model for a decentralized assembly system[J]. European Journal of Operational Research, 187 (1) : 257-274.